WISO: Finanzen unter 35

*Georg Döller* ist erfahrener WISO-Redakteur. Die Fragen und Probleme der unter 35-Jährigen rund um das Thema Finanzen kennt er bestens: Er ist Jahrgang 1976.

Georg Döller

ZDF WISO

# Finanzen unter 35

Campus Verlag
Frankfurt/New York

Alle Informationen wurden nach sorgfältigen Recherchen verfasst. Gesetzesänderungen seit Redaktionsschluss und Irrtümer vorbehalten. Weder der Autor noch der Verlag haften für Schäden, die aus der Befolgung der in diesem Buch gegebenen Ratschläge resultieren.

FSC
www.fsc.org
MIX
Papier aus verantwortungsvollen Quellen
FSC® C008492

ISBN 978-3-593-39321-6

2., aktualisierte und überarbeitete Auflage 2010


Umschlaggestaltung: grimm.design, Düsseldorf
Umschlagmotiv: Getty Images
Satz: Publikations Atelier, Dreieich
Druck und Bindung: Beltz Druckpartner GmbH & Co. KG, Hemsbach
Gedruckt auf säurefreiem und chlorfrei gebleichtem Papier.
Printed in Germany

Besuchen Sie uns im Internet: www.campus.de

# Inhalt

# Vorwort

»Versicherungen, Altersvorsorge und Geldanlage!? Damit habe ich mich noch nicht beschäftigt, es gibt Interessanteres und das Fachchinesisch verstehe ich nicht wirklich. Meine Eltern haben da mal was für mich abgeschlossen und meine Oma zahlt auf ein Sparbuch ein. Das reicht doch!« Kommt Ihnen das bekannt vor? Erkennen Sie sich (zum Teil) wieder? Schenkt man verschiedenen Untersuchungen aus den letzten Jahren Glauben, so herrscht in Deutschland bei jungen Leuten nicht nur ein weitverbreitetes Unwissen in puncto Finanzwissen, sondern es hapert auch beim alltäglichen Umgang mit Geld: Begriffe wie Dispokredit, Konsumentenkredit, Berufsunfähigkeit, Riester-Rente oder Aktienfonds haben die meisten schon einmal gehört, was genau dahintersteckt aber kaum ergründet oder verstanden. Zahlen Sie mit Maestro- und Kreditkarte? Kennen Sie auch den Unterschied beider Bezahlsysteme und haben Sie Ihren aktuellen Kontostand im Kopf? Sind Sie ausreichend versichert?

Diese Fragen mit einem Achselzucken oder einem Nein zu beantworten, ist verständlich: Fehlt es in der Regel neben Lust und Motivation auch am nötigen Grundwissen, um sich mit seinen Finanzen auseinanderzusetzen und der Fachsprache von Banken und Versicherungen irgendetwas abzugewinnen. Außerdem liegt für Sie als junger Mensch die Rente noch in weiter Ferne und Sie fühlen sich fit und gesund – es besteht also anscheinend gar kein Grund, sich jetzt schon über einen ausreichenden Versicherungsschutz oder die Altersvorsorge Gedanken zu machen.

Aber das ist ein Trugschluss! Ob Rente, Arbeitslosengeld oder Gesundheitswesen – der Sozialstaat zieht sich immer mehr zurück. Verstärkte Eigeninitiative ist gefragt!

Dieser Ratgeber soll Ihnen eine umfassende und verständliche Informationsgrundlage sein, Ihre Finanzen in den Griff zu bekommen, zu planen und zu optimieren. Im Mittelpunkt steht dabei die Erklärung von Fachbegriffen, Finanzprodukten sowie Versicherungsarten und der Hinweis auf Fallstricke. Außerdem erhalten Sie zahlreiche praktische Tipps. Der Ratgeber soll Ihnen die Angst vor Banken und Versicherungen nehmen und Lust auf das Thema Finanzen machen. Denn Geld zu haben und richtig versichert zu sein, beruhigt nicht nur, sondern das eigene Kapital zu vermehren macht auch Spaß.

Keine Angst, es geht nicht darum, dass Sie nun plötzlich Finanzprofi werden, sondern darum, dass Sie sich einen realistischen Überblick über Ihre finanzielle Situation machen. Damit schaffen Sie sich in jungen Jahren eine solide Basis, von der aus Sie alle weiteren Schritte planen und unvorhersehbare Ereignisse absichern können. Dabei können und sollten Sie sich fachlichen Rat holen – aber vertrauen Sie dabei niemanden blind, denn bekanntlich hört bei Geld die Freundschaft auf. Informieren Sie sich umfassend! Auch dafür kann Ihnen dieser Ratgeber die richtigen Wege aufzeigen.

Auf der Internetseite www.finanzen35.de können Sie zusätzliche Informationen, Links, Beispielrechnungen, Checklisten und Musterbriefe kostenlos abrufen.

Außerdem werde ich Sie auf der Internetseite über aktuelle Änderungen informieren. Wenn Sie mir Kritik, Anregungen und Lob mitteilen wollen, können Sie mir sehr gerne eine E-Mail schreiben: autor@finanzen35.de

Ich wünsche Ihnen viel Freude beim Lesen und Erfolg bei Ihrer Finanzplanung.

*Georg Döller*

# Der Kassensturz

Fast jeder von uns kennt das Gefühl: Kaum ist auf dem Konto Geld, ist es auch schon wieder weg. Miete, Benzin, hier ein Geschenk, da ein Kinobesuch – ohne, dass wir es so richtig merken, nähert sich der Kontostand gefährlich schnell der Null. Und dann sollen wir auch noch privat vorsorgen, fürs Alter sparen wie es die Politiker immer wieder fordern? Wie soll das funktionieren? Keine Sorge – es geht. Mit ein bisschen Geduld, Disziplin und mit einem Plan. Doch bevor Sie sich an die Planung machen, muss erst einmal eine Bestandsaufnahme her. Einnahmen, Ausgaben, Vermögen, Schulden – nicht zu vergessen ein paar grundsätzliche Gedanken: Wofür mache ich das Ganze? Welche Ziele habe ich eigentlich?

Für den finanziellen Kassensturz benötigt man nicht mehr als einen verregneten Tag, Papier, Stifte, Taschenrechner und natürlich das, was sich an Unterlagen rund um das Thema Finanzen im Laufe der Jahre so alles angesammelt hat. Wer sich gerne und schnell ablenken lässt, sollte am besten das Telefon für ein paar Stunden ausstöpseln und die Fernbedienung des Fernsehers ganz weit weglegen.

## Vermögen und Schulden

Als Erstes müssen Sie sichten, wie viel Geld und andere Vermögenswerte Sie bereits besitzen – die Ausgangslage jeder Finanzplanung. Das ist deshalb wichtig, weil davon unter anderem abhängt, welche Form der Altersvorsorge sich am besten für Sie eignet. Wer zum Beispiel schon eine Lebensversicherung hat, braucht in der Regel nicht noch eine zweite.

Folgende Fragen sollten Sie sich bei der Bestandsaufnahme stellen:

- Wie viel Geld ist aktuell auf Ihrem Girokonto?
- Wer ein Sparkonto, ein Tagesgeldkonto oder ein Sparbuch besitzt: Wie viel ist dort darauf?
- Falls Sie schon ein Depot mit Wertpapieren wie Aktien, Fonds oder Anleihen haben: Was genau enthält es – und was ist es aktuell wert?

**WISO rät**

Einen aktuellen Kontoauszug gibt es in der Regel am Kontoauszugsdrucker der Bankfiliale. Wer Online-Banking macht, bekommt die Konto- und Depotaufstellung direkt zu Hause am Computer.

Schreiben Sie sich auch auf, ob und bei welcher Bank Sie einen Freistellungsauftrag gestellt haben. Es handelt sich dabei um ein Formular der Bank, mit dem man bis zu einer bestimmten Höhe Zinsen steuerfrei kassieren kann. Was es genau mit dem Sparerpauschbetrag auf sich hat, dazu mehr im folgenden Kapitel auf Seite 35.

Wer schon eine Eigentumswohnung gekauft oder geschenkt bekommen hat: prima. Das ist ein guter Baustein für die Altersvorsorge. Wichtig für den Kassensturz: Was ist diese ungefähr wert? Regionale Immobilienpreis-Spiegel helfen bei der Bewertung. Wenn der Kauf noch nicht allzu lange her ist, einfach den Kaufpreis nehmen.

Zu den beliebtesten Geldanlagen der Deutschen zählen die Lebens- beziehungsweise Rentenversicherung und der Bausparvertrag. Vielleicht haben Sie ja auch schon solche Finanzprodukte abgeschlossen?

**WISO rät**

Versicherungen verschicken mindestens einmal im Jahr eine Aufstellung, wie sich die eingezahlten Beiträge entwickelt haben und mit welcher Auszahlung Sie am Ende rechnen können. Für die Bestandsaufnahme ist der sogenannte Rückkaufswert wichtig – dieser sagt aus, was die Versicherung momentan wert ist.

Wer schon arbeitet, besitzt eventuell auch schon eine betriebliche Altersvorsorge. Viele Unternehmen bieten ihren Mitarbeitern eine Unterstützung bei der Altersvorsorge an. Ein Blick in den Arbeitsvertrag oder die sonstigen Informationsunterlagen des Arbeitgebers geben Aufschluss, ob Sie bereits in eine betriebliche Altersvorsorge einzahlen. Wer nichts dazu findet, kann bei der Personalabteilung oder beim Betriebsrat nachfragen.

**Achtung!**

Eltern oder andere Verwandte schließen gerne Versicherungen für die Kinder ab. Also besser nachfragen, ob das auch bei Ihnen der Fall ist. Wer sich jetzt schon über einen unerwarteten Geldsegen freut: Vorsicht! Bei diesen »Eltern-Kind-Versicherungen« ist nämlich unter Umständen im Vertrag festgelegt, dass Sie die Beiträge ab einem bestimmten Alter selbst weiterzahlen müssen.

Weniger erfreulich als die Fragen nach dem Vermögen sind die nach den Schulden. Aber auch das gehört zu einem ehrlichen Kassensturz dazu. Dabei geht es vor allem um folgende Punkte:

- Haben Sie in der Vergangenheit bei Ihrer Bank oder bei jemand anderem einen Kredit aufgenommen, den Sie noch zurückzahlen müssen? Wenn ja: In welcher Höhe?
- Wie sieht es mit BAföG-Schulden aus? Die staatliche Ausbildungsförderung muss man nach fünf Jahren zumindest zum Teil zurückzahlen.

Wer jetzt die Schulden vom Vermögen abzieht, bekommt ein Gefühl dafür, wo er im Moment finanziell steht. Als Faustregel gilt: Wer noch studiert und schon Vermögenswerte über 5 000 Euro angehäuft hat, kann sich freuen. Alles, was unter 500 Euro liegt, ist gefährlich, weil der Spielraum für unerwartete Ausgaben – kaputte Waschmaschine oder Autoreparatur – sonst zu gering ist. Wer bereits im Beruf steht, sollte schon etwas mehr auf der hohen Kante haben. Hier gilt: Ein Vermögen über 10 000 Euro ist gut. Wer auf weniger als 2 500 Euro kommt, sollte dringend etwas tun. Die Devise lautet dann: mehr Geld sparen, weniger Geld ausgeben.

## Einnahmen und Ausgaben

Für die Bestandsaufnahme reicht der Blick auf das bisher angesammelte Vermögen und auf die Schulden nicht aus. Wichtig ist auch, was sich jeden Monat daran ändert. Wird das Geld mehr oder weniger? Überwiegen die Einnahmen oder die Ausgaben? Keine Angst, bei der Auflistung kommt es nicht auf jeden Cent an. Eine halbwegs realistische Schätzung genügt. Bei den Einnahmen und Ausgaben empfiehlt es sich, beispielhaft den vergangenen Monat zu nehmen – vorausgesetzt, es war ein normaler Monat. Also nicht gerade nach dem Urlaub oder nach dem vorweihnachtlichen Geschenke-Marathon losrechnen, das ist nicht aussagekräftig.

**WISO rät**

Wer nicht alle Belege gesammelt hat, dem hilft ein Blick auf die Kontoauszüge weiter. Dort findet sich nicht nur das, was regelmäßig abgebucht wird, sondern wer häufig mit der EC-Karte zahlt, erkennt so auch, wie viel er für den Lebensmittel-Großeinkauf, für Benzin oder für Klamotten ungefähr ausgibt.

Zu den Einnahmen zählen:

- Das Gehalt – und zwar das, was regelmäßig jeden Monat netto auf dem Konto eingeht.
- Staatliche Unterstützung – etwa die staatliche Ausbildungsförderung BAföG.
- Unterstützung von Verwandten – auch wenn es sich nicht um »offizielle« Einkünfte handelt: Wenn Ihre Verwandten Sie jeden Monat mit einem bestimmten Geldbetrag unterstützen (und das auch in Zukunft weiterhin tun wollen), sollten Sie auch das auflisten.
- Einnahmen aus Vermögen – wer bereits über eine Geldanlage verfügt, sollte berücksichtigen, wie viel Zinsen oder Dividenden er dafür bekommt. Auch wenn es scheinbar nur Kleckerbeträge sind: Kleinvieh macht auch Mist.

Bei den Ausgaben hilft es, zwei Kategorien zu unterscheiden: feste Ausgaben, die jeden Monat anfallen und an deren Höhe Sie meist nicht viel ändern können, und variable Ausgaben, die zwar auch jeden Monat auf Sie zukommen – aber deren Größe Sie unmittelbar beeinflussen können.

Feste Ausgaben sind:

- Die Miete inklusive aller Nebenkosten wie Heizung, Strom oder Kosten für einen Autostellplatz. Wer nicht zur Miete

wohnt, sondern in den eigenen vier Wänden, sollte aufschreiben, was er monatlich für die Wohnung abbezahlt.
- Abonnements – zum Beispiel von Zeitungen, Zeitschriften oder Bezahlsendern
- Monatskarte für die öffentlichen Verkehrsmittel
- Mitgliedschaft im Fitnessstudio
- Rundfunkgebühren
- Kreditraten
- Versicherungen

Zu den variablen Ausgaben gehören:

- Lebensmittel und Kosmetika
- Kleidung
- Kosten für Medikamente und Arztbesuche
- Friseur
- Telefonkosten – für Festnetz-, Mobiltelefon und Internet
- Freizeitausgaben. Natürlich schreibt sich niemand jeden Euro auf, den er abends in der Kneipe ausgibt. Aber eine grobe Hochrechnung können die meisten machen: Wie oft geht man essen, wie oft ins Kino, wie viel fällt für Geschenke an?
- Spritkosten für Auto, Motorrad oder Roller
- Reparaturen – zum Beispiel im Haushalt oder am Auto

Haben Sie alles aufgelistet, kommt der große Moment: Wie hoch sind die monatlichen Einnahmen – und wie hoch sind die Ausgaben? Wenn die Einnahmen über den Ausgaben liegen: Gratulation – so soll es sein. Wenn die Ausgaben größer sind als die Einnahmen, ist das weniger gut. In diesem Fall sollten Sie Ihre Ausgaben – zuerst die variablen, dann die festen – Punkt für Punkt durchgehen. Lesen Sie wirklich jede Zeitschrift, die Sie abonniert haben? Können Sie mehr über das Festnetz und weniger über das Handy telefonieren? Reicht statt der Vollkasko- fürs Auto nicht auch eine Teilkasko-Versicherung? Wenn die Ausgaben absolut am Limit sind und Sie nicht weiter sparen können:

Überlegen Sie, wie Sie an zusätzliche Einnahmen kommen. Vielleicht hilft schon ein kleiner Nebenjob weiter.

## Versicherungen – wichtige und unnötige Policen

Wichtig für den Kassensturz ist auch eine Bestandsaufnahme über die vorhandenen Versicherungen:

- Welche Versicherung haben Sie bereits?
- Bei welcher Versicherungsgesellschaft?
- Wie viel kosten die Policen?

Bei Versicherungen wird meist in Jahresbeiträgen gerechnet. Der Fachausdruck für die jährliche Beitragshöhe lautet Prämie. Wer die Schreiben der Versicherung mit der Prämienhöhe nicht in seinen Unterlagen findet, kann auch auf den Kontoauszügen nachschauen. Tipp: Viele Versicherungsbeiträge werden am Anfang des Jahres automatisch abgebucht.

**WISO rät**

**Schreiben Sie sich am besten auch gleich auf, wie Sie die Beiträge zahlen – monatlich, vierteljährlich, halbjährlich oder jährlich. Das hilft später beim Optimieren. Denn wer jährlich zahlt, bekommt in der Regel einen Rabatt.**

Die bereits erwähnte Lebensversicherung dient vor allem zum Aufbau von Vermögen, da man je nach Versicherungstyp am Ende entweder eine große Menge Geld auf einen Schlag (Kapitallebensversicherung) oder eine monatliche Rente herausbekommt (Rentenversicherung).

Neben der Lebensversicherung gibt es aber noch jede Menge anderer Versicherungen, die in erster Linie bestimmte Lebensrisiken wie Krankheit, Unfall oder Berufsunfähigkeit absichern. Dazu mehr ab Seite 82.

Durchforsten Sie Ihre Unterlagen außerdem auch nach eventuellen Unfall-, Hausrat-, Reise- und anderen Versicherungen.

Grundsätzlich gilt: Neben der Krankenversicherung sind der Berufsunfähigkeitsschutz und die Privathaftpflicht für jeden jungen Menschen ein absolutes Muss. Wer diese Versicherungen noch nicht hat, sollte sie schleunigst abschließen. Wie Sie die besten Angebote finden und welche Policen Sie nicht unbedingt brauchen, erfahren Sie im Kapitel *Lebensrisiken mit Versicherungen abdecken*.

## Schuhkarton oder Ordner? Belege richtig sammeln

Da die einmalige Bestandsaufnahme aller Einnahmen und Ausgaben für die Finanzplanung nicht ausreicht, sollten Sie möglichst regelmäßig alle relevanten Belege sammeln. Auch wenn es lästig ist: Das Belege-Sammeln ist Pflicht! Allein schon deshalb, weil sich ein kaputter DVD-Player sonst nicht umtauschen lässt oder das Finanzamt bei Fragen zur Steuererklärung die entsprechenden Nachweise verlangen kann.

Beim Sammeln und Abheften ist es empfehlenswert, Wichtiges von Unwichtigem zu trennen. Ob jemand seine Belege in Schuhkartons, Klarsichtfolien oder in Ordnern sortiert, ist eigentlich egal. Hauptsache, Sie behalten den Überblick.

Wer nicht gerade ein Ordnungsfanatiker ist, fährt gut damit, alle wichtigen Belege und Briefe zunächst einmal ungeordnet zu sammeln. Mindestens einmal im Monat sollte man aber für Ordnung sorgen – sonst wird der Berg zu groß und die Lust, ihn abzuarbeiten, immer geringer.

Wichtig: Den Mülleimer beim Sortieren am besten gleich danebenstellen. Der Werbebrief von der Bank wandert dort ebenso hinein wie der EC-Karten-Beleg vom Lebensmittel-Großeinkauf, sofern der Betrag richtig abgebucht wurde. Aufheben sollte man Kassenzettel nur bei Produkten, die eventuell reklamiert werden müssen – etwa bei Kleidung und Elektronik – und bei Dingen, die sich von der Steuer absetzen lassen, zum Beispiel Fachbücher oder Computerzubehör.

Hier ein Beispiel, wie sich Ordnung in die gesammelten Belege bringen lässt: Nehmen Sie vier große Ordner und beschriften Sie diese folgendermaßen:

1. Versicherungen, Verträge, Mitgliedschaften
2. Bankgeschäfte
3. Einnahmen und Ausgaben
4. Archiv

In den ersten Ordner gehören alle festen *Verträge* hinein: zum Beispiel der Mietvertrag, der Arbeitsvertrag, die Versicherungsscheine und die zugehörigen Allgemeinen Geschäftsbedingungen (AGB), der Vertrag mit den Stadtwerken, mit dem Fitnessstudio – kurzum alles, was nicht so oft benötigt wird. Wer jede Rubrik mit einem Register abtrennt, behält besser den Überblick. Wichtig: Die aktuellsten Schriftstücke kommen immer nach oben.

**WISO rät**

Notieren Sie am besten auf einem extra Deckblatt, was alles im Ordner enthalten und unter welcher Rubrik es abgeheftet ist, welche Kosten damit verbunden sind und wie Sie diese bezahlen – also per Überweisung oder per Einzugsermächtigung. Ein solches Deckblatt erspart unnötiges Blättern und Suchen, weil alle wichtigen Daten gleich zu Beginn des Ordners klar zu erkennen sind.

Beim Ordner *Bankgeschäfte* gehen Sie ähnlich wie eben geschildert vor. Mit den Registern trennen Sie die einzelnen Banken,

Fondsgesellschaften und Bausparkassen ab, bei denen Sie Kunde sind. An erster Stelle sollte die Bank stehen, mit der Sie am häufigsten zu tun haben. In der Regel ist das das Institut, bei dem Sie auch das Girokonto für den täglichen Zahlungsverkehr eingerichtet haben. Das Deckblatt sollte in diesem Ordner vor allem die Konto- und Depotnummern und die erteilten Freistellungsaufträge umfassen. Außerdem sollte es einen Überblick über eventuelle Sparverträge geben.

**WISO rät**

Sie sollten sich mindestens einmal pro Monat Ihre *Kontoauszüge* bei der Bank holen – nicht nur, um alle Abbuchungen zu kontrollieren. Wer sie sich nicht selbst besorgt, bekommt die Auszüge vierteljährig von der Bank zugeschickt – und das gegen eine Gebühr.

Der dritte Ordner mit den *Einnahmen und Ausgaben* ist der, den Sie am häufigsten brauchen werden. Bei den Einnahmen heften Sie alle Gehaltsabrechnungen ab. Bei den Ausgaben empfiehlt sich eine Einteilung in die Rubriken Telefon/Internet, Handy, Büromaterial, Bücher, Haushalt, Auto, Abonnements und Sonstiges. Auch sollte eine Rubrik Steuer nicht fehlen. Hier kommen alle aktuellen Briefwechsel mit dem Finanzamt hinein – etwa über Voraus- oder Nachzahlungen oder die Kirchensteuer.

**WISO rät**

Kleine Belege, zum Beispiel für Briefmarken, sind nur schlecht abzuheften. Diese kleben Sie am besten auf DIN-A4-Papier und heften sie entsprechend ab. Achtung: Bei Thermopapier-Belegen verblasst der Toner oft sehr schnell. Diese Belege sollten Sie zur Sicherheit kopieren, solange sie noch lesbar sind. Heften Sie das Original dann an die Kopie.

Im Ordner *Archiv* heften Sie – mehr oder weniger regelmäßig – Belege aus dem dritten Ordner ab, die älter als ein Jahr sind. Als Rubriken schreiben Sie am besten die jeweilige Jahreszahl auf die Register. Belege oder Rechnungen, die nicht mehr für die Steuererklärung oder für Garantieansprüche nötig sind, wandern in den Müll. Eine Liste der Aufbewahrungszeiten finden Sie in Tabelle 1.

Es gibt für Privatleute keine gesetzliche Verpflichtung, Belege wie Kontoauszüge für eine bestimmte Zeitdauer aufzuheben. Je nach Art des Belegs werden aber unterschiedliche Aufbewahrungsfristen empfohlen. Originale – etwa das Diplomzeugnis – sind am sichersten in einem Schließfach bei der Bank. Hier einige Anhaltspunkte, wie lange Sie welche Belege aufheben sollten:

**Tabelle 1: Aufbewahrungsfrist für Belege**

| **Belegart** | **Aufbewahrungsfrist** |
|---|---|
| Schul- und Arbeitszeugnisse | bis zum Rentenbeginn |
| Meldungen des Arbeitgebers zur Sozialversicherung | bis zum Rentenbeginn |
| Bescheide der Arbeitsagentur | bis zum Rentenbeginn |
| Kontoauszüge, Kreditkartenabrechnungen und andere Bankbelege | fünf Jahre |
| Mietvertrag | bis fünf Jahre nach dem Ende des Mietverhältnisses |
| Immobilienkaufvertrag | bis fünf Jahre nach dem Verkauf der Immobilie |
| Arzt- und Handwerkerrechnungen | drei Jahre |

| | |
|---|---|
| Kaufverträge | drei Jahre |
| Versicherungen | solange die Versicherung läuft |
| Belege für die Steuererklärung (Briefmarkenbelege, Fachbücher und Ähnliches) | bis zum Erhalt des Steuerbescheids. Wer Einspruch dagegen einlegt: bis zur Rechtswirksamkeit des Steuerbescheids. |

## Das Haushaltsbuch – umfassende Kontrolle

Wer sich nicht nur mit dem Abheften der Belege begnügen, sondern ein Gefühl dafür bekommen will, für was er wie viel Geld ausgibt, sollte einige Zeit lang ein Haushaltsbuch führen. Darin werden alle Einnahmen und Ausgaben vermerkt – am besten täglich. Sonst gehen kleinere Beträge, für die es keine Belege gibt – etwa die Bratwurst beim Fußballspiel –, schnell verloren. Wer es professionell mag: Vordrucke für Haushaltsbücher gibt es sowohl bei den Banken als auch im Schreibwarenhandel. Für Computernutzer eignet sich eine Excel-Tabelle. Zum Teil ist ein Haushaltsbuch auch Bestandteil von Steuer-Software, etwa beim WISO Sparbuch. Der Vorteil der elektronischen Variante: Die Auswertung der aktuellen Finanzlage gibt es auf Knopfdruck. Eine Liste von kostenlosen und kostenpflichtigen Programmen finden Sie unter www.finanzen35.de.

## Kontoanalyse – der schnelle Überblick

Wem das Führen eines Haushaltsbuchs zu mühsam ist, für den gibt es eine weniger aufwändige Alternative, um seine Finanzen einige Zeit zu beobachten: die Analyse des Kontostands. Dazu notiert

Grafik 1: Einfache Kontoanalyse

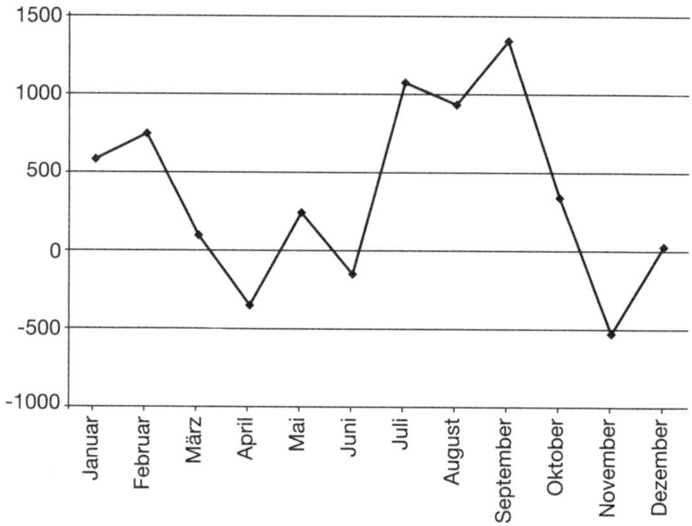


man sich jeden Monat einmal oder auch mehrmals den Kontostand in einem Diagramm, auf dem in der Horizontale der Monat und in der Vertikale der Kontostand eingetragen sind. Die einzelnen Punkte lassen sich anschließend zu einer Linie verbinden.

- Möglichkeit 1: Der Kontostand schwankt regelmäßig zwischen null und einem Nettogehalt und rutscht höchstens einmal für kurze Zeit ins Minus: Dann ist alles in bester Ordnung.
- Möglichkeit 2: Die Linie sackt immer weiter nach unten ab. Das ist ein Warnzeichen: Sie geben zu viel Geld aus!
- Möglichkeit 3: Die Linie wandert immer weiter nach oben. Dann sind Sie in der glücklichen Lage, zu viel Geld auf dem Girokonto zu haben. Allerdings zahlen die meisten Banken

keine oder nur sehr geringe Zinsen auf das Guthaben auf dem Girokonto. Deshalb sollten Sie nicht mehr als ein Nettogehalt auf dem Girokonto lassen und den Rest des Geldes lieber zinsbringend anlegen – zum Beispiel auf einem Tagesgeldkonto. Mehr dazu im folgenden Kapitel *Das richtige Konto finden.*

## Finanzplanung – kurz-, mittel- und langfristig

Nach der finanziellen Bestandsaufnahme sollten Sie sich noch ein paar grundsätzliche Gedanken darüber machen, was Sie mit Ihrem Geld und Ihrer Finanzplanung eigentlich anfangen wollen. Die große Frage lautet: Welche Ziele haben Sie?

Natürlich orientiert sich die finanzielle Zukunftsplanung in jungen Jahren meist am kommenden Urlaub, dem neuen Fernseher oder dem nächsten Job. Doch für Ihre wirtschaftliche Situation ist wichtig zu planen, zu welchem Zeitpunkt Sie voraussichtlich in welchem Umfang flüssig sein wollen – oder müssen. Grundsätzlich gilt: Geld kann man immer nur einmal konsumieren – entweder heute oder später.

Zunächst einmal gibt es die **kurzfristigen Ziele.** Darunter fällt all das, wofür man in den nächsten zwölf Monaten Geld ausgeben will oder muss. Ist vielleicht ein neuer Computer fällig? Oder ein Urlaub geplant? Muss das Auto oder die Waschmaschine repariert werden? Oder steht eine größere Zahnarzt-Behandlung an? Schätzen Sie ab, wie viel Geld Sie dafür außer der Reihe brauchen. In den meisten Fällen reicht es, für solche Ausgaben ungefähr zwei Bruttogehälter einzuplanen, die täglich verfügbar sein sollten, um plötzlich auftretende Probleme entspannt bewältigen zu können. Es kann aber auch mehr oder etwas weniger sein – je nach individueller Situation.

Mit **mittelfristigen Zielen** sind die nächsten zwei bis fünf Jahre gemeint. Steht vielleicht bald ein neues Auto an? Wollen Sie endlich

Ihre Studentenmöbel gegen richtige Möbel tauschen? Oder wollen Sie vielleicht die BAföG-Schulden auf einen Schlag zurückzahlen? Schätzen Sie ab, wie viel Geld Sie für diese Ausgaben ungefähr benötigen. Das Geld dafür muss, anders als bei den kurzfristigen Zielen, nicht täglich verfügbar sein. Risikoarme Anlageformen, die im Wert wenig schwanken und sich innerhalb von drei bis sechs Monaten zu Bargeld machen lassen, sind hier das Richtige. Also keine hochspekulativen Aktienfonds oder langfristigen Lebensversicherungen, sondern festverzinsliche Wertpapiere, sogenannte Anleihen oder Festgelder. Mehr zum Thema Geldanlage erfahren Sie in den beiden Kapiteln *Das richtige Konto finden* sowie *Vermögensaufbau und Altersvorsorge.*

Schließlich gibt es auch die **langfristigen Ziele**. Diese kreisen unter anderem um die Fragen: Was haben Sie im Leben vor – sehen Sie sich als Karriere- oder Familienmensch? Möchten Sie in der Großstadt oder im Häuschen auf dem Land leben? Wollen Sie Miete zahlen oder in den eigenen vier Wänden leben? Niemand kann jetzt schon wissen, wie sein Leben verlaufen wird, aber eine Präferenz zeichnet sich bei den meisten schon frühzeitig ab. Für potenzielle Immobilienbesitzer kommt beispielsweise deshalb neben Eigenkapital auch ein Bausparvertrag oder Wohn-Riester infrage.

Während die Frage nach der Immobilie und der damit verbundenen finanziellen Belastung jeder individuell für sich beantworten muss, gibt es bei der privaten Altersvorsorge leider keine Wahl: Sie ist bei der langfristigen Finanzplanung mittlerweile ein Muss für jeden jungen Menschen – einfach deshalb, weil die gesetzliche Rente nicht ausreichen wird, um im Alter davon einigermaßen angemessen zu leben.

Für junge Menschen empfehlen sich zur Altersvorsorge – trotz der Finanzmarkt- und Wirtschaftskrise in den Jahren 2008 bis 2010 – vor allem Aktienfonds, weil diese langfristig den meisten Gewinn bringen. Wichtig ist aber, dass man nicht nur auf ein Pferd setzt – also weder nur auf Aktienfonds noch ausschließlich auf eine Lebensversicherung. Ein Mix aus verschiedenen Anlageprodukten ist besser: Wenn es bei einem Produkt nicht so gut läuft, können die anderen einen möglichen Verlust ausgleichen. Auch sicherheitsorientierte Anleger können mit Wertpapieren, beispielsweise Rentenfonds und Bundesanleihen, Vermögen aufbauen und für das Alter vorsorgen.

## Steigende Preise, sinkende Renten

Ganz wichtig bei der langfristigen Finanzplanung: Niemand sollte unterschätzen, wie viel Geld er im Alter benötigt! Rentner von heute bekommen ungefähr 60 Prozent ihres letzten Netto-Einkommens als Rente. Davon lässt sich ganz gut leben. Doch für die Generation der heute 20- bis 40-Jährigen wird die gesetzliche Rente wesentlich geringer ausfallen. Der Grund liegt in der Bevölkerungsentwicklung. Es gibt immer weniger Beitragszahler und immer mehr Rentner – die Rentenhöhe für jeden einzelnen wird deshalb im Lauf der Jahre immer weiter sinken, auch wenn Politiker das nur selten so deutlich sagen und lieber eine Rentengarantie abgeben. Geht ein heute 30-Jähriger mit 65 oder 67 in den Ruhestand, wird es höchstwahrscheinlich nur noch eine garantierte gesetzliche Rente auf Sozialhilfe-Niveau geben, wie es zahlreiche Rentenexperten prognostizieren.

Was auch niemand vergessen sollte: Die Preise steigen jedes Jahr, in den letzten Jahren zwischen 0,5 und 3 Prozent. In der Fachsprache heißt das Inflation. Das bedeutet: Für dasselbe Geld kann man sich von Jahr zu Jahr weniger leisten. Wer heute 2000 Euro im Monat zur Verfügung hat, muss in 30 Jahren über mehr als doppelt so viel Geld verfügen, wenn er seinen Lebensstandard halten will. Das sollte jeder berücksichtigen, wenn ein Bankberater oder Versicherungsvertreter mal wieder mit einer sagenhaften monatlichen Rente prahlt.

**Beispiel**
1 000 Euro heute sind bei einer Inflation von 2,5 Prozent pro Jahr in zehn Jahren 781 Euro, in 20 Jahren 610 Euro und in 30 Jahren 477 Euro wert.

So kommt es, dass die meisten jungen Menschen rein rechnerisch eine sogenannte Versorgungslücke haben – nämlich eine Lücke zwischen dem, was sie einmal an gesetzlicher Rente bekommen und dem, was sie für ihren Lebensunterhalt im Alter brauchen werden. Das heißt: Ihre gesetzliche Rente wird nicht reichen, um Ihren heutigen Lebensstandard im Alter zu finanzieren. Um die Lücke zu schließen, hilft nur eines: vorsorgen, vorsorgen, vorsorgen. Es gibt zahlreiche Möglichkeiten, um für das Alter zu sparen – von der staatlich geförderten Riester-Rente, über die betriebliche Altersvorsorge bis hin zur privaten Vorsorge. Mehr über die Vor- und Nachteile der einzelnen Varianten erfahren Sie im Kapitel *Vermögensaufbau und Altersvorsorge*. Wichtig ist vor allem, dass Sie überhaupt etwas tun. Dabei müssen sich Selbstständige und Freiberufler generell intensiver Gedanken um ihre finanzielle Situation im Ruhestand machen.

Fazit: Jetzt haben Sie sich einen Überblick über Ihre finanzielle und wirtschaftliche Lage verschafft. Nun müssen Sie Schritt für Schritt die einzelnen Bereiche wie Konto, Kredit, Versicherung, Vermögensaufbau und Altersvorsorge im Detail durchgehen und dabei Lücken schließen, Möglichkeiten finden sowie Potenziale ausschöpfen.

# Das richtige Konto finden

»Der Bankraub ist eine Initiative von Dilettanten. Wahre Profis gründen eine Bank.« Der Schriftsteller Bertolt Brecht bringt es auf den Punkt: Banken sind nicht die Wohlfahrt, sondern Unternehmen, die Geld verdienen wollen. Deswegen sollten Sie Ihren Respekt vor den Hochglanztürmen in Frankfurt und den großzügigen Eingangshallen der Geldhäuser schnell ablegen. Die Banken und Sparkassen sind nämlich an Ihrem monatlichen Geldeingang, Ihren Sparanlagen und möglichen Krediten interessiert: Denn Privatkunden sind eine lukrative Klientel, mit der konstant Geld verdient werden kann. Schwankende Börsen und wackelige Firmenkredite sind für viele Banken zu unsicher geworden, um ein stabiles Wachstum zu ermöglichen – erst recht seit der Finanzmarktkrise 2008. Darüber hinaus erhöhen ausländische Kreditinstitute den Druck auf die hiesige Bankenlandschaft ebenso wie branchenfremde Firmen, beispielsweise Automobilkonzerne mit ihren Autobanken. Das Online-Banking sorgt zusätzlich für Bewegung im Finanzsektor – höhere Zinsen und weniger Kosten für den Kunden sowie der schnelle Preisvergleich bei Tagesgeld, Konsumentenkredit oder Baufinanzierung sind nur noch ein paar Klicks weit entfernt. Aus diesen Gründen buhlen die Banken um neue Kunden, und das ist Ihre Chance, Ihre Geldgeschäfte günstig und effektiv zu führen. Bei der Suche nach Konto, Kredit und Anlageformen müssen Sie jedoch ein paar wichtige Punkte beachten, denn nicht jeder braucht das teure Rundum-Sorglospaket oder das in Eigenregie geführte Online-Konto. Außerdem gibt es zahlreiche Fußangeln und einen sich permanent verändernden Dschungel an Sonder- und Lockangeboten sowie unterschiedliche Tarifmodelle.

Die Großeltern hatten es noch einfach: Am Ende der Woche oder zum Monatsende begab man sich ins Büro des Vorgesetzten oder des Prokuristen und erhielt seinen Lohn bar ausgezahlt. Auf der Lohntüte standen Bruttolohn, Abzüge und Nettolohn, damit der Arbeitnehmer direkt nachzählen und die angegebene Summe mit dem Inhalt vergleichen konnte. Zu Hause wartete in der Regel die Haushaltskasse in Form der Kaffeedose, gespart wurde allenfalls mit einem Sparbuch. Für viele war damals die Matratze die sicherste Bank.

Heute ist diese simple Praxis kaum noch vorstellbar – Girokonto, EC- und Kreditkarten sind zum finanziellen Dreh- und Angelpunkt unseres Alltags geworden: Pünktlich bekommen wir Monatslohn, Kindergeld oder andere Leistungen auf unser Konto überwiesen. Hingegen werden Miete, Nebenkosten und Versicherungen automatisch abgebucht. Einkäufe im Supermarkt, Konzertkarten an der Abendkasse oder DVDs vom Händler im Internet bezahlen wir einfach elektronisch. Ein Leben ohne Bankverbindung kann man sich eigentlich kaum noch vorstellen.

## Die große Bankenvielfalt

In Deutschland gibt es über 2000 verschiedene Banken, Sparkassen sowie Raiffeisen- beziehungsweise Volksbanken. Wer frisch ins Berufsleben tritt, regelt seine finanziellen Angelegenheiten meist noch über das gleiche Kreditinstitut, bei dem man als Kind sein erstes Sparbuch hatte und später das Girokonto eröffnet hat. In der Regel ist man mit seiner Bank und den Kundenbetreuern erwachsen geworden – Kinderclubs wie KNAX (Sparkasse) oder PRIMA Giro (Raiffeisenbank) bemühen sich ebenfalls kräftig um die Kundenbindung. Auch verlangen die meisten Banken bis zum Ende der Ausbildung und des Studiums keine Kontoführungsgebühren für ihre jungen Kunden. So ist es nicht verwunderlich, dass ein Großteil der Deutschen ihrem ersten Kreditinstitut die Treue halten – und das in allen finanziellen Angelegenheiten. An einen Wechsel wird oft nicht gedacht. Dabei bieten viele Institute bessere Konditionen und manche sogar kostenlose Konten. In der Regel benötigen Sie zwei Konten: Ein Girokonto, mit dem Sie Ihre täglichen Bankgeschäfte erledigen, und ein gut verzinstes Guthabenkonto – Tagesgeld- oder Sparkonto –, auf dem Sie bequem Geld sparen können. Zu den Kontenarten erfahren Sie ab Seite 36 mehr. Bevor es aber an den Wechsel und die Neueröffnung geht, sollten Sie Ihre Geldgeschäfte analysieren.

## Anzahl der Kontobewegungen prüfen

Bei der Auswahl Ihres Girokontomodells kommt es in erster Linie auf Ihren persönlichen Bedarf und Ihre berufliche Situation an. Lassen Sie sich nicht von schillernden Werbeversprechen blenden: »Super Zinsen für das Girokonto jetzt sichern!«, »Kostenloses Girokonto« oder »Das perfekte Management für Ihre Finanzen«. Als Erstes sollten Sie anhand Ihrer letzten Kontoauszüge ermitteln, wie viele Kontobewegungen Sie monatlich im Schnitt haben – das sind die einzelnen Überweisungen und Daueraufträge. Das ist wichtig, da Ihnen je nach Kontomodell die Bank pro Buchung, bei jeder Änderung eines Dauerauftrages oder einer sonstigen Serviceleistung Entgelte abverlangt. Andere

Modelle arbeiten mit einem monatlichen Pauschalbetrag, der alle Kontobewegungen abdeckt – das ist mittlerweile auch die Regel. Es gibt aber auch Mischformen: Hier ist eine gewisse Anzahl von Buchungen in der Monatspauschale inbegriffen – alles was darüber hinausgeht, wird zusätzlich berechnet.

Tätigen Sie mehr als 15 Einzelüberweisungen im Monat, dann lohnt sich ein Pauschalmodell. Hier müssen Sie durchschnittlich mit Kosten von 10 bis 15 Euro im Quartal rechnen. Oft ist hier auch eine Kreditkarte inklusive und bei Filialbanken ist es egal, ob Sie eine Überweisung online machen, ausgefüllt am Schalter einreichen oder am Selbstbedienungsterminal erledigen. Wer wenige Überweisungen vornimmt, Daueraufträge so gut wie nie ändert und keine Kreditkarte benötigt, der sollte nachrechnen, ob ein Girokonto mit einer geringen Basisgebühr und Einzelpostenabrechnung nicht die bessere Alternative ist. Bei der Berechnung hilft der Preisaushang der Bank mit den Kosten der verschiedenen Kontenmodelle.

## Lockangebote und Kostentreiber

### Girokonto zum Nulltarif

Viele Banken bieten ihren Kunden ein kostenloses Girokonto an. Jedoch ist die Variante zum Nulltarif meist an Bedingungen geknüpft. So muss im Monat ein bestimmter Betrag – meist das Gehalt – eingehen. Liegen Sie darunter, dann kann die Kontoführung schnell teuer werden. Auch ein durchschnittliches Mindestguthaben kann verlangt werden. Andere Institute möchten von Ihnen, dass Sie eine bestimmte Summe längerfristig anlegen: Das kann in Form von Festgeldern, Sparbriefen, Aktien oder Aktienfonds geschehen. Die Anlageform bleibt normalerweise Ihnen überlassen. Es gibt auch Geldinstitute, die ein kostenloses Girokonto anbieten, wenn Sie Ihre Bankgeschäfte komplett online führen. Hier ist meist auch das Telefon-Banking inbegriffen. Wieder andere Banken zahlen Ihnen sogar Geld, damit Sie Ihr Konto dort eröffnen – ein monatlicher Mindesteingang ist jedoch auch hier erforderlich. Ansonsten verlangt die Bank von Ihnen ein paar Euro.

Bekommen Sie das kostenlose Girokonto nur dann, wenn monatlich ein bestimmter Betrag eingeht oder Sie eine Geldanlage tätigen müssen, dann sollten Sie sich das genau überlegen: Es kann passieren, dass Sie den geforderten Mindestbetrag nicht mehr regelmäßig erhalten. Oder Sie benötigen das angelegte Geld wegen eines finanziellen Engpasses. Ist das der Fall, haben Sie Kosten zu tragen, mit denen Sie eigentlich nicht gerechnet haben.

**WISO rät**

Achten Sie bei kostenlosen Girokonten auf die Voraussetzungen für den Null-Euro-Tarif. (Zusatz-)Kosten und Sonderbedingungen verstecken sich hinter dem Sternchen (*) in der Werbung.

## Sparturbo: Online-Banking

Über 40 Millionen Bankkonten werden hierzulande mittlerweile online geführt, Tendenz steigend. Seine Bankgeschäfte über das Internet zu regeln ist nicht nur bequem, sondern vor allem ein Kostenvorteil für die Kreditinstitute. Die Banken sparen mit dem selbstständigen Kunden nämlich enorme Kosten, die sie teilweise weitergeben. Online geführte Girokonten sind deshalb günstiger oder sogar kostenlos. Auch gut verzinste Tages- oder Festgeldkonten gibt es in der Regel nur, wenn diese über das Internet geführt werden.

**Achtung!**
**Wenn Sie sich bei Ihrer Filialbank für ein günstigeres Online-Kontomodell entschieden haben und trotzdem einmal eine Überweisung persönlich abgeben oder einen Scheck einreichen, dann kann Ihnen dieser Service berechnet werden. Kosten von 1,50 Euro pro eingereichter Überweisung sind keine Seltenheit.**

Prüfen Sie als Online-Kunde einer Bank, welche Serviceleistungen Ihre Kontoführungsgebühren einschließen – und welche nicht. Direktbanken, die kein Filialnetz betreiben, bieten in der Regel die Bankgeschäfte per Internet sowie per Telefon und den telefonischen Kontakt zu einem Kundenberater an. Der Boom beim Online-Banking hat aber auch eine Schattenseite: Kriminelle versuchen in den letzten Jahren verstärkt, sich durch das Online-Banking zu bereichern. Mit ein paar grundlegenden Sicherheitsvorkehrungen schützen Sie sich vor kriminellen Attacken. Mehr dazu erfahren Sie ab Seite 49.

## Geldautomat: teures Bargeld

Das günstigste Girokonto nützt herzlich wenig, wenn sich in Ihrer alltäglichen Umgebung kein Geldautomat befindet, von dem Sie kostenlos Bargeld abheben können. Müssen Sie »fremdgehen«, dann kann das schnell teuer werden: In der Regel verlangen die Kreditinstitute von Fremdkunden Gebühren zwischen 3 und 6 Euro. Die meisten Banken haben sich aber zu Netzwerken zusammengeschlossen, damit ihre Kunden mit der MaestroCard (EC-Karte) möglichst überall kostenlos an Bargeld kommen. In Deutschland gibt es vier große Netzwerke, die den Großteil der rund 56 000 Geldautomaten unterhalten:

Sparkassen, Genossenschaftsbanken, Cash Group und Cash-Pool.

Tabelle 2: Geldautomaten in Deutschland

| Geldautomaten in Deutschland | |
|---|---|
| Sparkassen-Netz | *Mitgliedsbanken:* Sparkassengruppe<br>*Geldautomaten:* mehr als 25 000 bundesweit<br>*Leistung:* kostenlose Bargeldabhebung |
| BankCard ServiceNetz der Genossenschaftsbanken | *Mitgliedsbanken:* rund 98 Prozent aller Volksbanken und Raiffeisenbanken;<br>*Geldautomaten:* mehr als 18 000 bundesweit<br>*Leistung:* kostenlose oder kostengünstige Bargeldabhebung |
| Cash Group | *Mitgliedsbanken:* Commerzbank, Deutsche Bank, Dresdner Bank, HypoVereinsbank oder Postbank sowie deren Tochterunternehmen<br>*Geldautomaten:* über 7 000 bundesweit<br>*Leistung:* kostenfreie Bargeldabhebung |
| CashPool | *Mitgliedsbanken:* u. a. BBBank, Santander, Citibank, GE Money Bank, National-Bank, Norisbank, SEB, Sparda-Banken, Südwestbank, Wüstenrot<br>*Geldautomaten:* über 2 300 bundesweit<br>*Leistung:* kostenfreie Bargeldabhebung |

Ein kleines Netz von bundesweit über 1 300 Geldautomaten bietet die Online-Bank ING-DiBa zusammen mit der Berliner Bank und der Degussa Bank an. Besonders oft befinden sich diese Automaten der ING-DiBa an Aral- und Esso-Tankstellen oder in Elektronikmärkten. Seit Februar 2010 können sich Kunden der ING-Diba auch beim Einkauf in den rund 2 500 REWE-Supermärkten an der Kasse Geld auszahlen lassen. Wieder andere haben sich einem oder mehreren der Verbundnetzen angeschlossen: Die Online-Bank Netbank hat sich zum Beispiel sowohl dem CashPool (kostenlos) als auch dem Automatennetz der ING-DiBa (1,50 Euro Gebühr) angeschlossen. Ein anderes Beispiel: Die Volkswagen Bank direct unterhält lediglich 21 eigene Geldautomaten. Jedoch kann man mit der Kreditkarte kostenlos an Fremdautomaten abheben.

**Achtung!**
Vor allem Direktbanken bieten ihren Kunden an, mit der Kreditkarte deutschlandweit kostenlos Geld an Fremdautomaten abheben zu können. Mit der Maestro-Karte hingegen entstehen Kosten. Jedoch wehren sich die etablierten Kreditinstitute, allen voran die Sparkassen, gegen die Abhebung mit Kreditkarte und sperren ihre Automaten vor dem Zugriff bestimmter Fremdbankkunden.

## Auf die Zinsen achten

Nicht ganz unerheblich ist bei der Suche nach dem richtigen Girokonto der Blick auf die Zinsen. Jeder freut sich schließlich über geschenktes Geld. Leider sind die Habenzinsen in der Regel sehr gering. Beträge über 1,5 Prozent sind normalerweise nur bei reinen Online-Konten zu finden oder an bestimmte Summen gebunden. Nahezu jede Bank bietet mittlerweile online-geführte Konten an.

Entscheidender als der Habenzins ist für viele Menschen der Zinssatz des Dispokredits. Mit dem Dispo ist das von der Bank gestattete Überziehungslimit des Girokontos gemeint. Wer über ein regelmäßiges Einkommen beziehungsweise entsprechende Bürgen wie die Eltern verfügt, kann sein Konto innerhalb des Kreditrahmens überziehen. Dieser entspricht bei Erwerbstätigen in der Regel zwei bis drei Nettogehältern.

Soll- und Habenzinsen werden täglich berechnet und zum Ende jedes Quartals abgerechnet. Der Zinssatz für den Dispo liegt meist zwischen 7 und 14 Prozent. Überziehen Sie den Dispo, bekommen Sie entweder kein Geld mehr oder die Bank berechnet Ihnen höhere Überziehungszinsen – oft 14 bis 19 Prozent. Passen Sie deshalb genau auf, wenn Sie beispielsweise die Urlaubsreise oder die Autoreparatur bezahlen und dann gleichzeitig noch ausgiebig Shoppen gehen. Wie sich eine Überziehung des Dispo auswirkt, zeigen die folgenden Beispielrechnungen.

**Beispiel**

Luisa Müller hat durchschnittlich 2000 Euro Guthaben auf ihrem Girokonto, das mit 0,25 Prozent verzinst wird. Pro Jahr bekommt sie dafür also 5 Euro Habenzinsen gutgeschrieben.

Hans Meier hat einen Dispokredit von 5000 Euro. Im Mai ist er 16 Tage mit 1300 Euro im Minus. Bei einem Dispozins von 12,75 Prozent muss er dafür 7,37 Euro zahlen. Im Juli überzieht er wegen einer Autoreparatur für 5 Tage mit 5500 Euro sein Girokonto. Der Überziehungszins liegt ab 5000 Euro bei 17,75 Prozent täglich. Ingesamt zahlt Hans Meier somit 10,08 Euro (8,85 + 1,23 Euro) an die Bank.

- Wer jeden Monat sein Konto an zehn Tagen bei einem Dispozins von 12,75 Prozent mit
- 500 Euro überzieht, zahlt monatlich 1,77 Euro Zinsen.
- 1000 Euro überzieht, zahlt monatlich 3,54 Euro Zinsen.

Wer (ständig) sein Girokonto überzieht, zahlt drauf. Nehmen Sie den Dispokredit in Anspruch, versuchen Sie diesen so schnell wie möglich wieder auszugleichen. Vielleicht mit Geld von einem Tagesgeldkonto oder einem Sparbuch. Dabei müssen Sie selbst aktiv werden: Bei einem Dispo werden nämlich keine festen Rückzahlungsraten mit der Bank vereinbart. Diese freut sich, wenn Sie Ihren Dispo nutzen, weil dann die Kasse der Bank klingelt. Ob Sie einen Dispokredit überhaupt bekommen, entscheidet das Kreditinstitut. Dieses kontrolliert auch regelmäßig die Höhe des Dispokredits und verfügt darüber – zum Beispiel nach Einkommenssituation –, ob der Kreditrahmen bleibt, erhöht, verringert oder gestrichen wird.

## Steuerfreie Zinszahlungen dank Freistellungsauftrag

Ist Ihr Konto im Plus, dann zahlt Ihnen die Bank entsprechende Guthabenzinsen. Diese sind aber nicht steuerfrei, außer Sie haben einen entsprechenden Freistellungsauftrag für Kapitalerträge erteilt. Einkünfte aus Zinsen und Dividenden (Gewinnausschüttung von Aktien und Fonds) kassieren Sie bis zum erteilten Betrag steuerfrei.

Seit 2007 haben Alleinstehende jährlich einen Sparerpauschbetrag von 801 Euro. Ehepaare, die gemeinsam eine Steuererklärung abgeben, erhalten den doppelten Betrag – also 1602 Euro. Es steht Ihnen frei, den Betrag entsprechend auf verschiedene Konten aufzuteilen. Übersteigen Zinszahlungen und Dividenden die Freistellungsaufträge, müssen Sie die überschüssigen Einnahmen versteuern. Am besten notieren Sie sich, wo und über welche Summe Sie überall einen Freistellungsauftrag erteilt haben. Bei Zinsänderungen während des Jahres sollten Sie auf jeden Fall reagieren und die Freistellungsaufträge entsprechend anpassen. Auch Kinder dürfen jedes Jahr 801 Euro an Zinsen und Dividenden steuerfrei kassieren. Seit 2009 gibt es die sogenannte Abgeltungsteuer. Darunter versteht man eine pauschale Besteuerung von allen Zins- und Dividendeneinkünften. Mehr dazu erfahren Sie im Kapitel *Vermögensaufbau und Altervorsorge* auf Seite 173.

**Beispiel**

Wenn Sie 4000 Euro ein Jahr lang auf einem Tagesgeldkonto mit 2,75 Prozent Zinsen liegen lassen, dann bekommen Sie am Jahresende 110 Euro Zinsen. Damit diese nicht versteuert werden müssen, sollten Sie der Bank nach derzeitiger Regelung rechtzeitig einen Freistellungsauftrag über 110 Euro erteilen. Bitte beachten Sie dabei, dass manche Banken monatlich oder pro Quartal abrechnen. Besteht keine (ausreichende) Freistellung, müssen Sie die Zinserträge versteuern.

## Kontenvielfalt: das brauchen Sie wirklich

Nach einer Studie der Hamburger Marktforscher dpm Team besitzen 98,4 Prozent der Deutschen ein Girokonto. Es ist der Dreh- und Angelpunkt des alltäglichen Zahlungsverkehrs – Rechnungen werden abgebucht, der Lohn wird eingezahlt. Als Arbeitnehmer sollten Sie nur ein Girokonto unterhalten, da Sie für die Kontoführung normalerweise monatlich zahlen. Außerdem werden darüber in der Regel Ihre Maestro- und Kreditkarte(n) abgerechnet. Mehrere Girokonten würden Ihnen lediglich den Überblick erschweren. Anders sieht es aus, wenn Sie beispielsweise eine Immobilie vermieten, selbstständig sind oder Einnahmen aus einem Gewerbebetrieb haben. Hier lohnt es sich – nicht nur wegen der alljährlichen Steuererklärung –, ein weiteres Girokonto einzurichten. In so einem Fall wird es übersichtlicher für Sie, die Geldströme strikt zu trennen. Wer in seiner Partnerschaft oder einer Wohngemeinschaft Miete, Stadtwerke, Telefon oder Einkäufe teilt, für den bietet sich zusätzlich ein gemeinsames Haushaltskonto an.

**WISO rät**

Auf dem Girokonto sollten Sie immer nur so viel Geld haben, wie Sie für Ihre monatlichen Zahlungen und Ihren Konsum benötigen. Eine Handbreit Guthaben – in etwa ein Bruttolohn – schützt Sie in der Regel vor dem Dispokredit und den damit verbundenen Zinszahlungen an die Bank. Überschüssiges Geld, das Sie nicht benötigen, sollten Sie entweder auf ein gut verzinstes Tagesgeldkonto legen oder anderweitig anlegen.

## Girokontowechsel leicht gemacht

Haben Sie das Gefühl, für jeden Handgriff der Bank zu zahlen? Oder bekommen Sie zu wenig Guthabenzinsen? Dann lohnt sich vielleicht ein Girokontowechsel. Verbraucherschützer und Bankexperten sind sich einig: Wer für ein Girokonto inklusive Kreditkarte bei einer Filialbank pro Jahr mehr als 80 Euro und für ein Online-Konto mehr als 40 Euro bezahlt, sollte über einen Wechsel nachdenken.

**WISO rät**

Ein Vergleich der Anbieter lässt sich schnell und bequem im Internet realisieren. Am besten Sie nutzen mehrere Vergleichsseiten, denn häufig wird nur eine begrenzte Anzahl von Konten aufgelistet. Haben Sie eine Bank gefunden, die interessant erscheint, dann holen Sie genauere Informationen über Leistungen und Kosten nochmals bei dem betreffenden Kreditinstitut ein.

Eine Liste von Vergleichsseiten finden Sie unter www.finanzen35.de. Wenn Sie sich über das Internet über die Konditionen einer Bank informieren, dann passen Sie auf, dass Sie keine Kontoeröffnung beantragen. Ein WISO-Zuschauer hat die Kontoeröffnung mit der Kontoinformation verwechselt und daraufhin mehrere Eröffnungsanträge abgeschickt. Die Konsequenz: Er erhielt kein einziges Konto, da durch die vielen Anfragen sein sogenannter SCHUFA-Score so schlecht wurde, dass ihn keine Bank als Kunde mehr haben wollte. Zur SCHUFA (Schutzgemeinschaft für allgemeine Kreditsicherung) finden Sie mehr Informationen im folgenden Kapitel *Geld leihen mit Krediten*.

Haben Sie ein entsprechendes Kreditinstitut gefunden, sollten Sie vor einem Wechsel erst einmal mit den gewonnenen Informationen zu Ihrer alten Bank gehen und verhandeln. Möglicherweise erhalten Sie so bessere Konditionen, denn keine Bank möchte gute Kunden verlieren. Wechseln Sie trotzdem, dann sollten Sie auf jeden Fall erst das neue Konto eröffnen, bevor Sie die alte Bank verlassen, damit Sie nicht ohne Konto dastehen. Am besten führen Sie beide Konten ein paar Wochen parallel, bis alle Verwaltungsaufgaben abgeschlossen sind. Außerdem brauchen die Banken in der Regel zwei bis drei Wochen, bis sie Maestro- und Kreditkarten ausstellen. Beim Wechsel müssen Sie beispielsweise Daueraufträge und Lastschriften umstellen, Arbeitgeber, Vermieter, Versicherer oder auch die Kindergeldstelle informieren. Haben Sie Ihr altes Girokonto als Referenzkonto für Geldanlagen – zum Beispiel für ein Tagesgeldkonto oder für Zinszahlungen – angegeben, müssen Sie natürlich auch bei diesen Instituten Änderungen mitteilen. Vergessen Sie auch nicht, Ihre Briefköpfe mit der neuen Bankverbindung zu versehen. Die meisten Banken helfen ihren Neukunden beim Wechsel – im Normalfall kostenlos: Beispielsweise wird das alte Girokonto inklusive Sparbuch und Depot aufgelöst, das restliche Guthaben auf das neue Konto transferiert und die Daueraufträge werden umgestellt.

## Einlagensicherung: Wie sicher ist das Ersparte?

Seit der Finanzkrise 2008 steht bei vielen Bankkunden die Frage nach der Einlagensicherung an erster Stelle: Was passiert mit meinem Ersparten, wenn meine Bank Pleite geht? Grundsätzlich sind die Gelder deutscher Sparer doppelt abgesichert:

1. Zum einen gilt die gesetzliche Einlagensicherung, die den Mindestvorschriften der Europäischen Union entspricht. Diese sichert 90 Prozent der Einlagen, allerdings nur bis maximal 20 000 Euro je Kunde pro Bank. Die restlichen 10 Prozent muss der Kunde selbst tragen.
2. Zum anderen gibt es in Deutschland ein zweites Sicherungsnetz: (a) Deutsche Privatbanken gehören dem Einlagensicherungsfonds des Bundesverbands deutscher Banken an. Dieser sichert Einlagen von 30 Prozent des haftenden Eigenkapitals des betroffenen Geldhauses ab. Beispiele: Bei der Postbank sind das bis zu 1,21 Milliarden Euro pro Kunde. (b) Genossenschaftsbanken und Sparkassen sichern die Einlagen sogar in voller Höhe ab. Wird es einmal eng, springen die Schwesterinstitute zu 100 Prozent ein.

Ausländische Banken mit deutschen Töchtern gehören teilweise auch dem deutschen Einlagensicherungsfonds an. Beispiel: Bei der spanischen Santander Consumer Bank sind es über 313 Millionen Euro pro Kunde. Ausländische Institute, die kein Mitglied im Einlagensicherungsfonds sind, haben teilweise eigene, erhöhte Sicherungsleistungen.

Unter den gesetzlichen und bankeninternen Schutz fallen aber nicht alle Anlageprodukte, sondern nur sogenannte Sicht-, Termin- und Spareinlagen sowie Sparbriefe, also beispielsweise Girokonten, Tages- und Festgelder oder Sparbücher. Nicht gesichert sind dagegen beispielsweise Inhaberschuldverschreibungen oder Inhaberanlagezertifikate, wie es sich im Fall der US-Bank Lehman Brothers gezeigt hat: Lehman-Garantie-Zertifikate sind durch die Insolvenz der Bank wertlos geworden, da Lehman Brothers als Herausgeber (Emittent) zahlungsunfähig war. Fatal für Tausende deutsche Anleger, da sie durch die vermeintliche »Garantie« von einer 100-prozentigen Sicherheit ausgegangen waren.

**WISO rät**

Bevor Sie einer Bank Ihr Geld anvertrauen, informieren Sie sich genau über die Höhe der Einlagensicherung und wo beziehungsweise wie Sie im Schadensfall die Auszahlung Ihres Geldes verlangen. Das Institut muss Ihnen Auskunft geben! Bei privaten Banken, die in Deutschland aktiv sind, können Sie auch die kostenlose Datenbank unter www.bankenverband.de/einlagensicherung nutzen. Wenn Sie in spezielle Anlageprodukte, wie Zertifikate, Anleihen, Aktien, Fonds oder Optionsscheine investieren, lassen Sie sich nicht von »Garantie«-Versprechen blenden. Fragen Sie genau nach dem Ausfallrisiko – was Sie also im schlimmsten Fall verlieren können.

Bei Wertpapierdepots ist der Anleger zum Großteil auf der sicheren Seite. Geht eine Bank Pleite, sind Aktien und Fonds nicht betroffen. Der Grund: Aktien oder Fonds sind keine Einlagen, sondern werden über das Wertpapierdepot von der Bank im Kundenauftrag nur verwaltet. Der Kunde kann bereits während des Insolvenzverfahrens fordern, dass seine Wertpapiere in ein Depot bei einer anderen Bank umgeschichtet werden – jedenfalls theoretisch. Eine Ausnahme gibt es dennoch beim Transfer: Aktien oder Fonds, die zur Sicherung eines Kredits hinterlegt wurden, können nicht in ein neues Depot übertragen werden.

## Der Klassiker: das Sparbuch

Zum Girokonto gesellt sich normalerweise die altgediente Allzweckwaffe des Bankkunden: das Sparbuch. Viele Menschen haben dieses immer noch, einfach aus Gewohnheit. Jahrzehntelang war das Büchlein die beliebteste und auch einfachste Variante Geld zu sparen. Mit einem festen Zinssatz versehen, konnte sich der Kunde über ein stetig wachsendes Guthaben freuen. Das hat sich aber grundlegend geändert. Mittlerweile ist das klassische Sparbuch schlecht verzinst: Bei mageren Zinsen von rund 1,0 bis 1,5 Prozent deckt der Zinsgewinn nicht einmal die Inflationsrate ab. Das heißt, langfristig wird Ihr Guthaben weniger wert sein. Man kann daher eigentlich vom »Negativsparen« sprechen.

Es gibt Sparbücher, die höhere Zinsen anbieten, jedoch müssen Sie dabei bestimmte Vorgaben erfüllen:

- Höhere Zinsen bekommen Sie oft nur, wenn das Sparbuch online geführt wird.
- Kündigungsfristen: 3 bis zu 30 Monate sind normal. Nur dann bekommen Sie die beste Verzinsung für Ihr Geld. Dieses ist dadurch jedoch fester gebunden, die Flexibilität ist eingeschränkt.
- Auszahlungen sind beispielsweise bis zu 2000 Euro innerhalb eines Kalendermonats ohne spezielle Kündigung möglich. Benötigen Sie kurzfristig mehr Geld, müssen Sie Vorschusszinsen zahlen.

**Achtung!**

Das Sparbuch ist in seiner klassischen Form ein Auslaufmodell. Wer sicher und flexibel Geld ansparen möchte, der sollte eine Mischung aus Tagesgeld- und Festgeldkonto anstreben. Wer dennoch am Sparbuch festhalten möchte, sollte sich um ein Online-Sparbuch bemühen – das bringt in der Regel die meisten Zinsen.

## Schnell flüssig: das Tagesgeldkonto

Ein clevere Alternative zum Sparbuch ist das Tagesgeldkonto – auch Cash-Konto, Cash-Extra oder Zins-Plus-Konto genannt. Neben dem Girokonto sollten Sie diese Möglichkeit des Sparens auf jeden Fall nutzen. Folgendes sollten Sie zum Tagesgeldkonto wissen:

- Das gesamte Geld ist täglich verfügbar, eine Kündigungsfrist besteht nicht. Somit haben Sie höchste Flexibilität.
- Die Zinsen sind lukrativ und höher als auf dem Girokonto, vor allem wenn Sie das Tagesgeldkonto online bei Direktbanken führen. Diese zahlen in der Regel höhere Zinsen.
- Der Zinssatz ist variabel und kann sich theoretisch täglich ändern. Häufig werden die Zinsen alle drei Monate an die aktuelle Marktsituation angepasst.
- Die Kontoführung ist in der Regel kostenlos. Manche Anbieter verlangen jedoch eine Mindestanlagesumme.
- Sie können von Ihrem Tagesgeldkonto nur Überweisungen auf das sogenannte Referenzkonto tätigen. Das ist in der Regel Ihr Girokonto.

Vergleichen Sie im Internet, welche Anbieter die besten Zinsen zahlen.

**Achtung!**
Sehr hohe Zinsen werden oftmals nur an Neukunden für einen bestimmten Zeitraum gezahlt. Danach reduziert sich der Zinssatz auf die marktübliche Höhe. Achten Sie – vor allem bei ausländischen Kreditinstituten – auf die sogenannte Einlagensicherung.

**WISO rät**

Bevor Sie ans langfristige Sparen und Geldanlegen denken, sollten Sie auf einem gut verzinsten Tagesgeldkonto zwei Bruttogehälter deponieren. Mit diesem Notgroschen können Sie finanzielle Engpässe wie die Reparatur der Waschmaschine oder des Autos ohne Kreditaufnahme meistern.

Darüber hinaus können Sie mit einem monatlichen Dauerauftrag von Ihrem Giro- auf ein Tagesgeldkonto ganz einfach besser verzinstes Geld zur Seite legen – beispielsweise für den nächsten Sommerurlaub.

## Feste Zinsen mit Termingeldern

Wer einen bestimmten Betrag sicher anlegen möchte, von dem er weiß, dass er ihn innerhalb weniger Wochen zu einem festen Termin benötigt, kann eine Termingeldeinlage abschließen. Dabei handelt es sich um eine befristete Geldanlage bei einer Bank, die auf einem sogenannten Termingeldkonto deponiert wird. Man unterscheidet dabei zwei Varianten:

- Festgelder, die an einem bestimmten Termin fällig werden, der bereits zu Beginn der Geldanlage vereinbart wird. Die fest vereinbarten Zinsen werden am Ende der Laufzeit gutgeschrieben.
- Kündigungsgelder hingegen können unter Einhaltung einer vorher festgelegten Kündigungsfrist jederzeit gekündigt werden. Die Zinsen bei Kündigungsgeldern sind meist variabel und werden bei Fälligkeit ausgezahlt.

**Beispiel**

Luisa Müller möchte 10 000 Euro fest anlegen. Eine Bank gibt ihr für drei Monate einen Zinssatz von 3 Prozent. Die gleiche Bank bietet ihr aber 2,75 Prozent Zinsen auf das Tagesgeldkonto an.

Für das Festgeld bekommt sie damit nach den drei Monaten eine Gutschrift von 75 Euro, beim Tagesgeldkonto sind es 68,75 Euro. Ein geringer Unterschied zum flexiblen Tagesgeld. Wählt Frau Müller aber einen Anlagezeitraum von sechs Monaten, so erhält Sie 3,5 Prozent auf das Festgeld (175 Euro Zinsen). Beim Tagesgeldkonto ist es lediglich ein Plus von 137,50 Euro.

Die Zinssätze für kurzfristige Festgelder sind oft identisch mit denen von Tagesgeldkonten. Bessere Konditionen werden dem Kunden erst ab einem bestimmten Betrag oder einer längeren Laufzeit – zum Beispiel 10 000 Euro und zwölf Monaten – geboten. Überlegen Sie sich deshalb genau, ob sich diese Anlageform überhaupt für Sie rechnet. Auch ist eine vorzeitige Auflösung der Termineinlagen normalerweise nicht vorgesehen. Allerdings kann der angelegte Betrag beliehen werden, das heißt Sie können diesen als Sicherheit für einen Kredit nutzen. Viele Banken sind aber kulant und gestatten, ähnlich wie beim Sparbuch, eine vorzeitige Verfügung, wenn man bereit ist, Vorschusszinsen zu zahlen.

## Überweisung, Dauerauftrag oder Einzugsermächtigung

Vertrauen ist gut, Kontrolle ist besser. Wenn Sie jede Rechnung per Überweisung bezahlen, haben Sie einen guten Überblick über Ihre Geldströme. Jedoch kostet Sie der Aufwand auch unnötig viel Zeit, denn die meisten Buchungen können Sie bequem per Dauerauftrag oder Lastschriftverfahren regeln. Die folgende Übersicht gibt Ihnen Aufschluss darüber, welche Vor- und Nachteile die verschiedenen Zahlungsarten haben.

Tabelle 3: Überweisungsarten

| Art | Vorgang | Vorteile | Nachteile |
|---|---|---|---|
| **Überweisung** (einmalige Rechnungen) | einmalige Zahlung | Betrag und Zeitpunkt frei wählbar. Kann so lange storniert werden, bis das Geld beim Empfänger ist. | Mit Aufwand verbunden, da Sie daran denken müssen. Sonst können Mahngebühren fällig werden. |
| **Dauerauftrag** (z.B. Miete, Nebenkosten, Mitgliedsbeiträge) | feste, wiederkehrende Beträge | Zeitpunkt, Betrag und Dauer individuell festlegbar. Wenig Arbeit. | Änderungen müssen Sie rund eine Woche vor dem nächsten Zahlungstermin erledigen. |
| **Einzugsermächtigung** (z.B. Telefon, Handy, Rundfunkgebühren) | Lastschrift per Einzugsermächtigung für Beträge, die kontinuierlich anstehen und sich in der Höhe ändern können. | Geringer Aufwand, falsche und strittige Lastschriften können bis rund sechs Wochen nach der Buchung bei der Bank reklamiert werden. | Sie erlauben einen Zugriff auf Ihr Konto. Prüfen Sie deshalb alle Beträge auf ihre Richtigkeit. Wird oft von der Gegenseite als Vertragsgrundlage gefordert. |
| **Abbuchungsauftrag** | Verhält sich ähnlich wie eine Einzugsermächtigung: Lastschrift per Abbuchungsverfahren. | geringer Aufwand | Der Einziehende hat alle Vorteile auf seiner Seite: Eine Rückbuchung wegen Widerspruch ist nicht möglich. Vereinbaren Sie lieber einen Dauerauftrag oder eine klassische Einzugsermächtigung. |

Wenn Sie die monatlich großen Zahlungsbrocken wie Miete, Nebenkosten oder Telefonrechnung automatisch abbuchen lassen, dann achten Sie auf eine ausreichende Deckungssumme auf Ihrem Girokonto. Am besten legen Sie diese Überweisungen in einen Zeitraum direkt nach dem Gehaltseingang. Im Januar sollten Sie besonders achtgeben, denn dann werden zahlreiche Beträge wie beispielsweise die Kfz-Versicherung oder Abonnements auf einmal fällig.

**WISO rät**

Zahlreiche Firmen locken mit einem Rabatt auf die Rechnung beziehungsweise einer Sonderzahlung für die Teilnahme am Lastschriftverfahren. So gibt es oft 5 Prozent Nachlass auf das jährliche Zeitungsabonnement. Ein freiwillig erteiltes Lastschriftverfahren können Sie aber jederzeit widerrufen.

## Kartenspiele: Welches Plastikgeld Sie benötigen

»Bares ist Wahres« – Der Spruch hat auch heute seine Gültigkeit nicht verloren, jedoch ist das Plastikgeld aus unserem Alltag nicht mehr wegzudenken. Neben Bank-, Maestro- und klassischer Kreditkarte tummeln sich im Geldbeutel der Verbraucher immer mehr Kundenkarten, teilweise mit Bezahl- und Kreditkartenfunktionen. Hier finden Sie eine kleine Übersicht:

*Bankkarte ohne Zahlungsfunktion* Damit können Sie an institutseigenen Automaten Geld abheben und eventuell mit der GeldKarte – dem Chip auf der Karte – bezahlen; beispielsweise an Parkscheinautomaten. Eine elektronische Bezahlung in Geschäften ist nicht möglich. Die Bankkarte wird in der Regel an Jugendliche und Menschen ausgegeben, denen die Bank keinen Kredit gewähren möchte.

*Maestrokarte* Früher als EC-Karte bezeichnet, ist sie heute die Standardkarte in Deutschland und findet sich im Geldbeutel von fast jedem Girokontobesitzer. Europaweit gibt es über 1,65 Millionen Akzeptanzstellen, an denen Sie bargeldlos zahlen können. Dabei wird Ihr Konto direkt – meistens ein paar Tage nach dem Einkauf – belastet. Kosten entstehen für Sie keine. Des Weiteren können Sie an fast jedem Geldautomaten in Europa Bargeld abheben – im Partnernetz Ihrer Bank kostenlos oder mit geringeren Gebühren. Auch in den USA gibt es mehr und mehr Geschäfte und Banken, die die Maestrokarte akzeptieren. Normalerweise ist die Karte kostenlos und in den Kontogebühren beinhaltet.

*Kreditkarte* Heute kaufen, am Monatsende bezahlen – der zinsfreie Kurzkredit macht die Kreditkarte zu einem beliebten Zahlungsinstrument. Außerdem ist sie in fast jedem Land einsetzbar, denn die großen Kreditkartenfirmen MasterCard, Visa, American Express und Diners Club haben ein weltweit funktionierendes Bezahlsystem etabliert. In Deutschland sind MasterCard (51,1 %) und Visa (43,4 %) die verbreitesten Karten. Beide Unternehmen kamen im Jahr 2009 auf fast 26 Millionen ausgegebene Kreditkarten (Quelle: Source Informationsdienst).

Wer über eine ausreichende Bonität verfügt, erhält von seiner Bank eine Kreditkarte mit einem individuellen Kreditrahmen – in der Regel ein Brutto-Monatsgehalt. In Deutschland am weitesten verbreitet ist die sogenannte Charge- beziehungsweise Abbuchungs-Karte: Einmal monatlich werden alle Zahlungen, die Sie mit Ihrer Kreditkarte gemacht haben, von Ihrem Girokonto abgebucht. Das klingt einfach und vorteilhaft, kann Sie aber bei fehlenden Geldreserven schnell ins Minus führen. Dann müssen Sie nämlich Ihren Dispokredit nutzen und zahlen deftige Zinsen. Ebenfalls wissenswert sind diese Eigenschaften von Kreditkarten:

- Wer Bargeld am Bankautomaten abheben möchte, muss in der Regel mit 1,0 Prozent des abgehobenen Betrags oder mindestens 5 Euro Kosten rechnen.
- Oft ist bei einem Girokonto aber die Kreditkarte schon inklusive, eine Zweit-/Partnerkarte gibt es bei Bedarf obendrauf. In der Regel ist diese günstiger oder sogar kostenlos.
- Wenn Sie Ihre Kreditkarte verlieren sollten, dann haften Sie bis zum Eingang der Schadensmeldung in der Regel mit einem Höchstbetrag von 50 Euro. Wie die Haftung genau geregelt ist, können Sie in Ihrem Kartenvertrag nachlesen.
- Vor allem Menschen, die viel reisen, sind mit einer Kreditkarte nahezu immer flüssig. Aber Achtung: Im Ausland wird Ihnen normalerweise ein Prozent des Kaufpreises als Servicepauschale aufgeschlagen.
- Außerdem kann man die Kreditkarte als Sicherheit – zum Beispiel bei der Autovermietung – nutzen, und der Einkauf im Internet ist sehr stark an der Kreditkarte ausgerichtet.

Gold- und Platin-Varianten bei Kreditkarten sind hübsch anzusehen und verbreiten einen Hauch von »Exklusivität«, aber wegen der Zusatzleistungen wie Versicherungen sind sie mit einer erheblich höheren Jahresgebühr verbunden als eine Standard-Karte. Ähnliches gilt auch für Kunden- oder Mitgliedskarten mit Kreditkartenfunktion. Prüfen Sie deshalb genau, ob Sie die zusätzlichen Funktionen überhaupt benötigen. Vor allem sollten Sie die Versicherungsleistungen genau betrachten, da diese teilweise durch die Geschäftsbedingungen eingeschränkt werden oder bereits von Ihnen anderweitig abgeschlossen wurden. Generell sollten Sie Zahlungsverkehr und Versicherungen voneinander trennen. Mehr zu Kreditkarten erfahren Sie im folgenden Kapitel ab Seite 74.

## Bankgeschäfte im Internet

Onlinebanking bietet enorme Vorteile: Sie können rund um die Uhr von (fast) jedem Platz aus Ihre Bankgeschäfte erledigen. Öffnungszeiten der Bank oder das Wetter können Ihnen egal sein. Hierzulande sind beim Homebanking vor allem zwei Methoden gebräuchlich: das *PIN-TAN-Verfahren* und der *HBCI-Standard*.

Am weitesten verbreitet ist das PIN-TAN-Verfahren. Dabei erhält der Kunde eine mehrstellige Persönliche Identifikations-Nummer (PIN) und eine Liste mit Trans-Aktions-Nummern (TAN). Über die Internetseite der Bank loggt man sich mit der PIN in das Onlinekonto ein. Bei einigen Banken müssen die Kunden noch ein zweites individuelles Passwort benutzen. Grundsätzlich können beide Passwörter von den Kunden geändert werden. Mit der TAN werden beispielsweise Überweisungen, Daueraufträge oder der Kauf von Aktien elektronisch unterschrieben und eingereicht. Eine TAN ist nur einmal gültig und kann danach nicht mehr verwendet werden. Hinweis: Geben Sie dreimal eine PIN oder TAN falsch ein, wird in der Regel Ihr Zugang aus Sicherheitsgründen gesperrt.

Wegen der Betrugsproblematik beim Onlinebanking wurde das PIN-TAN-Verfahren mittlerweile modifiziert. Bei normalen TAN-Listen kann man wahllos irgendeine Nummer für eine Überweisung nutzen. Bei der sogenannten iTAN, der indizierten TAN, muss der Kunde seinen Auftrag mit einer speziellen TAN legitimieren. Der Bankcomputer fordert den Kunden dabei mit einer Positionsbeschreibung auf, eine bestimmte iTAN von der durchnummerierten Liste einzugeben. Bei manche Banken gibt es zu jeder TAN zusätzlich eine Bestätigungsnummer (BEN). Diese schickt der Bankrechner nach Erteilung des Auftrags bei der Bestätigung an den Kunden mit. Stimmt die BEN nicht mit der Nummer auf der TAN-Liste des Kunden überein, so handelt es sich aller Wahrscheinlichkeit nach um einen Betrugsfall. Der Kunde sollte sofort seine Bank kontaktieren.

Eine weitere Variante ist die sogenannte mTAN – das »m« steht dabei für mobil. Bei dieser Methode erhält der Kunde, nachdem er eine Überweisung ausgefüllt und abgeschickt hat, eine SMS von der Bank. Nur die darin enthaltene TAN kann den Vorgang schließlich legitimieren. Die SMS kann dem Kunden mit einem Cent-Betrag in Rechnung gestellt werden. Manche Banken bieten auch spezielle TAN-Generatoren an. Diese kleinen Geräte erstellen auf Knopfdruck eine TAN, die nur wenige Minuten und ausschließlich in Verbindung mit der individuellen Transaktion gültig ist. Bei beiden Methoden entfällt die TAN-Liste auf Papier, jedoch kostet der Generator in aller Regel Geld.

**WISO rät**

Das PIN-TAN-Verfahren ist sehr beliebt, jedoch besteht hier auch das größte Risiko eines Missbrauchs. Besser ist es, iTAN oder mTAN zu nutzen, wenn Ihre Bank das anbieten sollte.

Der HBCI-Standard (Home Banking Computer Interface) wurde speziell für Bankgeschäfte im Internet entwickelt. Er ist sicherer als das reine PIN-TAN-Verfahren, da dafür eine spezielle Zusatz-Hardware am Rechner zu Hause verwendet wird, beispielsweise eine Chipkarte mit Lesegerät. Die Daten werden vor dem Versenden durch die Hardware elektronisch codiert und erst im Großrechner der Bank wieder entschlüsselt. Die Eingabe von Transaktionsnummern entfällt. Nachteil von HBCI ist neben den Anschaffungskosten für die zusätzliche Hardware (ab ca. 25 Euro) auch die engeschränkte Mobilität. Haben Sie das Lesegerät nicht dabei, dann können Sie auch keine Bankgeschäfte über HBCI erledigen. In Zukunft soll HBCI durch die neue Technik Financial Transaction Services (FinTS) abgelöst werden.

Wer sich nicht über das Internet direkt bei seiner Bank einloggen möchte, kann auch spezielle Computerprogramme nutzen.

Zum einen bieten die Banken eigene – meist spartanisch anmutende – Softwarelösungen an, die aber nur auf das spezielle Kreditinstitut ausgerichtet sind. Zum anderen gibt es PC-Software von Drittanbietern, wie zum Beispiel *WISO Mein Geld*. Mit solchen Programmen können Sie nicht nur Onlinebanking bei verschiedenen Kreditinstituten betreiben, sondern Sie haben auch Ihre Konten mit ein paar Klicks immer im Überblick und können damit eine (umfassende) Finanzplanung durchführen. Mit Homebanking-Software ist es in der Regel möglich, offline seine Bankgeschäfte zu erledigen und diese dann anschließend zusammen online zu versenden. Bevor Sie sich für eine Softwarelösung entscheiden, sollten Sie auf jeden Fall klären, ob Ihre Bank(en) diese auch technisch unterstützt. Egal für welches Programm Sie sich entscheiden, nutzen Sie regelmäßig die Update-Angebote der Hersteller. Was Sie für sicheres Onlinebanking zusätzlich beachten sollten, erfahren Sie auf www.finanzen35.de.

# Geld leihen mit Krediten

»Heute leben, morgen zahlen« – die Möglichkeiten, Anschaffungen oder eine Urlaubsreise über einen Kredit zu finanzieren, sind heutzutage vielseitig: Dispo- und Ratenkredite locken genauso wie Kreditkarten, das eigene Budget unüberlegt zu überziehen. Im ersten Moment freut man sich über den neuen Plasma-Fernseher oder den Badeurlaub auf den Malediven, spätestens einige Wochen später kommt aber die Ernüchterung in Form der Kreditkartenabrechnung oder der ersten Kreditrate, die vom Girokonto abgebucht wird. Erst dann merken viele Verbraucher, dass sie sich für eine lange Zeit in eine unangenehme Abhängigkeit begeben haben. Wer hierbei nicht aufpasst, der kann aus vielen kleinen Schulden mittelfristig größere finanzielle Probleme bekommen.

Damit es nicht so weit kommt, soll Ihnen dieses Kapitel einen Überblick über die Möglichkeiten und Herangehensweise bei der Kreditfinanzierung geben sowie klären, worauf Sie im Kleingedruckten vor Vertragsunterzeichnung achten sollten. Manchmal kommen Sie um einen Kredit nämlich nicht herum, beispielsweise bei der Auto- oder Immobilienfinanzierung.

Bei einer Darlehensvergabe spielt Ihre Kreditwürdigkeit eine wichtige Rolle. In diesem Zusammenhang bekommen Sie es mit der SCHUFA, der Schutzgemeinschaft

**für allgemeine Kreditsicherung, zu tun. Was sich dahinter verbirgt, erfahren Sie ebenfalls in diesem Kapitel.**

Wenn Sie sich bei Banken oder Kreditkartenunternehmen Geld leihen oder Ihre Waren über einen Ratenkredit bezahlen, dann entstehen Ihnen immer zusätzliche Kosten. Die Banken geben Ihnen gerne Geld, da diese dadurch gut verdienen. Daher lautet die erste Regel im Umgang mit Krediten: Sie sollten keine in Anspruch nehmen müssen. Das heißt, wenn Sie eine Anschaffung planen können, dann sollten Sie lieber das benötigte Geld sparen, um davon die Rechnung zu begleichen.

Manchmal brauchen Sie aber schnell Kapital, beispielsweise um einen Gebrauchtwagen oder einen Kühlschrank zu kaufen. Wer dafür keine finanziellen Reserven hat, muss auf einen Ratenkredit zurückgreifen, denn die Überziehung des Girokontos mit dem Dispokredit kann unter dem Strich noch teurer werden. Stellen Sie sich immer die Fragen:

- Wofür und wie lange brauchen Sie den Kredit?
- Wie hoch muss beziehungsweise darf die Summe maximal sein?
- Wie teuer darf der Kredit inklusive von Zusatzkosten werden, sodass Sie monatlich die Raten begleichen können?

Im Vorfeld einer Kreditaufnahme, sollten Sie immer einen Budgetplan (vgl. Kapitel *Der Kassensturz*) Ihrer monatlichen Einnahmen und Ausgaben erstellen, um zu sehen, welche Belastung Sie zusätzlich tragen können. Wenn Sie ermittelt haben, wie viel Ihnen nach Abzug aller Ausgaben vom Einkommen bleibt, sollten Sie von dieser Summe nochmals 20 Prozent für unvorhergesehene Ausgaben abziehen. Das Ergebnis wäre dann die Höhe einer möglichen monatlichen Darlehensrate – vorausgesetzt Sie werden nicht arbeitslos oder Ihnen entstehen keine zusätzlichen regelmäßigen Ausgaben.

Tabelle 4: Grobe Ermittlung einer monatlichen Kreditrate

| | |
|---|---|
| **Nettoeinkommen** | 1 500 Euro |
| **feste Ausgaben** wie Miete, Versicherungen, Telefon, Altersvorsorge etc. | – 800 Euro |
| **variable Ausgaben** wie Ernährung, Kleidung, Freizeit, Geschenke etc. | – 450 Euro |
| **maximale monatliche Kreditrate** | 250 Euro |
| **Sicherheitsabzug** von 20 Prozent | – 50 Euro |
| **mögliche monatliche Kreditrate** | 200 Euro |

Bevor Sie Schulden machen, sollten Sie einmal versuchen, über einen Zeitraum von drei bis sechs Monaten die möglichen Raten beiseite zu legen – quasi ein Probesparen. Schaffen Sie das nicht, sollten Sie auch keinen Kredit aufnehmen. Hält Ihre Haushaltskasse das aber aus, so können Sie sich den Kredit nicht nur leisten, sondern müssen sich dank dem Angesparten auch weniger Geld borgen.

> WISO rät
>
> Stellen Sie fest, dass Sie eigentlich keinen finanziellen Spielraum besitzen, dann sollten Sie sich auch kein fremdes Geld leihen. Das kann im schlimmsten Fall für Sie sehr teuer werden.

## So kommen Sie an einen Kredit

Wer einen Kredit benötigt, geht in aller Regel zu seiner Hausbank, da viele Menschen meinen, dass das persönliche Gespräch besonderen Einfluss auf die Kreditvergabe hat. Ein Einfluss ist sicherlich vorhanden, jedoch ist der Blick des Bankberaters auf den sogenannten SCHUFA-Score (vgl. Seite 60) obligatorisch. Niemand wird Ihnen Geld leihen, nur weil Sie ein netter Mensch sind. Der Score gibt dem Berater Auskunft darüber, wie kreditwürdig Sie eingestuft werden. Einer Abfrage bei der SCHUFA müssen Sie vorher zustimmen, meist ist das eine Bedingung im Kreditvertrag. Zudem erstellen auch Banken und Handel eigene Score-Systeme, um die Zahlungswahrscheinlichkeit ihrer Kunden einstufen zu können. Die Vorsicht bei Bonität und Kreditwürdigkeit kann man verstehen, da die Banken ihr verliehenes Geld auch wieder zurückbekommen wollen.

**WISO rät**

Bevor Sie einen (Kredit-)Vertrag unterschreiben, erkundigen Sie sich, ob die SCHUFA abgefragt wird. Sie müssen gefragt werden, sonst verstößt der Vertragspartner gegen das Bundesdatenschutzgesetz und Sie können sich beschweren. Beispielsweise bei der Bundesanstalt für Finanzdienstleistungen (BaFin) oder bei den Datenschutzbeauftragten der Bundesländer.

Bevor Sie sich um einen Kredit bemühen, sollten Sie Folgendes beachten:

- Lassen Sie sich bei Ihrer Bank einen Termin geben und fragen Sie nach, welche Unterlagen Sie mitbringen sollen.
- Erstellen Sie einen Budgetplan, um zu sehen, wie groß Ihr Kreditrahmen sein darf.
- Bei der Ratenhöhe gilt: Je höher sie ist, desto größer ist zwar die monatliche Belastung, aber umso kürzer ist die Laufzeit. Und das senkt die Zinsbelastung.
- Prüfen Sie, welche Sicherheiten Sie der Bank anbieten können. Beispielsweise eine bestehende Renten- oder Lebensversiche-

rung. Damit verhindern Sie in der Regel einen erneuten Abschluss einer Versicherung als Sicherheit, die oft Voraussetzung für die Gewährung eines Kredits ist. Neue Versicherungen verteuern nämlich nur die Kosten für das Darlehen.
- Ein seriöser Berater muss sich einen genauen Überblick über Ihre finanzielle Situation machen und Ihre Ratenbelastung dementsprechend ausrichten. Darüber hinaus sollte er Ihnen genau erklären welche Konditionen der Vertrag hat, ob eine SCHUFA-Abfrage erfolgt und Sie keinesfalls zu einem Abschluss drängen. Drohungen, dass sich die Konditionen wegen der Wartezeit verschlechtern, sind nicht seriös.

Wegen der vermeintlichen Anonymität des Internets nehmen die Online-Kreditanfragen stetig zu. Neben den persönlichen Angaben werden aber bei einem Online-Kredit auch Einkommen und Ausgaben abgefragt sowie Sicherheiten und noch laufende Kreditverpflichtungen. Ihre Angaben werden anschließend ebenfalls von Scoring-Systemen geprüft und Sie erhalten normalerweise nach ein paar Minuten eine vorläufige Kreditzusage beziehungsweise eine Absage.

Über das Internet können jedoch keine rechtsverbindlichen Verträge abgeschlossen werden, solange eine digitale Signatur nicht eingeführt ist. Aus diesem Grund bekommen Sie den Vertrag schriftlich zugestellt, müssen diesen unterschreiben und an das Kreditinstitut zurückschicken. Das erfolgt in aller Regel über das sogenannte Post-Ident-Verfahren, bei dem Sie sich persönlich in einer Postfiliale ausweisen müssen.

Vor allem Verbraucher, die ihre Vermögensverhältnisse gut einschätzen können und eine detaillierte persönliche Beratung nicht benötigen, sollten zu einem Online-Kredit greifen: Bei den Zinssätzen lassen sich nämlich so einige Prozentpunkte sparen.

**Achtung!**
Wer (Kredit-)Schulden hat, gerät manchmal aus der finanziellen zusätzlich in eine persönliche Krise. Genau an diesem Punkt sind verzweifelte Menschen anfällig für unseriöse Zeitgenossen. Wie Aasgeier warten angeblich unabhängige Kreditvermittler beziehungsweise Finanzberater auf ihre Chance, um den Leuten »Kredite ohne SCHUFA-Prüfung« anzudrehen. Mit solchen Angeboten wird vor allem im Internet, am Telefon und in den Kleinanzeigen der Tageszeitungen geworben. Dabei zahlt man in der Regel nicht nur horrende Vermittlungsprovisionen, sondern muss meist auch zusätzliche (Restschuld-)Versicherungen abschließen. Hinterher ist der Schuldenberg gewachsen anstatt zu schrumpfen. Wer sich dann noch an eine unseriöse private Schuldnerberatung wendet, kommt vom Regen in die Traufe. Also Finger weg von Kredithaien! Am besten, man geht bei Überschuldung zu einer gemeinnützigen Schuldnerberatung von Kirchen, Kommunen, Gewerkschaften oder Verbraucherzentralen. Informationen bekommen Sie auf der Internetseite www.meine-schulden.de von der Bundesarbeitsgemeinschaft Schuldnerberatung.

## Inhalt eines Kreditvertrages

Wenn die Bank Ihre Bonität (Kreditwürdigkeit) geprüft hat, erhalten Sie einen Kreditvertrag. Aber erst mit der Unterschrift der beiden Vertragsparteien ist dieser gültig. Meist akzeptiert der Kreditnehmer mit der Unterzeichnung auch die allgemeinen Geschäftsbedingungen (AGB) des kreditgewährenden Kreditinstitutes. Folgende Angaben sollte ein Vertrag auf jeden Fall besitzen:

Tabelle 5: Inhalt eines Kreditvertrags

| Angaben | Erklärung |
|---|---|
| Art des Kredits | Raten-, Hypotheken- oder Rahmenkredit |
| Betrag (in Euro) | Höhe der Kreditsumme |
| Laufzeit | Zeitraum, in dem der Kredit gewährt wird; meist zwischen 12 und 84 Monate |
| Nominal- und Effektivzins | Zinssätze in Prozent, einmal ohne (nominal) und einmal mit (effektiv) allen Kosten des Kredits |
| Zinsen als Betrag | Zinssumme in Euro, die Sie an die Bank zu zahlen haben |
| Bearbeitungsgebühr/ Provision | Sie wird einmalig fällig und wird in den Effektivzins eingerechnet |
| Bereitstellung | Wann und wie Ihnen der Kredit zur Verfügung gestellt wird |
| Kreditkosten (in Euro) | Alle Kosten, die für den Kredit anfallen, also Zinsen, Bearbeitungsgebühr, Provisionen und eine mögliche Restschuldversicherung |
| Gerichtsstand | Kommt es zu Rechtsstreitigkeiten, ist das der Ort, wo geklagt wird. Meist der Sitz der Bank. Vorsicht bei ausländischen Kreditinstituten |
| Kündigungsmodalitäten | Wer wann den Kredit kündigen kann und welche zusätzlichen Kosten entstehen |
| Sicherheiten | Unterscheidung in Personen- (Bürgschaft) und Sachsicherheiten (Versicherung, Immobilie) |

| | |
|---|---|
| SCHUFA-Klausel | Ist diese enthalten, stimmen Sie mit Ihrer Unterschrift einer SCHUFA-Abfrage zu |
| AGB der Bank | Die allgemeinen Geschäftsbedingungen der Bank regeln die Rahmenvereinbarungen zwischen Kunde und Bank |

Unter dem Nominalzins versteht man den vereinbarten Zinssatz, den Sie auf das geliehene Geld zu zahlen haben. In der Regel werden die Kreditangebote mit dem Nominalzins beworben. Viel wichtiger ist dagegen der Effektivzins: Dieser setzt sich aus dem Nominalzins, den Bearbeitungsgebühren und weiteren Kosten zusammen. Der Effektivzins steht für die tatsächlichen Kreditkosten und ist für Sie das Vergleichskriterium der einzelnen Angebote. Jedoch müssen dafür wirklich alle Kosten eingerechnet sein.

## Die große Datensammlerin: die SCHUFA

Gewollt oder nicht, fast jeder Deutsche hat in seinem Leben schon einmal Bekanntschaft mit der SCHUFA, der Schutzgemeinschaft für allgemeine Kreditsicherung, gemacht. Wurde früher eine SCHUFA-Abfrage lediglich für einen Kreditantrag benötigt, fragen heutzutage Mobilfunkanbieter, Versandhandel oder Vermieter die zentrale Datenbank nach der Zahlungsmoral ihrer Kunden oder Mieter ab. Ohne die Einwilligung des Verbrauchers findet keine Abfrage statt. Das bedeutet jedoch auch, dass ein Kredit- oder Mobilfunkvertrag in der Regel nicht zustande kommt. Stimmen Sie der SCHUFA-Klausel im Vertrag zu, so erhält Ihr Geschäftspartner, sofern er Vertragspartner von der SCHUFA ist, eine ganze Reihe an persönlichen Daten über Sie. Die SCHUFA hat über 4500 Vertragspartner, von denen ein Teil auch zum Aktionärskreis der SCHUFA Holding AG gehört – Banken stellen hier mit über 50 Prozent die Mehrheit.

**Grafik 2: Eigentümerstruktur SCHUFA Holding AG**

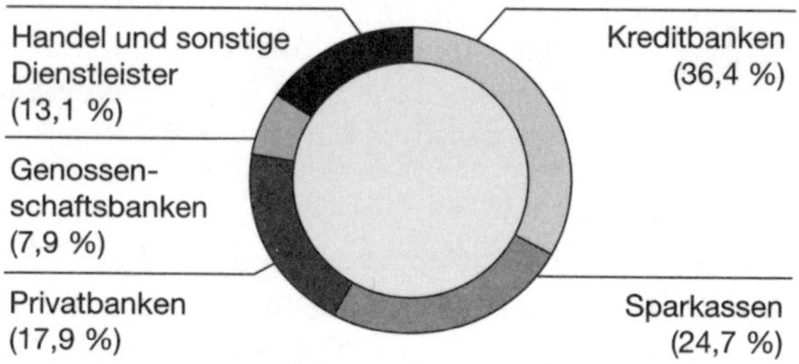


*Quelle:* Eigentümerstruktur SCHUFA, Jahresbericht 2005

Von fast 65 Millionen Menschen in Deutschland hat die SCHUFA Daten gesammelt; nach eigenen Angaben rund 440 Millionen Informationen. In der Regel sind das Name, Geburtstag und -ort sowie die aktuelle und vergangene Anschriften. Andere Informationen werden zum einen hinzugekauft, etwa durch öffentliche Adressdatenbanken oder beim Amtsgericht, wo sich Schuldnerverzeichnisse, Haftbefehle oder Insolvenzanträge einsehen lassen. Zum anderen versorgen auch die Vertragspartner der SCHUFA diese mit einer Menge an Daten. So melden Kreditinstitute, wenn Sie ein Girokonto eröffnen oder schließen, eine Kreditkarte erhalten oder eine Bürgschaft übernehmen. Wenn Sie einen Kredit abschließen, dann erfährt die SCHUFA Zinssatz, Kredithöhe und die Laufzeit. Darüber hinaus wird sie aber auch informiert, wenn Ihnen beispielsweise der Kredit wegen ausstehender Raten gekündigt wird oder wenn Sie eine Zwangsvollstreckung ereilt. Ihr Beruf, Einkommen, Familienstand und Vermögenswerte werden nicht weitergegeben, jedoch gelten Festangestellte und Beamte bei Banken gegenüber Freiberuflern oder Senioren als kreditwürdiger.

## Einstufung mit dem SCHUFA-Score

Aussagekraft erhält Ihr SCHUFA-Konto durch den sogenannten Score. Dieser wird durch ein mathematisches Verfahren errechnet und zeigt, wie wahrscheinlich es ist, dass Sie bei einem Kredit Ihren Zahlungsverpflichtungen nachkommen. Der Score setzt sich aus einer Zahl zwischen 0 und 1000 zusammen. Je höher der Wert, desto wahrscheinlicher ist es, dass Sie vertragsgemäß Ihre Raten beziehungsweise Rechnungen zahlen. Zusätzlich werden Sie noch in Rating-Gruppen eingestuft, die von A (beste Bonität) bis M (schlechteste Bonität) reichen.

Scorewerte beziehen sich nie auf eine Einzelperson, sondern immer auf Personengruppen, die über die gleichen persönlichen Merkmale verfügen. Dadurch wird man einer bestimmten Risikoklasse zugeordnet. Negativ beeinflusst wird der Score durch häufige Wohnungs- und Girokontenwechsel, aber auch Alter sowie häufige Kreditaufnahmen und -anfragen sind wichtige Kriterien. Nicht bei der SCHUFA, aber bei anderen Scoring-Unternehmen, ist der Wohnort relevant: Leben Sie in strukturschwachen Regionen mit hoher Arbeitslosigkeit, dann ist das ein klares Negativmerkmal.

Die Einordnung der SCHUFA rufen die Vertragspartner ab und sehen sofort, wie Sie eingestuft werden. Je schlechter Ihre Beurteilung, desto teurer wird der Kredit oder er kann ganz verweigert werden. Wer nun auf der Suche nach einem günstigen Darlehen ist und bei mehreren Banken anfragt, läuft Gefahr, dass ihm irgendwann die Kredite verweigert werden, da jede Anfrage den SCHUFA-Score verschlechtert. Motto: Wer viele Anfragen stellt, kann nicht ganz glaubwürdig sein. So eine Entwicklung kann man aber umgehen:

**WISO rät**

Statt »Anfrage Kredit« sollte der Bankberater die Option »Anfrage Kreditkonditionen« verwenden. Dadurch verschlechtert sich Ihr Score-Wert bei der SCHUFA nicht und Sie können verschiedene Angebote vergleichen. Auch bei Onlineabfragen wollen viele Banken diese kundefreundliche Anfrageoption zukünftig anbieten, fragen Sie im Zweifel vorher nach.

Die SCHUFA speichert ausschließlich kreditrelevante Daten von Ihnen. Diese können Sie jederzeit durch die sogenannte Eigenauskunft (Datenübersicht) einsehen. Dabei erfahren Sie auch, wer wann zu welchem Zweck Informationen zu Ihrer Person angefragt hat. Die Auskunft erhalten Sie entweder persönlich in einer der regionalen Geschäftsstellen (einmal im Jahr kostenlos), per Post (7,80 Euro) oder im Internet (unbefristeter Zugang: einmalig 18,50 Euro) über www.meineschufa.de. Für 7,80 Euro (online registrierte Nutzer) beziehungsweise für 18,50 Euro (nicht registrierte Nutzer) können Sie sich auch die sogenannte Bonitätsauskunft geben lassen. Diese enthält nicht alle über Sie gespeicherten Informationen, sondern nur die Angaben, die für Ihren Vertragspartner (zum Beispiel Vermieter oder Arbeitgeber) zur Beurteilung Ihrer Bonität wirklich wichtig sind. Eine Eigenauskunft hat keinerlei Auswirkungen auf Ihren Score. Wie eine Eigenauskunft aussieht, finden Sie im Internet unter www.finanzen35.de.

**WISO rät**

Haben Sie unberechtigte Probleme bei einer Kreditvergabe, dann kann es möglicherweise daran liegen, dass Ihr SCHUFA-Konto Fehler aufweist – das kommt immer wieder vor. Veranlassen Sie in so einem Fall eine Eigenauskunft.

Wer seinen aktuellen Score erfahren will, kann diesen ebenfalls abfragen: Scorewerte werden nicht gespeichert und erst berechnet, wenn sie angefragt werden. Auf Wunsch können Sie auch die

Herausgabe Ihres Scores an Dritte bei der SCHUFA sperren lassen. Für die meisten Banken und Firmen ist das Fehlen eines Scores ein Grund, Kredite nicht zu vergeben oder Waren nicht zu verkaufen.

## Wie lange Eintragungen wirken

Grundsätzlich werden Einträge und Forderungen, die erledigt sind, nach drei Jahren zum Jahresende automatisch aus dem Datenbestand der SCHUFA gelöscht. Beispiel: Ein Kredit oder ein aufgelöstes Girokonto, die der SCHUFA im März 2007 als erledigt gemeldet wurden, werden zum 31. Dezember 2010 gelöscht. Seit 2007 profitieren Bürger von einer Neuerung bei den Speicherfristen. Unter bestimmten Voraussetzungen kann eine Meldung, die nach dem 1. 1. 2007 bei der SCHUFA eingegangen ist, kurzfristig wieder aus dem Datenbestand gelöscht werden. Voraussetzungen für die neue kurzfristige Löschung sind, dass

- der Eintrag der SCHUFA erstmals nach dem 1. Januar 2007 gemeldet wird,
- es eine offene, ausreichend gemahnte und unbestrittene Forderung ist,
- der Forderungsbetrag nicht mehr als 1 000 Euro beträgt,
- die Forderung innerhalb eines Monats beglichen und dies vom Gläubiger der SCHUFA mitgeteilt wird,
- es sich nicht um eine titulierte (rechtlich beurkundete) Forderung wie etwa einen Vollstreckungsbescheid handelt.

Sind alle diese Voraussetzungen für eine Forderung erfüllt, löscht die SCHUFA die entsprechenden Daten aus ihrem Bestand. Sind die genannten Voraussetzungen nicht erfüllt, bleibt es bei der bislang geltenden dreijährigen Regelung.

Grundsätzlich können der SCHUFA nur offene, ausreichend

gemahnte und unbestrittene Forderungen gemeldet werden. Die Meldung einer Forderung kann allerdings bereits dann geschehen, wenn eine Rechnung zum ersten Mal von einem Unternehmen schriftlich angemahnt wird. Wann Firmen Mahnungen der SCHUFA melden, hängt jedoch immer vom individuellen Mahnverfahren der Firmen ab. Oft findet sich auch auf Mahnschreiben ein Vermerk, dass beim nächsten Schreiben die SCHUFA informiert wird – so ein Hinweis ist aber nicht verpflichtend.

Haben Sie berechtigte Probleme mit der SCHUFA, können Sie sich auch an den SCHUFA-Vertrauensmann für Verbraucher – auch SCHUFA-Ombudsmann genannt – wenden.

SCHUFA-Vertrauensmann für Verbraucher
Gernot W. H. Bickel
SCHUFA Holding AG
Geschäftsstelle München
Elsenheimerstr. 61
80687 München
E-Mail: vertrauensmann@schufa.de

## Kreditarten

Wenn Sie einen Kredit aufnehmen, schließen Sie einen sogenannten Darlehensvertrag ab. Darin verpflichten Sie sich, die geliehene Summe bis zu einem bestimmten Zeitpunkt zurückzuzahlen. Quasi als Leihgebühr erhebt die Bank darauf Zinsen und in der Regel noch zusätzliche Kosten wie Bearbeitungsgebühren oder den Abschluss einer Versicherung zur Absicherung des Kredits, die sogenannte Restschuld- beziehungsweise Restkreditversicherung. Vereinfacht können Ihnen beispielsweise für geliehene 10 000 Euro in den folgenden 60 Monaten Gesamtkosten von 13 800 Euro entstehen, monatlich zahlen Sie dabei 230 Euro zurück. Wer in nur 36 Monaten sein Darlehen tilgen will, muss zwar monatlich 340 Euro aufwenden, hat aber Gesamtkosten von lediglich 12 240 Euro.

Das Geld aus einem Kredit ist schnell ausgegeben, die Rückzahlung dagegen kann nicht nur lange dauern, sondern auch erheblich finanziell belasten und einschränken. Obwohl es eine Vielzahl von Krediten gibt, kommen für Verbraucher in der Regel nur vier Kredittypen infrage, um sich kurz-, mittel- oder langfristig Geld zu leihen: Dispo-, Raten-, Abruf- oder Hypothekenkredit.

## Dispositionskredit (»Dispo«)

Wer ein Girokonto hat, dem wird meist auch ein sogenannter Dispokredit eingeräumt (vgl. Seite 33). Sie können dann in dem Rahmen, der Ihnen von Ihrer Bank gewährt wurde, Ihr Konto überziehen – ohne einen weiteren Kreditvertrag abzuschließen. Gleichen Sie das überzogene Konto aus, ist auch der Dispo zurückgezahlt. Diese unkomplizierte Art an Geld zu kommen, lässt sich die Bank mit hohen Dispozinsen bezahlen, meist um die 7 bis 20 Prozent. Sie sollten deshalb Ihren Disporahmen nur für ganz kurzfristige Kreditengpässe nutzen. Wenn Sie dauerhaft bei Ihrem Girokonto im Soll sind, sollten Sie die Bank bitten, die Dispohöhe einzuschränken und gegebenenfalls die Außenstände in einen kostengünstigeren Ratenkredit umschulden.

**WISO rät**

Wenn Sie umschulden, dann lassen Sie sich genau vorrechnen, was Sie der Ratenkredit komplett kostet. Achten Sie darauf, dass Sie die monatlichen Raten auchbezahlen können. Sie können sich auch an eine gemeinnützige Schuldnerberatung wenden.

## Raten- oder Konsumentenkredit

»Einkaufen, wann Sie es wollen«, »Gönnen Sie sich einmal was Gutes, Sie können es sich leisten« oder »Traumurlaub zum Greifen nahe« – mit vollmundigen Werbeslogans der Kreditwirtschaft werden Verbraucher zunehmend umgarnt. 10 000 Euro mit einem niedrigen Zinssatz sind laut Werbeprospekt bei »ausreichender Bonität« für jeden Bankkunden kein Problem, der Ratenkredit macht es möglich. Die Namensgebung ist bei dieser Kreditform vielfältig: Verbraucher-, Kauf-, Wunsch- oder Konsumentenkredit, aber auch mit Anschaffungs-, Privat- oder Sofortdarlehen werden die Angebote betitelt – dahinter steckt meist ein Kredit über eine vorher abgesprochene Höhe mit festen Zinsen und Raten sowie fester Laufzeit. Variable Zinssätze und Tilgungsmöglichkeiten gibt es jedoch auch. Dabei müssen Sie besonders darauf achten, wie und wann die Bank die Zinsen anpasst. Zusätzlich fallen bei einem Ratenkredit noch einmalige Bearbeitungsgebühren an, meist sind das 2 bis 4 Prozent der Darlehenssumme.

Einen Ratenkredit können Sie bei jeder Bank abschließen, ein Konto dort benötigen Sie nicht. Vielmehr wird Ihre Bonität durch Einkommensnachweis, eingewilligte SCHUFA-Auskunft und bankeigene Scoring-Systeme überprüft. Je nach Kreditwürdigkeit, Höhe und Laufzeit des Darlehens erhalten Sie dann einen entsprechenden Nominalzins angeboten. Geworben wird normalerweise mit traumhaft niedrigen Zinsen, ein Beispiel: »Sofortkredit ab 4,60 Prozent** im Jahr.« Schon das Wort »ab« verrät, dass die meisten Bankkunden mit einem höheren Zins rechnen müssen. Das einfache Sternchen (*) führt zum effektiven Jahreszins, der in diesem Fall bei 6,87 Prozent liegt. Hinter dem doppelten Sternchen (**) verbirgt sich der Hinweis »entsprechende Bonität vorausgesetzt«. Wer diese nicht hat, muss mit höheren Zinsen rechnen.

**WISO rät**

Orientieren Sie sich beim Produktvergleich immer am Effektivzins, nicht am Nominalzins. Und prüfen Sie, ob alle Kosten (Bearbeitung, Zinsen und Versicherungen) auch eingerechnet wurden. Außerdem sollten für einen objektiven Vergleich Laufzeit und Darlehenshöhe gleich sein.

Wer nicht so kreditwürdig ist, wird von den Banken trotzdem mit offenen Armen empfangen: Mit höheren Zinsen, längeren Laufzeiten und teuren Versicherungen, die den Ausfall der Ratenzahlungen abfangen sollen, bekommen auch Geringverdiener Geld geliehen. So wird den meisten Kunden nahegelegt, eine sogenannte Restschuldversicherung (RSV) abzuschließen. Die RSV soll die Ratenzahlungen garantieren, wenn der Kreditnehmer stirbt, arbeitslos oder arbeitsunfähig wird. Jedoch erhöhen sich dadurch die Darlehenskosten erheblich, im schlimmsten Fall um mehr als das Doppelte. Manchmal sollen zusätzlich noch Bausparverträge oder andere Finanzprodukte vom Kunden abgeschlossen werden, ansonsten gibt es keinen Kredit. Profiteur dabei sind vor allem die Banken, da sie Provisionen kassieren.

**WISO rät**

Prüfen Sie die Kreditverträge genau auf mögliche Zusatzversicherungen oder Anlageprodukte, die den Kredit absichern sollen. Verlangt die Bank eine Sicherheit, bieten Sie beispielsweise eine bestehende Kapitallebens- oder Rentenversicherung an. Oder Sie schließen eine separate Risikolebensversicherung ab: das ist billiger.

Zahlreiche Banken drängen ihre Kunden, eine Restschuldpolice abzuschließen oder verschleiern den Abschluss geschickt, wie eine detaillierte Untersuchung von Ratenkreditverträgen durch den Verbraucherzentralen Bundesverband (vzbv) und die Verbraucherzentralen im Januar 2007 ergeben hat. Nahezu automatisch wurde in rund 90 Prozent der 194 untersuchten Fällen die Kreditvergabe an eine RSV gekoppelt, ohne dass die Bankkunden darüber informiert wurden. Verlangt die Bank den Abschluss einer Restschuldversicherung, müssen die Kosten in den effektiven Jahreszins eingerechnet werden. Geschieht dies nicht, können dem Kunden meist horrende und nicht erkennbare Mehrkosten entstehen. Außerdem verstößt die Bank nach Ansichten von Verbraucherschützern gegen die Preisangabenverordnung, wogegen Sie rechtlich vorgehen können. Schließt der Kunde freiwillig eine RSV ab, müssen die Kosten nicht in den Effektivzins eingerechnet werden. Dadurch entsteht jedoch eine Grauzone, da der Kunde meist nicht beweisen kann, dass die Versicherung ihm aufgezwungen wurde. Bankkunden können vor der Vertragsunterzeichnung die Kreditverträge auch bei einer Verbraucherzentrale gegen ein geringes Entgelt überprüfen lassen.

**Beispiel**

Restschuldversicherung, ein teures Zusatzprodukt: Ein Kredit über 30000 Euro bei der HypoVereinsbank mit einer Laufzeit von 84 Monaten kostete den Bankkunden inklusive Restschuldversicherung 69642 Euro – also 39642 Euro für Zinsen, Bearbeitungsgebühren und Restschuldversicherung. Wäre der Vertrag ohne Versicherung abgeschlossen worden, dann hätten sich die Kosten auf lediglich 7810 Euro belaufen, bei gleicher Ratenhöhe und halber Laufzeit. Der angebliche Effektivzins wurde mit 12,41 Prozent ausgewiesen, tatsächlich belief dieser sich aber auf 32,62 Prozent.

*Quelle:* Verbraucherzentrale Bremen 2007

Wer sich zu einem Ratenkredit hinreißen lässt, sollte auf jeden Fall die folgenden Aspekte beachten:

- Kann man sich das Darlehen auch leisten, das heißt, bestehen keine weiteren Schulden?
- Eine Umschuldung bestehender Ratenkredite lohnt generell nicht, da zusätzliche Gebühren auf Sie zukommen. Ausnahme: Wenn Ihr bestehender Vertrag enorm hohe Zinsen vorschreibt und das aktuelle Zinsniveau niedrig ist, kann sich eine Umschuldung rechnen.
- Kredite zum Kauf von Aktien oder Fonds bergen ein sehr hohes Risiko. Lassen Sie die Finger davon. Fallen die Kurse, kann Sie das schnell in den finanziellen Ruin führen.

Die Ratenkredite, die der Handel zur Finanzierung von Konsumgütern einsetzt, funktionieren ähnlich wie bei den Kreditinstituten.

*Kündigung eines Ratenkredits* Wenn Sie erst nach Vertragsabschluss bemerken, dass Sie sich mit dem Darlehen übernommen haben, können Sie immer noch kündigen. Bei einer ordentlichen Kündigung muss man keine Begründung angeben, es reicht die Einhaltung der Kündigungsfrist. Ratenkredite können mit einer Frist von drei Monaten gekündigt werden, frühestens aber nach Ablauf der ersten sechs Monate. Kommt es zu einer außerordentlichen Kündigung, dann ist der Kreditnehmer in der Regel seinen Zahlungsverpflichtungen zum wiederholten Male nicht nachgekommen und die Bank tritt vom Vertrag zurück. Vorher muss das Kreditinstitut jedoch den Kunden gewarnt und eine Einigungsfrist gesetzt haben. Beachten Sie folgende Punkte, wenn der Vertrag frühzeitig aufgelöst wird:

- Sie erhalten die Bearbeitungskosten nicht zurück.
- Die Restschuldversicherung wird Ihnen anteilig zurückgezahlt, jedoch ohne die Provision. Und diese kann manchmal 50 Prozent der Versicherungssumme ausmachen.
- Wer einen Kredit mit festen Zinsen vorzeitig kündigt, muss eine sogenannte Vorfälligkeitsentschädigung an die Bank zahlen. Quasi den Zinsausfall der Bank ausgleichen.

- Bei Verträgen, in denen ausdrücklich Sonderzahlungen eingeräumt werden, kann normalerweise keine Vorfälligkeitsentschädigung erhoben werden – egal, welche Zinsart besteht.

Vielleicht bietet Ihnen die Bank bei mehreren Krediten auch an, diese in einen höheren Gesamtkredit umzuschulden. Dadurch erhalten Sie jedoch einen noch größeren (unnötigen) Kredit, der Sie stärker belastet. Sind die Raten niedriger als vorher, dann prüfen Sie die Laufzeit: Diese ist dann meist sehr lange und erhöht Ihre Gesamtkosten – und die Bank verdient mehr an Ihnen.

**WISO rät**

**Wenn Sie Ihren Zahlungsverpflichtungen nicht nachkommen können, dann reden Sie mit der Bank und bitten um Stundung oder Ratenreduzierung – auch wenn das die Gesamtkosten erhöht. Haben Sie langfristig finanzielle Probleme, gehen Sie zu einer gemeinnützigen Schuldnerberatung.**

*Ratenkauf, der versteckte Ratenkredit* Seit einigen Jahren ist der Ratenkauf bei Verbrauchern immer beliebter geworden – vor allem Elektronikartikel oder Möbel werden so finanziert. Nicht nur Versandhäuser oder Shopping-Kanäle, sondern auch die großen Elektronikfachmärkte bieten Ihren Kunden an, auf Pump die Ware mitzunehmen. Egal ob mit oder ohne Teilanzahlung, es handelt sich dabei um einen Kauf auf Kredit, eine Unterart des Ratenkredits. Die Tilgung erfolgt in gleichmäßigen Beträgen zu festgesetzten regelmäßigen Terminen. Wer auf Raten einkauft, der bezahlt dies zusätzlich mit Schuldzinsen. Je länger der Tilgungszeitraum ist, desto niedriger sind zwar die monatlichen Beträge, desto teurer wird aber auch das Produkt. Wer früher seinen Ratenkauf beenden will, kann dies meist nach Ablauf von einigen Monaten mit einer Kündigungsfrist machen. Die fälligen Zinsen werden entsprechend der verkürzten Laufzeit gesenkt, der Restbetrag ist aber sofort fällig.

Manchmal bieten Unternehmen auch eine Null-Prozent-Finanzierung an. Das bedeutet, dass für einen bestimmten Zeitraum keine Zinsen anfallen und man dennoch eine Ratenzahlung ermöglicht bekommt. Bei Sonderaktionen können dies sogar 12 oder 24 Monate sein. Sie erwerben beispielsweise eine Waschmaschine statt für den Barpreis von 449 Euro in 24 Monatsraten von 17,70 Euro.

Erst nachdem die letzte Rate bezahlt wird, ist man rechtlich gesehen Eigentümer der Ware. Wer seine Raten nicht mehr zahlt, dem kann hingegen die Ware wieder abgenommen werden.

**Tabelle 6: Kosten für ein 1 000 Euro teures Notebook bei einer Ratenfinanzierung**

| Laufzeit | effektiver Jahreszinssatz von 9,9 Prozent | Darlehenssumme | Rate |
|---|---|---|---|
| 6 Monate | (0,0 %) 0,00 Euro | 1 000,00 Euro | 166,67 Euro |
| 12 Monate | 52,04 Euro | 1 052,04 Euro | 87,67 Euro |
| 18 Monate | 76,76 Euro | 1 076,76 Euro | 59,82 Euro |
| 24 Monate | 101,84 Euro | 1 101,84 Euro | 45,91 Euro |
| 36 Monate | 153,08 Euro | 1 153,08 Euro | 32,03 Euro |

Die Händler bieten normalerweise die Ratenfinanzierung in Zusammenarbeit mit einem Kreditinstitut an, mit dem der Käufer den Finanzierungsvertrag abschließt. Für die Kreditwürdigkeit reicht in der Regel ein Einkommensnachweis. Für Ratenkäufe schreibt das Verbraucherkreditgesetz vor, dass im Vertrag der Barzahlungspreis, der Teilzahlungspreis, der Gesamtbetrag, die Anzahl und die Fälligkeit der einzelnen Teilzahlungen sowie der effektive Jahreszins angegeben werden müssen. Als Käufer hat man außerdem binnen zwei Wochen das Recht zum Widerruf des Vertrages.

## Abruf- oder Rahmenkredit

Der Abruf- oder Rahmenkredit ist eine Mischform aus Raten- und Dispokredit. Beliebt ist diese Darlehensform vor allem in den angelsächsischen Ländern, zunehmend findet sie aber auch in Deutschland Verbreitung. Hierbei erhalten Sie statt einem einmaligen Darlehen einen festen Kreditrahmen erteilt, meist liegt dieser zwischen 5 000 und 25 000 Euro. Den Gesamtbetrag können Sie sofort in Anspruch nehmen, aber auch in einzelne kleinere Kredithäppchen aufteilen, die Sie sich je nach Bedarf auszahlen lassen. Eine Rückzahlung des geliehenen Geldes erfolgt in Raten – einschließlich der Zinsen für die von Ihnen genutzte Kreditsumme. Je nachdem, wie viel Sie vom geliehenen Geld zurückzahlen, füllt sich entsprechend auch Ihr Kreditrahmen wieder auf. Rahmenkredite können eine gute Alternative zu reinen Dispokrediten sein, da die Zinssätze meist deutlich niedriger sind. Aber Achtung: Die Zinsen können von der Bank flexibel festgelegt werden; damit erschwert sich der Vergleich mit anderen Anbietern. Außerdem wissen Sie bei der Darlehensaufnahme nicht genau, wie viel Sie tatsächlich zurückzahlen müssen – schnell verlieren Sie dabei den Kostenüberblick und können ungewollt zum unablässigen Schuldner werden.

## Hypothekendarlehen

Der Traum von den eigenen vier Wänden lässt sich in der Regel nicht durch einen Griff in die Portokasse erfüllen – vielmehr ist eine langfristige Bau- beziehungsweise Immobilienfinanzierung nötig, die sich nicht selten über 20 bis 30 Jahren erstreckt. Im Gegensatz zu den anderen Kreditarten wird im Vertrag keine feste Laufzeit festgesetzt, sondern feste Zinsen über einen bestimmten Zeitraum, beispielsweise 10 Jahre. Nach Ablauf der sogenannten Zinsbindungsfrist wird eine Anschlussfinanzierung für den restlichen Betrag vorgenommen, ebenfalls über einen festgelegten Zeitraum mit festen Kreditzinsen. Da das Hypothekendarlehen – auch Baukredit genannt – meist eine größere bis sehr große Summe ausmacht, wird bei diesen Kreditverträgen eine besondere Absicherung vorgenommen. Als Sicherheit dient in erster Linie das Grundstück oder die Immobilie, die im Notfall vom Gläubiger verkauft werden kann. Darüber hinaus haftet der Kreditnehmer normalerweise zusätzlich mit seinem restlichen Vermögen und man sollte über ein regelmäßiges Einkommen verfügen. Wer an den Kauf einer Immobilie denkt (vgl. Kapitel *Vermögensaufbau und Altersvorsorge* Seite 203), sollte das nicht ohne Eigenkapital machen: 20 bis 30 Prozent sollten Sie schon auf der hohen Kante haben, um sich den Traum vom eigenen Haus zu verwirklichen. Die Angebote bei Hypothekendarlehen sind mittlerweile sehr unterschiedlich, vor allem Direktbanken können mit sehr guten Konditionen aufwarten. Bereits ein Unterschied von 0,5 Prozent beim Zinssatz kann Ihnen in 10 Jahren mehrere Tausend Euro sparen. Neben den Berechnungen der Banken sollten Sie auch unabhängigen Rat einholen: Viele Verbraucherzentralen bieten eine Beratung und Berechnung rund um die Immobilienfinanzierung an. Das geringe Entgelt dafür sollten Sie auf jeden Fall investieren – es geht immerhin um sehr hohe Summen.

**WISO rät**

Bevor Sie ein Hypothekendarlehen abschließen oder eine Anschlussfinanzierung ansteht, vergleichen Sie mehrere Anbieter. So lassen sich leicht einige Tausend Euro sparen. Die staatliche

Kfw-Bankengruppe vergibt zinsgünstige Darlehen zur Immobilienfinanzierung und -sanierung. Ein Blick auf die Angebote lohnt auf jeden Fall (www.kfw.de).

Da Baudarlehen meist eine Laufzeit von 10 oder mehr Jahren haben, wird bei einer vorzeitigen Kündigung durch den Bankkunden von ihm eine sogenannte Vorfälligkeitsentschädigung verlangt. Aber das gilt nur für ein Baudarlehen mit festen Zinsen. Der Kunde muss die Bank für den entgangenen Zinsgewinn entschädigen. Daher lohnt eine vorzeitige Kündigung nur dann, wenn der neue Zinssatz deutlich unter dem alten liegt und auch die Gesamtkosten sinken. Die Berechnung der Vorfälligkeitsentschädigung ist kompliziert, nutzen Sie dabei die Hilfe einer Verbraucherzentrale.

## Weitere Möglichkeiten, sich Geld zu leihen

Neben den vier Kredittypen gibt es aber auch noch ein paar andere Mittel und Wege, sich Geld zu leihen oder Waren auf Kredit zu kaufen.

*Kreditkarten* Der einfachste Weg Geld auszugeben, das man nicht hat, ist über eine Kreditkarte. Neben der Chargekarte, bei der jeweils am Monatsende der fällige Betrag vom Girokonto abgebucht wird (vgl. Seite 47), gibt es noch die sogenannte Debitbeziehungsweise Abbuchungskarte, also eine »richtige« Kreditkarte. Diese ist besonders in den angelsächsischen Ländern verbreitet. Hierbei erhalten Sie einen eigenen Kreditrahmen für die Karte. Kaufen Sie mit der Debitkarte ein, so müssen Sie lediglich einen Mindestbetrag, meist 5 Prozent, sofort bezahlen, über den Rest erhalten Sie einen Kredit. Diesen können Sie dann in Raten oder auf einmal zurückzahlen, wann Sie wollen. Jedoch werden in der Zeit, in der Sie den Kredit in Anspruch nehmen, Sollzinsen fällig. Und die können höher sein als bei einem Dispokredit. Auf der anderen Seite werden Guthabenzinsen gezahlt, wenn Ihr Kreditkartenkonto im Plus ist – in der Regel liegen diese knapp über dem Zinsniveau von Sparbüchern. Es können aber zusätzliche Kosten anfallen, wenn Sie ein Guthaben auf Ihr Girokonto überweisen wollen.

Mittlerweile werden hierzulande auch sogenannte Revolving-Credit-Cards angeboten, das ist eine Kombination aus Kreditkarte und Rahmenkredit. Ebenfalls aus dem angelsächsischen Raum kommt die sogenannte Daily-Chargekarte. Bei dieser Kreditkartenart werden die Funktionen von Charge- und Debitkarte miteinander verknüpft. Auch Prepaid-Kreditkarten, vorab mit Geld aufgeladene Karten, gibt es. Diese sollen vor allem den Einkauf im Internet erleichtern, beispielsweise die Wirecard von MasterCard. Aber Achtung, mittlerweile gibt es zahlreiche dubiose Anbieter im Internet, die Ihnen eine (Prepaid-)Kreditkarte »ohne SCHUFA-Abfrage« anbieten. Um diese nutzen zu können, müssen Sie durch eine Überweisung ins Ausland Ihr Pre-Paid-Konto auffüllen. Schnell kann es aber passieren, dass Sie ohne Geld und mit einer wertlosen Kreditkarte dastehen.

**WISO rät**

In der Regel werden Sie eine Chargekarte haben oder sich besorgen. Das reicht zumeist völlig aus, um weltweit oder im Internet problemlos einkaufen zu können. Andere Kreditkarten-Arten können schnell zu unnötigen Mehrkosten führen. Prüfen Sie immer genau die Vertragsdetails.

*Bürgschaft* Wer wegen schlechter Bonität von der Bank als nicht kreditwürdig eingestuft wird, kann mit einem Bürgen an den Kredit kommen: Als Sicherheit reicht Banken nämlich auch eine

Bürgschaft aus, zum Beispiel wenn der Partner, Verwandte oder Freunde sich dazu bereit erklären, ihr Einkommen oder Vermögen als Sicherheit anzubieten. Aber Achtung: Eine Bürgschaft ist keine formale Angelegenheit, sondern es gilt der Grundsatz »mitgegangen, mitgehangen«. Das heißt, wenn Sie als Bürge für einen Kredit eintreten und dieser vom Kreditnehmer nicht mehr abbezahlt werden kann, dann kommt die Bank zu Ihnen und will Geld sehen. Und das unabhängig davon, ob Sie mit dem Kreditnehmer noch etwas zu tun haben oder nicht. Vor einer Bürgschaft sollten Sie den Vertrag genau lesen und klären, für welche Summen und unter welchen Bedingungen Sie mit Ihrem Geld eintreten. Am sichersten ist für Sie eine zeitlich begrenzte Bürgschaft über eine bestimmte Summe. Und lassen Sie sich automatisch von der Bank über Zahlungsausfälle des Schuldners informieren. Vermeiden Sie auf jeden Fall eine globale, selbstschuldnerische oder gesamtschuldnerische Bürgschaft – diese Formen können Sie unter Umständen in den finanziellen Ruin ziehen.

**WISO rät**

Überlegen Sie sich eine Bürgschaft ganz genau und lassen Sie sich nicht von Emotionen leiten: Sind Sie mit den finanziellen Folgen einer Bürgschaft überfordert, dann lassen Sie das sein.

*Arbeitgeber-Darlehen* Auch der Chef kann mit einem sogenannten Arbeitgeber-Darlehen Ihnen unter die Arme greifen, beispielsweise bei der Immobilienfinanzierung. Das ist meist sehr lukrativ, da der Arbeitgeber fast immer weniger Zinsen verlangt als die Bank. Aber Achtung: Nimmt Ihr Chef weniger als die marktüblichen Zinssätze, so spricht das Finanzamt von einem sogenannten geldwerten Vorteil. Dieser gehört zu den steuerpflichtigen Einnahmen und muss von Ihnen versteuert werden. Seit 2004 gilt ein Referenzkurs von 5,0 Prozent. Bei allen Arbeitgeberdarlehen, die darunter liegen, greift der Fiskus zu.

*Darlehen unter Freunden* Ebenfalls möglich ist ein Darlehen unter Freunden oder Verwandten. Jedoch sollten Sie daran denken, dass bei Geld die Freundschaft sprichwörtlich aufhört. Um Missverständnisse auszuschließen, sollte man die Kreditbedingungen immer schriftlich fixieren. Dabei sollte der private Kreditvertrag alle Angaben enthalten, aus denen sich die Rechte und Pflichten von Gläubiger und Schuldner ergeben: beispielsweise Kreditsumme, Ratenhöhe, Sicherheiten, Rückzahlungszeitraum und -modalitäten.

*Privatkredit über das Internet* Kredite von Privat zu Privat, vermittelt über das Internet – in angelsächsischen Ländern besteht diese Möglichkeit schon länger, in Deutschland gibt es seit 2007 mehrere solcher »Kredit-Marktplätze«. Kreditsuchende können in der Regel umsonst eine Kreditanfrage für Beträge bis zu 10 000 Euro starten. Manche Anbieter verlangen aber auch einen kleinen Betrag, um auf die Datenbank zugreifen zu dürfen. Die Kreditsumme kommt dann von mehreren Privatleuten. Die Bonität wird dabei – ähnlich wie bei Banken – mit einem Einkommensnachweis geprüft, eine SCHUFA-Abfrage kann aber auch möglich sein. Die genaue Vorgehensweise steht in den AGB. Die Internetplattformen, wie zum Beispiel Smava oder Auxmoney, bieten unterschiedliche Sicherungsmechanismen. Aber: Sie fungieren normalerweise nur als Vermittler, gibt es später Probleme mit dem Kreditpartner, haften sie nicht. Aus diesem Grund sehen Verbraucherschützer solche Services eher skeptisch. Als Kreditgeber sollten Sie in jedem Fall Sicherheiten für den Fall vereinbaren, wenn der Schuldner zahlungsunfähig wird.

## Autofinanzierung: bar, leasen oder mit einem Kredit

Nach der eigenen Immobilie ist das Auto die größte Investition, die junge Menschen tätigen. Wer sich einen Mittelklassewagen neu kaufen will, muss mit rund 20 000 bis 30 000 Euro rechnen. Glücklich kann sich derjenige schätzen, der den Kaufpreis auf der hohen Kante hat, denn bei Barzahlung lässt sich so mancher Rabatt aushandeln. Reicht das Bankguthaben jedoch nicht aus, wird meist ein erschwinglicher Gebrauchtwagen angeschafft oder man finanziert den Neuwagen zum (Groß-)Teil über einen Kredit. Mittlerweile haben Kunden die Wahl zwischen einer Bank als Darlehensgeber und der Autobank des Herstellers. Aber, egal wie die Autofinanzierungsangebote bezeichnet werden, im Kern sind es lediglich Ratenkredite. Somit wird auch hier vor der Gewährung des Darlehens Ihre Kreditwürdigkeit ausgiebig – mittels Einkommensnachweis und SCHUFA-Auskunft – geprüft. Als Sicherheit dient dabei immer das Fahrzeug, wodurch eine Vollkaskoversicherung obligatorisch ist. Der Wagen gehört also erst einmal der Bank. Trotzdem versuchen (Auto-)Banken Ihnen auch hier als zusätzliche Absicherung eine Restschuldversicherung zu verkaufen.

**WISO rät**

Sie können die Kreditkosten für Ihre Autofinanzierung anhand des effektiven Jahreszinses gut vergleichen. Prüfen Sie aber auch hier genau, ob Ihnen zur Kreditabsicherung zusätzliche Versicherungen verkauft werden sollen.

Da die Autobanken durch die Finanzierung den Absatz des Mutterkonzerns unterstützen, erhalten Sie dort deutlich bessere Zinskonditionen als bei einem Kreditinstitut. In der Regel ist das Aushandeln eines Rabatts dort aber sehr schwer, wenn nicht gar unmöglich. Anders ist es, wenn Sie die Finanzierung über Ihre Bank laufen lassen: Dabei fällt nicht nur die Anzahlung beim Händler weg, sondern Sie haben individuelle Laufzeiten beziehungsweise Ratenhöhen und können sogar noch um einen Nachlass feilschen. Wichtig: Rechnen Sie genau nach, welche Finanzierungsvariante für Sie am besten ist.

**Beispiel**
Bei der Autobank zahlen Sie für einen Kredit nur 1,9 Prozent Zinsen, die Hausbank verlangt 8 Prozent. Damit die Finanzierung in diesem Fall trotzdem über die Hausbank günstiger wäre, müsste bei einer Laufzeit von 48 Monaten der Nachlass vom Händler auf den Fahrzeugpreis größer als 10,9 Prozent sein.

Wegen der Preisschlacht am Automobilmarkt bieten viele Konzerne zusätzlich zu einer günstigen Finanzierung auch Inklusivleistungen an, wie beispielsweise die Übernahme von Kfz-Haftpflicht und Vollkaskoversicherung für ein Jahr, Garantieverlängerung oder kostenlose Wartungs- und Inspektionskosten für die ersten Jahre.

## Ballonfinanzierung

Bei den Verträgen mit den Autobanken müssen Sie genau auf die Modalitäten achten: So kann Ihnen eine sogenannte Ballonfinanzierung angeboten werden. Dabei leisten Sie zunächst eine Anzahlung und begleichen nur einen Teil der restlichen Kosten mit meist niedrigen Monatsraten. Die Schlussrate, der Ballon, ist dann ein ordentlicher Brocken – zwischen 10 und 60 Prozent der gesamten Darlehenssumme werden fällig, bevor Sie Eigentümer des Wagens werden. Der Ballon wird vor allem für die Käufer problematisch, die für die eigenen wirtschaftlichen Verhältnisse ein viel zu teures Auto finanziert haben. Am Effektivzins gesehen ist diese Art der Autofinanzierung teuer, besser ist es, monatlich höhere Raten zu zahlen und auf eine deftige Schlussrate zu verzichten.

## Drei-Wege-Finanzierung

Gerne wird auch die sogenannte Drei-Wege-Finanzierung angeboten. Gegenüber der Ballonfinanzierung entscheiden Sie am Ende der Laufzeit, ob der Wagen an den Händler zurückgeht, Sie ihn weiterfinanzieren oder die Schlussrate zahlen und Eigentümer werden. Wenn Sie das Auto zurückgeben, müssen Sie mit einer Nachzahlung rechnen. Diese soll, wie bei einem Leasing-Vertrag, die entstandene Wertminderung ausgleichen.

> **WISO rät**
> Unter www.test.de finden Sie unter den Stichworten »Autokauf: Die günstigste Finanzierung« ein kostenloses Excel-Rechenprogramm. Damit können Sie die günstigste Autofinanzierungsvariante einfach ausrechnen.

## Ein Auto leasen

Statt bar zu zahlen oder den Wagen über einen Kredit zu finanzieren, können Sie diesen auch leasen. Diese Art der Kfz-Nutzung wird vor allem von Geschäftsleuten und Freiberuflern genutzt, nimmt aber unter Privatleuten in den letzten Jahren zu. Es ist ja auch chic, alle paar Jahre einen neuen Wagen zu fahren. Finanziell liegt der Reiz vor allem in den – verglichen zur Kreditfinanzierung – niedrigen monatlichen Raten. Während man durch die Ratenzahlung beim Darlehen langsam Eigentümer des Wagens wird, zahlt man durch die Leasingraten lediglich eine Miete: Sie bezahlen also lediglich für ein Nutzungsrecht. Nach Ablauf des Leasingvertrags können Sie den Wagen zurückgeben oder ihn zum marktüblichen Restwert kaufen. Wenn das Auto mehr als nur die betriebsbedingten Abnutzungserscheinungen aufweist, verlangt der Händler gegebenenfalls von Ihnen, die Wertminderung durch eine Sonderzahlung zu erstatten. Außerdem müssen Sie sich bei einem Leasingvertrag bestimmten Bedingungen unterwerfen:

- Zu Beginn müssen Sie eine Anzahlung leisten.
- Nur bestimmte Personen dürfen den Wagen fahren.
- Vorgegebene Wartungstermine müssen Sie einhalten.
- Schäden müssen Sie selbst zahlen, meist in einer Vertragswerkstatt.
- Der Wagen muss Vollkasko versichert werden. Die Kosten haben Sie zu tragen.

**WISO rät**

Leasing lohnt sich eigentlich nur für Unternehmen, Selbstständige und Freiberufler, die die Kosten steuerlich geltend machen können.

# Lebensrisiken mit Versicherungen absichern

Ein Unglück kommt selten allein. Nach einem schweren selbst verschuldeten Autounfall will man nicht nur wieder gesund werden, sondern man muss laufende Rechnungen weiterhin zahlen und einen neuen Wagen finanzieren. Im schlimmsten Fall ist man berufsunfähig und kann nie mehr arbeiten und damit nicht mehr selbst seinen Lebensunterhalt verdienen. Außerdem wollen die Unfallgegner ihre Schäden bezahlt bekommen. Wer in so einem Fall keine entsprechenden Versicherungen hat, kann vor dem finanziellen Ruin stehen. Das muss aber nicht sein, denn es gibt zahlreiche Versicherungen, die Ihre Existenz absichern. Eine Haftpflicht, den Schutz bei Berufsunfähigkeit und eine Krankenversicherung sollte jeder besitzen. Unfall- oder Risikolebensversicherung sind dagegen erst unter bestimmten Umständen für Sie interessant. Sie finden in diesem Kapitel aber auch solche Versicherungstypen, die die meisten Verbraucher im Alltag betreffen – zum Beispiel Kfz-, Rechtschutz- oder Reiseversicherungen.

Die Deutschen lieben Sicherheit. Daher verwundert es niemanden, dass wir zu den Weltmeistern gehören, wenn es um das Thema Versicherungen geht. Für nahezu jedes Risiko gibt es eine Versicherung, die im Fall der Fälle einspringt. Das Gefühl der Sicherheit ist aber teuer erkauft: Durchschnittlich gibt jeder Deutsche jährlich rund 1500 bis 2000 Euro für seinen Versicherungsschutz aus –

Kranken-, gesetzliche Renten- und kapitalbildende Versicherungen einmal nicht mit eingerechnet. Das von Experten schon oft kritisierte überzogene Sicherheitsbedürfnis führt dazu, dass ein Großteil der Verbraucher überversichert beziehungsweise falsch versichert ist. Diese Menschen zahlen unnötig Geld für einen Schutz, den sie entweder nicht brauchen oder günstiger haben könnten. Trotzdem gibt es auch einen Teil der Bevölkerung, der sich nicht ausreichend absichert: So haben nur rund 70 Prozent der Deutschen eine private Haftpflichtversicherung. Diese ist aber unerlässlich! Die Privathaftpflicht schützt Sie vor dem finanziellen Ruin, wenn Sie privat einen anderen Menschen schädigen, beispielsweise als Radfahrer einen Fußgänger anfahren. Die Kosten für diese Versicherung können eigentlich nicht der Grund für die Fehlquote sein, denn eine Privathaftpflichtversicherung gibt es bereits für rund 30 bis 50 Euro im Jahr.

Wenn Sie Ihre Policen auf Sinn und Unsinn hin durchforsten, müssen Sie immer Ihre aktuelle Lebenssituation im Blickfeld haben: Sind Sie Single? Leben Sie bei den Eltern, zur Miete oder in den eigenen vier Wänden? Sind Sie der alleinige Ernährer der Familie?

Einige Versicherungen benötigt jeder, andere sind nur in einer bestimmten Lebenssituation nötig und wieder andere Policen sind völlig überflüssig. Die folgende Übersicht zeigt Ihnen grob, welche Versicherungen für wen nötig, weniger wichtig oder unnötig sind, um ein existenzbedrohendes Lebensrisiko abzusichern.

**Tabelle 7: Welche Versicherung ist für wen sinnvoll?**

| | Singles | Paare | Paare mit Kindern | Alleinerziehende |
|---|---|---|---|---|
| Private Haftpflicht | ••• | ••• | ••• | ••• |
| Berufsunfähigkeit | ••• | ••• | ••• | ••• |
| Risikoleben | ○ | • | ••• | ••• |

| | Singles | Paare | Paare mit Kindern | Alleinerziehende |
|---|---|---|---|---|
| Unfallversicherung | •(•) | •(•) | ••• | ••• |
| Krankenversicherung | ••• | ••• | ••• | ••• |
| Hausrat | •(•) | •• | •• | •• |

○ = unnötig • = evtl. •• = wichtig ••• = sehr wichtig

*Quelle:* Bund der Versicherten (BdV)

*Singles* Sie sollten auf jeden Fall eine Haftpflichtversicherung abschließen sowie einen Berufsunfähigkeitsschutz (BU). Wer keine BU-Police bekommt – beispielsweise wegen einer Vorerkrankung –, sollte sich für eine Unfallversicherung mit einer erhöhten Versicherungssumme entscheiden. Da Singles in der Regel keine Hinterbliebenen absichern müssen, lohnt sich eine Risikolebens-Police nicht. Den Bedarf sollte man aber für die Zukunft einplanen. Leben Sie nicht mehr zu Hause, dann ist auch eine Hausratversicherung – je nach Wert des Besitzes – sinnvoll.

*Paare* Sind Sie verheiratet oder leben mit Ihrem Partner zusammen, dann genügt ein gemeinsamer Haftpflichtschutz. Viele Versicherungen bieten hierfür Partnertarife an. Auch für den Hausrat reicht ein gemeinsamer Vertrag, wenn Sie zusammen wohnen. Arbeitet nur ein Partner, dann sollte eine Risikolebensversicherung abgeschlossen werden, um den anderen im Todesfall des Ernährers abzusichern. Eine Kombination zwischen Berufsunfähigkeits- und Risikolebensversicherung ist ebenfalls möglich. Arbeiten beide Partner, ist ein individueller BU-Schutz sinnvoll. Wer diesen bekommt, kann die Leistungen einer Unfallversicherung niedriger ansetzen oder eventuell ganz auf eine Unfallversicherung verzichten.

*Paare mit Kindern und Alleinerziehende* Haben Sie Kinder, dann sind diese von Ihnen besonders abhängig. Deshalb sollten Sie für einen entsprechend hohen Hinterbliebenenschutz sorgen: Berufsunfähigkeits- und Risikolebensversicherung sind Pflicht – vor allem, wenn es nur einen Verdiener gibt. Für die Sprösslinge kann separat eine Kinderhaftpflichtversicherung abgeschlossen werden. Auch eine Unfallversicherung für die Kinder kann ab einem bestimmten Alter sinnvoll sein. Am Ende der langen Liste steht die Hausratversicherung sowie möglicherweise eine Wohngebäudeversicherung für Eigenheimbesitzer.

**WISO rät**

Einige Versicherungsarten, wie beispielsweise eine Berufsunfähigkeit- oder Unfallpolice, haben in der Regel Laufzeiten bis zum gesetzlichen Rentenbeginn beziehungsweise bis kurz davor – je nach individueller Finanzsituation. Da aber das gesetzliche Rentenalter stufenweise von 65 auf 67 Jahre angehoben wird, sollten Sie bei Neuverträgen auf eine entsprechende längere Laufzeit achten. Bei bestehenden Policen sollte eine entsprechende Laufzeitverlängerung am besten ohne erneute Gesundheitsprüfung stattfinden.

Ändern sich Ihre Lebensverhältnisse, dann ist es an der Zeit, dass Sie Ihre Versicherungsverträge überprüfen. Verbraucherschützer raten, dass man generell mindestens alle zwei bis drei Jahre seine Policen durchforsten sollte: Sind Sie noch ausreichenden und angemessen versichert? Können Sie den gleichen Schutz nicht auch günstiger bekommen? Vor allem beim Preis können Sie bei Ihrer alten Gesellschaft schnell punkten. Gibt es günstigere Angebote am Markt, so können Sie normalerweise einen Rabatt herausschlagen – 10 bis 20 Prozent sind auf jeden Fall möglich. Bessere Zugeständnisse bekommen Sie eventuell, wenn Sie mehrere Versicherungen bei dem Unternehmen haben beziehungsweise darüber nachdenken, weitere Policen abzuschließen. Behalten Sie bei allem Rabatteifer aber die Vertragsbedingungen genau im Auge, vor allem, wenn Sie ein ganzes Bündel an Verträgen haben.

## Ganz wichtig: die richtige Beratung

Versicherungen schließen die Deutschen in der Regel immer noch zu Hause ab. Es ist ja auch nett und bequem, wenn der Versicherungsvertreter nach Feierabend oder am Wochenende zu einem in die eigenen vier Wände kommt. In gemütlicher Atmosphäre wird geplauscht und ganz nebenbei ein paar Verträge unterschrieben. Vielen Verbrauchern ist es zu mühsam, die zahlreichen Vertragsseiten genau zu prüfen und den Vertreter deswegen warten zu lassen. Der charmante Herr will ja zum nächsten Kunden und außerdem gibt er einem ja ein gutes Gefühl: Er wolle nur Gutes tun und mit der Unterschrift sei man für alle Eventualitäten abgesichert. Weit gefehlt! Verbraucherschützer oder auch der gemeinnützige Bund der Versicherten (BdV) kritisieren, dass Verbraucher oft nur unzureichend darüber aufgeklärt werden, welcher Versicherungsschutz für sie überhaupt notwendig ist oder worauf verzichtet werden kann. In der Regel haben Versicherungsvertreter nur die Angebote von einer – manchmal mehrerer – Gesellschaften im Gepäck. Eine objektive Beratung kann deswegen eigentlich nicht stattfinden. Immerhin tummeln sich auf dem deutschen Markt über hundert Unternehmen, die Versicherungen im Angebot haben.

### So kommen Sie an eine Versicherung

*Makler* greifen auf die Angebote vieler Versicherungen zurück, sind deshalb von diesen unabhängig und arbeiten im Interesse des Kunden. Jedoch bekommen sie von den Unternehmen unterschiedliche Provisionen und könnten deshalb diejenigen bevorzugen, die besonders gut zahlen. Makler können Sie beispielsweise über den Bundesverband der Versicherungsberater e. V. (www.bvvb.de) oder beim Verband Deutscher Versicherungsmakler e. V. (www.bdvm.de) finden. Makler verlangen für ihre neutrale Beratung Geld. Dieses rechnet sich aber meist im Nachhinein, da Sie die optimale und preislich beste Versicherung erhalten haben sollten. Sie nehmen Schäden auf und leiten sie an die Versicherung weiter. Mit einer entsprechenden Vollmacht des Versicherten können sie auch kleinere Schäden selbst regeln.

*Mehrfachagenten* sind für einige wenige Unternehmen tätig. Zu ihren Serviceleistungen gehört es auch, Schäden aufzunehmen und zu melden. Mit einer Vollmacht kann auch ein Mehrfachagent kleinere Schäden in Eigenregie abwickeln.

*Einfirmenvertreter* sind nur für ein Unternehmen tätig. Ihr Leistungskatalog entspricht jedoch dem des Mehrfachagenten.

*Annexvertriebe – oder auch Anhangsvertriebe* – bieten Unternehmen meist zusätzlich zu den eigenen Produkten an, zum Beispiel die Kfz-Versicherung zum Neuwagen. Es gibt aber auch zunehmend Unternehmen, wie zum Beispiel Tchibo, die Versicherungen als eigenständiges Produkt anbieten und dabei mit Versicherungsunternehmen (im Falle von Tchibo mit Asstel) zusammenarbeiten. Fachliche Beratung gibt es für den Kunden hierbei meist ausschließlich über ein Callcenter.

*Direktvertrieb der Versicherungskonzerne* gibt es heutzutage im Internet oder über ein Callcenter – beispielsweise Allianz24, Huk24, CosmosDirekt oder Direct Line. Sie können aber auch schriftlich Angebote bei den Unternehmen anfordern. Am besten funktioniert der Leistungs- und Preisvergleich aber über das Internet. Den Vertrag schließen Sie hier online ab beziehungsweise bekommen die Unterlagen zur Unterschrift zugeschickt. Meist gibt es bei einem Online-Abschluss einen Preisnachlass auf die Tarife.

**WISO rät**

Günstige Versicherungsbedingungen erhalten Sie häufig über einen Verband oder eine Gewerkschaft, der Sie angehören. Auch Mitglieder vom Bund der Versicherten partizipieren an den günstigen Rahmenverträgen, die der Verein abschließt.

## Bei der Unterschrift nicht hetzen lassen

Ob Makler oder Vertreter, beide verdienen am Vertragsabschluss: In der Regel zwischen 3 und 7 Prozent der Beiträge, die Sie zahlen. Das ist auch in Ordnung, aber nur, wenn Sie eine objektive Beratung und den besten Tarif für sich bekommen haben – also einen guten Service.

Vor dem Abschluss einer Versicherung sollten Sie Folgendes beachten:

- Vorabinformation: Informieren Sie sich über die Versicherungsart genau, sodass Sie im Vorfeld die Fallstricke kennen. Am besten geht das mit Fachliteratur (wie diesem Buch) oder Fachzeitungen wie *FINANZtest* oder *Capital*, die regelmäßig aktuelle Preis- und Leistungsvergleiche machen. Außerdem können Sie sich zur Orientierung im Internet tagesaktuell auf Vergleichsseiten über Beitragshöhen informieren.
- Zeit lassen: Schließen Sie nicht vorschnell einen Vertrag ab. Keinesfalls zwischen Tür und Angel oder nach dem Fußballtraining im Vereinslokal. Nehmen Sie sich Zeit dafür, die Angebote anderer Gesellschaften zu vergleichen und achten Sie dabei auch auf die Details.

- Kein Druck: Ein seriöser Vertreter lässt Ihnen Zeit und setzt Sie nicht unter Druck. Er gibt Ihnen auch die Möglichkeit, Nachfragen zu stellen.
- Berufserfahrung: Lassen Sie sich die beruflichen Erfahrungen beziehungsweise Qualifikationen des Vertreters zeigen und für welche Gesellschaften er die Produkte verkauft. Es gibt leider genügend »Feierabend«-Vertreter, deren fachliches Wissen sich auf ein paar Kurse bei einer Versicherungsgesellschaft beschränkt. Gut ist es, wenn der Vertreter eine Lehre zum Versicherungskaufmann oder ein Studium des Versicherungswesens erfolgreich absolviert hat.
- Absicherung: Der Vermittler sollte über eine ausreichend hohe Berufshaftpflichtversicherung verfügen: mindestens 1 Million Euro pro Schaden und 1,5 Millionen Euro pro Schadensjahr. Es ist auch ratsam, dass Ihnen schriftlich zugesichert wird, dass die Versicherung für Beratungsfehler einsteht.
- Protokoll: Nach einem Beratungstermin, der in einen Vertragsabschluss münden soll, sollten Sie auf jeden Fall ein Beratungsprotokoll mit allen Inhalten und besprochenen Zielen des Gesprächs erstellen und dies vom Vertreter unterschreiben lassen.
- Vor dem Abschluss: Lassen Sie sich alle Unterlagen aushändigen und lesen Sie die Vertragsbedingungen – vor allem Ausschlussklauseln – genau durch. Das sollten Sie generell immer machen, egal ob Sie bei einem Vertreter, Makler oder im Internet abschließen.

### Die europäische Vermittlerrichtlinie

Seit Frühjahr 2007 gilt die europäische Vermittlerrichtlinie auch in Deutschland. Damit wird die Versicherungsvermittlung zu einem sogenannten erlaubnispflichtigen Gewerbe. Das bedeutet, Vermittler und Makler müssen bei der zuständigen Industrie- und Handelskammer (IHK) nicht nur registriert sein, sondern dort auch ihr Fachwissen in einer Sachkundeprüfung sowie den

Abschluss einer Berufshaftpflicht nachweisen. Außerdem müssen die Vermittler eine weiße Weste haben, das heißt sie dürfen beispielsweise keine eidesstattliche Versicherung (Offenbarungseid) abgegeben haben oder in einem Insolvenzverfahren stecken. Ausnahme bilden die Einfirmenvertreter, für die ein Nachweis ihres Unternehmens bei der IHK ausreicht, dass diese sowohl die Haftung für Fehler des Vermittlers übernehmen als auch das Fachwissen ihres Mitarbeiters belegen. Vor der Richtlinie reichte ein Gewerbeschein aus, um Versicherungen zu vertreiben. Verbraucher können, wenn der Versicherungsvermittler das nicht von sich aus macht, sich bei der IHK erkundigen, ob die Person registriert ist und damit die Voraussetzungen der europäischen Vermittlerrichtlinie erfüllt. Eine weitere Ausnahme bildet der Annexvertrieb, dessen Vertreter keine Sachkundeprüfung ablegen müssen. Unter www.finanzen35.de finden Sie eine Datenbank des Deutschen Industrie- und Handelskammertags (DIHK) und ein kostenloses Programm, um die Beratung zu protokollieren.

### Das neue Versicherungsvertragsgesetz

Seit dem 1. Januar 2008 gilt in Deutschland ein reformiertes Versicherungsvertragsgesetz. Diese Reform hat viele Vorteile für die Verbraucher gebracht. Seitdem müssen Versicherungsvertreter als auch selbstständige Vermittler ihre Kunden besser beraten und informieren. So ist beispielsweise ein ausführliches Beratungsgespräch Pflicht, das dokumentiert werden muss. Die Beratung muss auch für einen Laien nachvollziehbar sein. Außerdem muss die Versicherung vor der Unterschrift über die Vertragsbestimmungen und die allgemeinen Versicherungsbedingungen informieren. Und der Versicherer ist verpflichtet, nach den Bedürfnissen und Wünschen des Kunden zu beraten und sein Konzept zu begründen. Zu den neuen Regeln gehört auch ein erweitertes Widerrufsrecht: Sie können jeden Versicherungsvertrag innerhalb von zwei Wochen, bei der Lebensversicherung sogar innerhalb von 30 Tagen, widerrufen. Die Frist beginnt erst, wenn Sie sämtliche Vertragsbedingungen in der Hand halten. Auch bei den Kündigungen hat sich einiges geändert: Ab sofort müssen Sie nur noch bis zum Zeitpunkt des tatsächlichen Vertragsendes zahlen. Kündigen Sie im Laufe des Versicherungsjahres, erhalten Sie nun die gezahlte Prämie anteilig zurück. Detaillierte Informationen über die Änderungen bei den einzelnen Versicherungsgattungen klärt die kostenlose Broschüre *Das neue Versicherungsvertragsgesetz* vom Bundesjustizministerium (www.bmj.bund.de) auf.

## Krankenversicherung

Wenn der Rücken schmerzt, der Zahn wackelt oder die Grippe einen ans Bett fesselt, gehen wir ganz selbstverständlich zu einem Arzt. Ob mit oder ohne Termin, für die Behandlung muss man – von den zehn Euro Praxisgebühr abgesehen – in der Regel nichts bezahlen, dem Arzt reicht das Versicherungskärtchen. Rund 90 Prozent der Deutschen sind in der gesetzlichen Krankenversicherung (GKV) pflichtversichert. Dazu gehören Arbeitnehmer, Rentner, Arbeitslose oder familienversicherte Angehörige wie Ehemänner und -frauen sowie Kinder bis zu einem bestimmten Alter. Ein Sonderfall sind Arbeitnehmer, die jährlich mehr als 49 950 Euro (2010) beziehungsweise 4 162,50 Euro monatlich brutto verdienen. Sie kommen mit ihrem Gehalt über die sogenannte Beitragsentgeltgrenze – auch Versicherungspflichtgrenze genannt – und können wählen, ob Sie sich privat versichern oder freiwillig in der gesetzlichen Krankenversicherung bleiben. Im Zusammenhang mit dem Einkommen wird oft auch die Beitragsbemessungsgrenze genannt. Bis zu einem jährlichen Bruttogehalt von 45 000 Euro (2010) oder 3 700 Euro pro Monat werden Beiträge für die Krankenversicherung berechnet. Das darüber liegende Einkommen fließt nicht in die

Beitragsberechnung ein. Das hat beispielsweise Auswirkungen beim Krankengeld (siehe Seite 103). Selbstständige oder Freiberufler können ebenfalls zwischen einer Privatversicherung oder der freiwilligen Mitgliedschaft in der GKV wählen. Beamte hingegen müssen sich für eine private Krankenversicherung entscheiden. Seit 2009 gilt in Deutschland eine allgemeine Versicherungspflicht. Das heißt jeder Bürger hat einen gesetzlichen Anspruch auf eine Krankenversicherung – ausgenommen sind beispielsweise Soldaten oder Bundespolizisten, die eine sogenannte freie Heilfürsorge durch den Staat erhalten.

**WISO rät**

Wer mit einer ärztlichen Behandlung unzufrieden ist, mit der Krankenversicherung streitet oder sich über Behandlungsmöglichkeiten informieren möchte, kann sich von der Initiative »Unabhängige Patientenberatung Deutschland« kostenlos beraten lassen. Im Internet unter www.unabhaengige-patientenberatung.de finden Sie Gesundheits-, Rechts- und Sozialexperten dieser Initiative in Ihrer Umgebung. Außerdem beraten die Experten montags bis freitags kostenfrei über die Telefon-Hotline 08 00/0 11 77 22. Ebenfalls können sich Krankenversicherte an den Patientenbeauftragten der Bundesregierung wenden. Im Internet unter www.patientenbeauftragter.de oder telefonisch unter 0 30/1 84 41 34 20.

## Gesetzliche Krankenversicherung (GKV)

Derzeit gibt es in Deutschland rund 200 gesetzliche Krankenkassen, zum Beispiel Allgemeine Orts- (AOK), Betriebs- (BKK) oder Innungskrankenkassen (IKK). Der Großteil davon ist deutschlandweit tätig und offen für jedermann. Das heißt jeder, der sich gesetzlich versichert, darf diesen Kassen beitreten. Es gibt einige wenige Unternehmen, die nur regional tätig sind beziehungsweise nur bestimmte Berufsgruppen als Mitglieder aufnehmen.

Alle in Deutschland tätigen gesetzlichen Krankenkassen bieten bei mehr als 90 Prozent der Leistungen das Gleiche an. Lediglich bei Sonderleistungen, wie zum Beispiel Akupunktur oder Naturheilverfahren und Bonusprogrammen kann es Abweichungen geben. Genaue Informationen zu den Regelleistungen der gesetzlichen Krankenversicherung erhalten Sie bei Ihrer Versicherung, der Kassenärztlichen Bundesvereinigung (www.kbv.de) oder der gemeinsamen Internetseite der GKV (www.gkv.info).

Bis zum Ende des Jahres 2008 unterschieden sich die gesetzlichen Krankenkassen ganz erheblich in der Höhe des Beitragssatzes. Mit der Einführung des Gesundheitsfonds und einem einheitlichen Beitragssatzes ist der Wettbewerb fast zum Erliegen gekommen. Kassen, die Überschüsse erwirtschaften, können diese nur noch über Prämienrückzahlungen an die Versicherten zurückgeben. Umgekehrt können Kassen, die mit den Geldern aus dem Gesundheitsfonds nicht zurande kommen, Zusatzbeiträge erheben. Das machen einige Versicherer seit dem Frühjahr 2010.

Seit dem 1. Juli 2009 liegt der allgemeine Beitragssatz zur Krankenversicherung bei 14,9 Prozent vom Bruttolohn. Davon zahlen die Arbeitnehmer 7,9 Prozent und die Arbeitgeber 7,0 Prozent. Einen ermäßigten Beitragssatz von 14,3 Prozent zahlen alle Versicherten ohne Anspruch auf Krankengeld wie Rentner, Pensionäre oder unständig und kurzfristig Beschäftigte.

Versicherungspflichtig sind alle Arbeitnehmer, deren Einkommen 2010 unter der Beitragsbemessungsgrenze von 45 000 Euro Bruttojahresverdienst liegt. Versicherungsfrei hingegen ist, wer mehr verdient, selbstständig oder Beamter ist (auch Richter, Zeitsoldaten und im öffentlichen Dienst Beschäftigte mit Versorgungsanspruch) sowie geringfügig Beschäftigte. Wer versicherungsfrei ist, kann sich freiwillig in der GKV versichern oder mit einer privaten Krankenversicherung (PKV) einen Versicherungsvertrag abschließen.

**Achtung!**
Die Bundesregierung aus Union und FDP hat vereinbart, die Finanzierung der gesetzlichen Krankenkassen zu ändern. Ziel ist, die Beiträge von den Lohnnebenkosten zu entkoppeln: »Langfristig wird das bestehende Ausgleichssystem überführt in eine Ordnung mit … einkommensunabhängigen Arbeitnehmerbeiträgen«, heißt es im Koalitionsvertrag. Das heißt jeder gesetzlich Versicherte soll den gleichen Beitrag bezahlen und mögliche Mehrkosten sollen über einen Zuschuss des Staates ausgeglichen werden. Wie hoch dieser Einheitsbeitrag sein soll, wie sich das System einer »Kopfpauschale« zusammensetzt und wie es finanziert wird, soll eine Regierungskommission im Laufe des Jahres 2010 erarbeiten. Mit gesetzlichen Änderungen wird nicht vor der ersten Jahreshälfte 2011 gerechnet. Informationen dazu erhalten Sie auf der Website www.finanzen35.de.

### Wahltarife

Durch die Gesundheitsreform dürfen die Kassen ihren Mitgliedern eine Reihe von Wahltarifen anbieten. Dies bedeutet, dass man als Versicherter die Möglichkeit hat, einen solchen Tarif mit der Krankenkasse zu vereinbaren, aber nicht dazu verpflichtet ist.

Dabei gibt es verschiedene Modelle, die von vielen Krankenkassen in unterschiedlichen Varianten angeboten werden:

*Selbstbehalt-Tarife* Bei einem Selbstbehalt-Tarif zahlen Sie im Krankheitsfall die Rechnungen bis zu einer bestimmten, vorher vereinbarten Summe selbst. Im Gegenzug erhalten Sie von der Krankenkasse jährlich einen bestimmten Betrag als Prämie. Da dieser Betrag niedriger als Ihre Selbstbeteiligung im Krankheitsfall ist, tragen Sie ein gewisses Risiko.

Manche Selbstbehalt-Tarife können Sie nur unter bestimmten Bedingungen wählen – etwa wenn Sie freiwillig Versicherter der Krankenkasse sind oder Ihre Mitgliedschaft bereits mindestens drei Monate besteht.

**Achtung!**
**Bei Selbstbehalt-Tarifen gilt eine gesetzliche Mindestdauer der Mitgliedschaft von drei Jahren. Sie verzichten in dieser Zeit auf Ihr Sonderkündigungsrecht bei Beitragserhöhung.**

*Prämien-Tarife* Die Bandbreite an »Prämien-Tarifen« ist groß. In der Regel geht es darum: Wenn Sie und Ihre Angehörigen ein ganzes Kalenderjahr keine Leistungen in Anspruch nehmen, erhalten Sie einen Teil Ihrer Jahresbeiträge von der Krankenkasse zurück. Gesetzlich verpflichtete Vorsorgeuntersuchungen, wie zum Beispiel für verschiedene Krebsarten, haben keinen Einfluss auf Ihre Prämie. Das Gleiche gilt für Arztbesuche von familienversicherten Kindern unter 18 Jahren.

Jedoch Vorsicht: Auch bei Prämien-Tarifen gibt es zum Teil weitere vertragliche Bedingungen, die Sie genau prüfen sollten. Zum Beispiel die Vertragsdauer und eine Mindestfrist der Mitgliedschaft bei der Krankenkasse.

*Bonus-Tarife* Mit Bonus-Tarifen belohnen Krankenkassen gesundheitsbewusstes Verhalten ihrer Mitglieder. Fast immer ist die Teilnahme an Gesundheitschecks, Krebsfrüherkennung oder Gesundheitskursen Pflicht, um einen Bonus zu erhalten. Als Prämie winken bei den meisten Krankenkassen Geldbeträge, Sachpreise oder Zuschüsse zu bestimmten Leistungen wie Vorsorgeuntersuchungen, ein Auslandskrankenversicherungsschutz oder Fitnesskurse.

Mit der Wahl eines Bonustarifs gehen Sie kein finanzielles Risiko ein. Erfüllen Sie die Bedingungen, erhalten Sie die Prämie, wenn nicht, gehen Sie schlimmstenfalls leer aus.

*Kostenerstattungs-Tarife* Hier zahlen Sie bei ambulanten oder stationären medizinischen Leistungen erst einmal alles aus eigener Tasche. Sie sind quasi ein Privatpatient und werden möglicherweise auch so behandelt. Auch der Abrechnungsmodus gestaltet sich wie in einer privaten Krankenversicherung: Sie legen Geld vor, die Krankenkasse erstattet Ihnen nach Einreichen der Rechnung einen Teil der Kosten, den Rest bezahlen Sie selbst. Da Sie mit diesem Tarif eindeutig ein finanzielles Risiko eingehen, empfiehlt es sich, über den Restbetrag eine private Zusatzversicherung abzuschließen.

**WISO rät**

Nicht für jeden lohnen sich Wahltarife. Insbesonders kranke beziehungsweise krankheitsanfällige Menschen sollten auf die Werbung ihrer Krankenkasse für Wahltarife sehr zurückhaltend reagieren.

## Zusatzversicherungen

Praxisgebühr, Zuzahlungen bei Heil- und Hilfsmitteln, Wartezeiten auf Arzttermine, Leistungsreduktion der Kasse – auch wenn die Politik immer wieder das Gegenteil behauptet, der Eindruck vieler gesetzlich Krankenversicherter, dass sie für immer weniger Leistung immer mehr Geld bezahlen müssen, ist sicherlich nicht von der Hand zu weisen. Nicht zuletzt deshalb bieten die gesetzlichen Krankenkassen inzwischen private Zusatzversicherungen an, mit denen das Versorgungs- und Leistungsniveau der privaten Krankenversicherungen erreicht werden kann.

Die meisten Kassen kooperieren in diesem Bereich mit privaten Versicherungen. Die Vorteile für die Kunden: Zum einen haben die Kassen meist Gruppentarife mit den Partnerversicherern ausgehandelt, die 5 bis 10 Prozent günstiger sind als die Angebote der Privatversicherer auf dem freien Markt. Zum anderen hat der Kassenpatient die Möglichkeit, passgenau für die eigenen Bedürfnisse Zusatzleistungen einzukaufen. Im Wesentlichen sind das: ambulante und stationäre Heilbehandlungen, Zahnzusatz- oder Auslandskrankenversicherungen, Heilpraktikerleistungen, Chefarztbehandlung, Ein- und Zweibettzimmer oder eine Kurkostenhilfe.

Die meisten Versicherer verlangen übrigens auch bei vielen Zusatzversicherungen vor Abschluss der Police eine Gesundheitsüberprüfung. Oft begnügen sich die Anbieter aber mit einem vereinfachten Fragebogen. Hier muss nicht jede kleine Vorerkrankung angegeben werden wie in der privaten Vollversicherung. Abgefragt werden lediglich sehr gravierende Krankheiten.

### Wechsel der gesetzlichen Krankenkasse

Seit Januar 2009 findet der Wettbewerb der GKV nicht mehr über die Höhe des Beitragssatzes, sondern nur noch in den Bereichen Zusatzbeitrag, Service, Extraleistungen und Wahltarife statt. Wollen Sie etwa alternative Heilmethoden wie Homöopathie oder Akupunktur nutzen, dann suchen Sie sich eine Kasse, die sich hier verstärkt engagiert und auch die Kosten für Behandlungen übernimmt.

Wenn Sie wechseln, dann sind Sie für 18 Monate an die neue Kasse gebunden. Vor Ablauf dieser Frist haben Sie nur ein Sonderkündigungsrecht, falls Ihre Kasse einen Zusatzbeitrag erhebt oder den Zusatzbeitrag erhöht. Dieses Sonderkündigungsrecht entfällt, wenn Sie mit einem Wahltarif versichert sind.

Für den Kassenwechsel gilt immer eine Kündigungsfrist von zwei Monaten, egal ob Sie regulär kündigen oder ein Sonderkündigungsrecht in Anspruch nehmen. Sie können Ihrer Kasse formlos schriftlich kündigen. Versenden Sie die Kündigung am besten per Einschreiben oder geben Sie sie persönlich in der Geschäftsstelle ab. Innerhalb von zwei Wochen sollten Sie dann eine Kündigungsbestätigung Ihrer bisherigen Kasse erhalten. Falls nicht: Kümmern Sie sich darum, denn erst mit der Bestätigung können Sie bei einer anderen Kasse einen Aufnahmeantrag stellen.

Die Kündigung wird erst wirksam, wenn Sie innerhalb der Kündigungsfrist die Aufnahme in die neue Kasse bei Ihrer alten nachgewiesen haben. Achten Sie bei der Wahl der Kasse auf das Gesamtangebot an Leistungen und Service und lassen Sie sich ausführlich beraten.

## Private Krankenversicherung (PKV)

Jung, gesund und ein hohes Einkommen – dieser Personenkreis wird von den privaten Krankenversicherungen mit niedrigen Beiträgen gelockt. Selbstständige, Freiberufler und Beamte können sich privat krankenversichern. Angestellte, die drei aufeinanderfolgende Jahre mehr als die Beitragsentgeltgrenze von 49 950 Euro (2010) verdienen, können sich ebenfalls privat versichern. Möglicherweise wird in Zukunft die Drei-Jahres-Regel auf ein Jahr reduziert. So sieht es zumindest der Koalitionsvertrag zwischen Union und FDP vor.

Über acht Millionen Deutsche sind in der PKV. Ihre monatlichen Beiträge berechnen sich nicht nach dem Einkommen, sondern nach Alter, Geschlecht und Gesundheitszustand. Frauen zahlen in der Regel mehr, da sie länger leben. Wer unter einer Vorerkrankung leidet, muss mit einem Risikozuschlag rechnen. Wer keinen Anspruch auf eine gesetzliche Krankenversicherung hat und nicht versichert ist, hat einen gesetzlichen Anspruch auf den Basistarif der PKV. Der Basistarif beinhaltet in etwa das Leistungsangebot der gesetzlichen Krankenversicherung und darf nicht mehr als der durchschnittliche Höchstbetrag der GKV kosten – in etwa 570 Euro (2009). Die Höhe richtet sich nur nach

Eintrittsalter und Geschlecht, nicht aber nach dem Gesundheitszustand.

Im Gegensatz zu der gesetzlichen Krankenversicherung lassen sich die Leistungen und Kosten in der PKV nicht so einfach miteinander vergleichen, da es auf den individuell gewählten Tarif ankommt. Ihre Bedürfnisse und Lebensumstände spielen dabei eine wesentliche Rolle. Um einen detaillierten Vergleich werden Sie daher nicht herumkommen. Privatversicherte stellen sich ihren Schutz individuell nach einem Baukastenprinzip zusammen: ambulante Behandlung, stationäre Behandlung, zahnärztliche Behandlung, private Pflegeversicherung (siehe Seite 101) und privates Krankentagegeld (siehe Seite 103).

In der Regel genießen Privatversicherte einen größeren Leistungsumfang als GKV-Mitglieder. So sind in den meisten Tarifen bereits Chefarztbehandlung und Ein- beziehungsweise Zweibettzimmer im Krankenhaus oder eine höhere bis komplette Übernahme der Zahnarztkosten inbegriffen. Zu Anfang Ihrer Versicherungszeit in der privaten Krankenkasse müssen Sie jedoch mit Wartezeiten rechnen: Das heißt Sie zahlen bereits Beiträge, müssen aber bestimmte Behandlungen wie bei Schwangerschaft oder Zahnersatz in den ersten Monaten komplett aus eigener Tasche bezahlen.

### Beiträge und Kosten

In der PKV gilt das sogenannte Kostenerstattungsprinzip: Der Versicherte erhält nach der Behandlung vom Arzt eine Rechnung über alle Leistungen, die er in Anspruch genommen hat. Er zahlt diese dann erst einmal aus eigener Tasche und rechnet die angefallenen Kosten mit seiner Krankenkasse ab. Privat versicherte Angestellte erhalten meist einen 50-prozentigen Zuschuss vom Arbeitgeber. Jedoch wird höchstens der durchschnittliche Höchstbeitrag, den auch eine gesetzliche Kasse zahlen würde, übernommen. Haben Sie darüber hinaus Kosten, müssen Sie diese selbst tragen. Es gibt aber Arbeitgeber, die ihren privat versicherten Mitarbeitern einen höheren Teil der Gesundheitskosten zahlen: Erkundigen Sie sich deshalb bei Ihrer Personalabteilung.

Beamte und privat versicherte Angestellte des öffentlichen Dienstes erhalten während ihrer Dienstzeit die sogenannte Beihilfe. Das ist eine prozentuale Beteiligung des Dienstherren an den Krankheitskosten. Freiberufler erhalten möglicherweise über eine berufs- oder branchenorientierte Einrichtung finanzielle Unterstützung, wie zum Beispiel selbstständige Künstler und Publizisten über die Künstlersozialkasse.

Die monatlichen Beiträge in der PKV lassen sich durch die unterschiedlichen Bausteine individuell steuern. Vor allem beim Krankentagegeld, Zahnbehandlungen oder bei Kosten für Brillen und Kontaktlinsen können Sie an der Kostenschraube drehen. Aber auch über einen Selbstbehalt senken Sie Ihre Ausgaben: Das heißt, Sie zahlen bis zu einer bestimmten Höhe Behandlungen und Medikamente aus eigener Tasche. Erst danach nehmen Sie die Hilfe der Krankenversicherung in Anspruch. Besonders beliebt sind die Selbstbehalte bei ambulanten Behandlungen. Ebenfalls gibt es die Möglichkeit einer Beitragsrückerstattung: Versicherte, die wenig oder gar nicht krank sind, erhalten Geld zurück und senken so im Nachhinein ihre Beiträge.

### Ein Wechsel und die Folgen

Nach Angaben des Deutschen Instituts für Wirtschaftsforschung (DIW) müssen privat Krankenversicherte mit deutlich stärkeren Steigerungen ihrer Prämien rechnen als gesetzlich Versicherte. Zwischen 1985 und 2005 haben sich laut dem DIW Berlin die durchschnittlichen Prämien in der PKV mehr als verdreifacht und sind damit nahezu doppelt so stark gestiegen wie in der gesetzlichen Krankenversicherung. Nicht nur deswegen sollten Sie vor einem Wechsel in die private Krankenversicherung bedenken, dass

- nur Sie als Einzelperson versichert sind. Familienangehörige ohne eigenes Einkommen müssen sich selbst – gegen einen geringen Betrag – versichern. Umgehen können Sie dies nur, wenn der Partner, der mehr verdient, gesetzlich versichert ist und die Kinder dort kostenlos mitversichert werden können.
- die Beiträge im Alter sowohl für die Kranken- als auch für die Pflegeversicherung gegenüber den gesetzlichen Versicherungen in der Regel höher sind.
- ein Wechsel innerhalb der privaten Versicherungen derzeit noch mit Hindernissen behaftet ist. Die von den Versicherten aufgebaute Altersrückstellung kann derzeit nur teilweise mitgenommen werden. Die Rückstellungen werden benötigt, damit die Beiträge der Versicherten im Alter nicht »explodieren«.

Bevor Sie sich für eine private Krankenversicherung entscheiden, sollten Sie sich genau über verschiedene Gesellschaften und deren Tarife informieren und beraten lassen. Fragen zu Ihrem Gesundheitszustand sollten Sie immer wahrheitsgemäß beantworten, sonst riskieren Sie Ihren Versicherungsschutz. Bei Vorerkrankungen sollten Sie immer unverbindliche Probeanträge stellen, um zu sehen, ob Sie angenommen werden. Kündigen Sie erst die alte Versicherung, wenn Sie von der neuen als Mitglied akzeptiert wurden.

## Pflegeversicherung

Immer mehr Menschen leben länger, die Gesellschaft wird sich zukünftig aus mehr alten statt jungen Menschen zusammensetzen. Das heißt aber auch, dass die Pflegefälle im Alter zunehmen werden: Nach Angaben des Statistischen Bundesamtes wird der sogenannte Altenquotient, der den Anteil der Menschen über 65 an der Bevölkerung ab dem 20. Lebensjahr misst, von 32 Prozent

(2006) auf rund 50 Prozent im Jahr 2030 steigen. Im Jahr 2050 wird er demnach bei 60 bis 64 Prozent liegen. Um zumindest einen Teil der Pflegekosten aufzufangen, wurde 1995 die Pflegeversicherung ins Leben gerufen. Jeder, der über eigenes Einkommen verfügt, muss sich gegen das Pflegerisiko absichern.

Gesetzlich Versicherten wird automatisch 1,95 Prozent jeden Monat auf dem Lohnzettel abgezogen (je zur Hälfte zahlt der Arbeitnehmer und der Arbeitgeber) und an die Pflegekasse, die der Krankenkasse angegliedert ist, überwiesen. Wer noch keine Kinder in die Welt gesetzt hat, dem werden zusätzlich 0,25 Prozent abgezogen – diese zahlt nur der Arbeitnehmer. Freiwillig gesetzlich Versicherte können zwischen der gesetzlich oder einer privaten Pflegeversicherung wählen. PKV-Mitglieder müssen eine private Pflegepolice abschließen.

**WISO rät**

Für freiwillig gesetzlich Versicherte ist eine Trennung von Kranken- und Pflegversicherung nicht empfehlenswert, da der Spareffekt sehr gering ist und sich Pflege- und Krankenversicherung im Pflegefall streiten können, wer nun eine Leistung übernimmt. Sie müssten dann im schlimmsten Fall auf Ihr Geld warten.

Versicherungsvertreter wollen Ihnen möglicherweise auch eine private Pflegezusatzversicherung verkaufen. Der Abschluss so einer ergänzenden Police ist freiwillig und sollte von jungen Menschen genau bedacht werden. Wichtiger ist für Erwerbstätige eine Berufsunfähigkeitsversicherung, da diese zahlt, wenn Sie durch einen Unfall oder eine Krankheit zum Pflegefall werden und nicht mehr arbeiten können. Eine Zusatzpolice ist eher etwas für Rentner und Menschen im gesetzten Alter, die über keinen Berufsunfähigkeitsschutz (mehr) verfügen. Wird ein Rentner beispielsweise zu einem Pflegefall, der in ein Heim muss, so werden die Leistungen aus der gesetzlichen Pflegeversicherung nicht ausreichen, um eine solche Betreuung zu bezahlen.

Es gibt derzeit maximal 1 510 Euro monatlich von der Pflegekasse, Härtefälle erhalten rund 400 Euro mehr. Ein Heimplatz ist aber teuer: mehr als 2 000 Euro muss man rechnen. Das heißt, dass Sie diese Lücke mit eigenem Vermögen oder durch finanzielle Unterstützung von Verwandten schließen müssen. Wer im Alter niemandem auf der Tasche liegen möchte, kann dafür eine private Pflegezusatzversicherung abschließen. Eine vorhergehende neutrale Beratung ist auf jeden Fall ratsam.

## Krankengeld und private Tagegeldversicherung

Miete, Versicherungen, Nebenkosten, Nahrungsmittel und alle anderen Alltagskosten müssen auch dann bezahlt werden, wenn Sie krank sind. Damit man nicht sofort in finanzielle Schwierigkeiten gerät, gibt es die Lohnfortzahlung: Angestellte bekommen dabei in der Regel sechs Wochen lang ihren Arbeitslohn vom Arbeitgeber weitergezahlt. Danach zahlt die Krankenversicherung bei gesetzlich Versicherten Krankengeld. Die Höhe beträgt 70 Prozent des letzten Bruttoverdienstes, maximal aber 90 Prozent des Nettoeinkommens. Dabei werden auch Einmalzahlungen wie Weihnachts- oder Urlaubsgeld der vergangenen zwölf Monate und unter Umständen Zuschläge für Überstunden einberechnet.

Gedeckelt wird das gesetzliche Krankengeld durch die Beitragsbemessungsgrenze von 3 750 Euro Bruttoverdienst im Monat (2010). Alles, was Sie brutto darüber verdienen, ist für die Berechnung des gesetzlichen Krankengelds nicht relevant, Sie erhalten dafür kein Geld.

Gesetzlich versicherte Arbeitnehmer oder Freiberufler, denen das Krankengeld nicht reicht, weil sie mehr als die Beitragsbemessungsgrenze verdienen oder ein Kredit abgezahlt werden muss, haben wie Privatversicherte die Möglichkeit, eine private

Krankengeld- beziehungsweise Tagegeldversicherung abzuschließen. Diese hat den Vorteil, dass der gesamte nachgewiesene Verdienstausfall übernommen wird. Achten Sie darauf, dass die Police auch die Zahlungen für die Kranken-, Pflege- und Rentenversicherung übernimmt.

Für privat versicherte Selbstständige und Freiberufler ist es sinnvoll, eine Tagegeldversicherung nicht ab dem ersten Krankheitstag zu vereinbaren. Dadurch sparen Sie erheblich an Kosten.

**Beispiel**

Ein 30 Jahre alter Selbstständiger zahlt für 50 Euro Krankentagegeld ab dem 4. Krankheitstag etwa 92 Euro im Monat. Will er hingegen erst ab dem 15. Krankheitstag Geld von seiner privaten Krankenkasse, so zahlt er rund 52 Euro im Monat für die Police.

Eine gleichaltrige selbstständige Frau zahlt monatlich etwa 91 Euro beziehungsweise 57 Euro.

**WISO rät**

Freiberufler oder Selbstständige, die freiwillig gesetzlich versichert sind, können sich bei ihrer Krankenkasse auch ohne Anspruch auf Krankengeld versichern und stattdessen eine private Tagegeldpolice abschließen. In diesem Fall müssen Sie genau rechnen, was für Sie günstiger ist.

Sie können auch bei mehreren Gesellschaften eine private Tagegeldversicherung abschließen. Etwa dann, wenn es sich rechnet, die ersten Krankheitswochen bei einem und die weiteren Wochen bei einem anderen Unternehmen zu versichern. Jedoch müssen die einzelnen Versicherer davon unterrichtet werden, sonst erhalten Sie möglicherweise kein Geld. Auch ist eine Überversicherung, also zwei Policen, die zur gleichen Zeit einspringen, nicht sinnvoll: Sie erhalten nur den tatsächlichen Verdienstausfall, nicht mehr.

**WISO rät**

Sie sollten Ihre Versicherungspolicen mindestens alle zwei bis drei Jahre überprüfen.

## Haftpflichtversicherung

Ein Missgeschick ist schnell passiert: Sie setzen sich beispielsweise bei der Bahnfahrt auf den Rucksack eines Mitreisenden und der darin befindliche MP3-Player geht kaputt. Oder im Skiurlaub können Sie nicht rechtzeitig bremsen und stoßen mit einem anderen Skifahrer zusammen, der sich dabei ein Bein bricht. Auch möglich: Ihr Hund beißt einen Spaziergänger in die Wade, Ihr Kind stellt sein Fahrrad unachtsam vor dem Haus ab und dieses fällt auf den teuren Sportwagen des Nachbarn. Oder Ihr Öltank hat ein Leck und verunreinigt das Grundwasser. Wenn Sie einem anderen schuldhaft einen Schaden zufügen, sind Sie gesetzlich zum Schadensersatz verpflichtet. Im Extremfall müssen Sie ein Leben lang zahlen. So etwas kann in den finanziellen Ruin führen, denn Sie haften mit Ihrem gesamten Vermögen und bis zur Pfändungsgrenze mit Ihrem Einkommen. Aber: Keine Versicherung deckt alle denkbaren Haftpflichtschäden ab, sondern für nahezu jeden Lebensbereich gibt es eine spezielle Police: so zum Beispiel für Familien (Privathaftpflicht), für Tiere, für Haus- und Grundbesitz, für Bauherren oder für Fahrzeughalter.

Die Deckungssummen sind bei Haftpflichtversicherungen fest vorgegeben, beispielsweise 3, 5 oder 10 Millionen Euro. Ratsam ist eine Pauschalsumme für Personen-, Sach- und Vermögensschäden von mindesten 3 Millionen Euro – ein höherer Pauschalbetrag ist besser, kostet Sie aber auch mehr. Möglich ist auch eine Selbstbeteiligung beziehungsweise ein Selbstbehalt: Das bedeutet, dass Sie für Schäden bis zu einer bestimmten Höhe selbst einstehen und die Versicherung damit entlasten. In der Regel ist der Aufwand für kleinere Schäden höher ist als der Schaden selbst. Mit einem Selbstbehalt zahlen Sie deshalb einen niedrigeren Beitrag. Ob sich das für Sie lohnt, müssen Sie nachrechnen. Beinhaltet der Vertrag keine sogenannte Ausfalldeckung, dann sollten Sie nachfragen, was diese extra kostet. Mit der Ausfalldeckung bekommen Sie als Geschädigter auch dann Ihre Kosten erstattet, wenn der Verursacher beispielsweise keine Haftpflichtversicherung hat. Aber Achtung, manche Vertragsklauseln sorgen dafür, dass Sie erst ab einer bestimmten Schadenshöhe Ihr Geld bekommen.

## Private Haftpflichtversicherung

Die Privathaftpflicht ist eine der wichtigsten Versicherungen, die Sie haben sollten, jedoch besitzen nur rund 70 Prozent der Deutschen diese Versicherung. Sie übernimmt alle Schäden, die Sie oder ein Mitversicherter fahrlässig Dritten zugefügt haben. In der Regel sind Ehe- sowie Lebenspartner als auch unverheiratete Kinder, die sich noch in der ersten Ausbildung befinden über Ihre Police mitversichert. Und zwar für alle Personen-, Sach- und Vermögensschäden bis zu der Höhe, die Sie mit der Versicherung vereinbart haben. Im Schadensfall müssen Sie sich nicht mit der Gegenseite und deren Anwälten beziehungsweise dem Gericht auseinandersetzen, auch das übernimmt Ihre Versicherung. Versichert sind beispielsweise der private Alltag, die Verletzung der Aufsichtspflicht, die meisten (ungefährlichen) Sportarten, Sie als Fußgänger sowie Radfahrer im Straßenverkehr oder Sie als Eigentümer von selbst bewohnten Immobilien. Dagegen sind zum Beispiel Schäden nicht versichert, die mit Vorsatz, die durch eine berufliche sowie gewerbliche Tätigkeit, durch Kraftfahrzeuge, bei der Jagd oder bei ehrenamtlichen Tätigkeiten verursacht wurden. Dafür benötigen Sie jeweils eine eigene Haftpflichtversicherung. Eine Privathaftpflicht gibt es schon für wenig Geld, in der Regel müssen Singles mit 30 Euro pro Jahr rechnen, Familien mit etwa 50 Euro.

Sonderfälle: Kinder unter sieben Jahren können laut Gesetz nicht für einen Schaden haftbar gemacht werden. Das heißt, die Privathaftpflicht der Eltern zahlt in aller Regel nicht, der Geschädigte bleibt auf seinen Kosten sitzen. Eine Ausnahme gibt es normalerweise nur dann, wenn die Eltern grob fahrlässig ihrer Aufsichtspflicht nicht nachgekommen sind. Beispielsweise wenn sie den Sprössling über Stunden hinweg alleine vor dem Haus spielen gelassen haben.

Verursachen Kinder vor Vollendung des zehnten Lebensjahrs fahrlässig einen Unfall im Straßenverkehr, so sind sie dafür ebenfalls nicht haftbar zu machen. Spielen Kinder beispielsweise Fangen und ein achtjähriges Mädchen rennt unachtsam auf die Straße, so bleibt der ausweichende Autofahrer auf seinem Schaden sitzen, wenn er ein parkendes Auto rammt.

## Tierhalterhaftpflichtversicherung

Haben Sie einen Hund oder ein Pferd, so benötigen Sie eine Tierhalterhaftpflichtversicherung. Denn der Gesetzgeber verlangt, dass Sie als Tierhalter auch dann für Schäden Ihrer Tiere aufkommen müssen, wenn die Schuld nicht eindeutig nachgewiesen werden kann. Haben Sie einen Kampfhund, dann ist die Auswahl an Versicherern begrenzt. In der Regel zahlen Sie einen Aufschlag zu normalen Hundehaftpflichtversicherungen. Besitzen Sie ein Pferd, dann müssen Sie auch dieses gesondert versichern. Anders sieht es bei einem fremden Pferd aus, das Sie reiten: Verursachen Sie damit Schäden, sind diese normalerweise über Ihre Privathaftpflicht abgesichert. Die meisten zahmen Tiere, wie Katzen oder Hamster, sind in der Regel in der Privathaftpflicht eingeschlossen.

## Sport- und Freizeithaftpflichtversicherungen

Joggen, Fußball oder Tischtennis – die meisten Freizeitbeschäftigungen sind in der Privathaftpflicht beinhaltet. Wer gerne mit dem Fallschirm springt, Kampfsport betreibt oder mit dem eigenen Boot beziehungsweise Surfbrett fährt, der benötigt hingegen eine spezielle Haftpflichtversicherung. Bevor Sie einen neuen Vertrag abschließen, sollten Sie sich aber erkundigen, ob Sie Ihre Privathaftpflicht nicht gegen einen kleinen Zusatzbeitrag erweitern können. Manchmal bieten auch Sportverbände und Vereine Gruppenverträge mit günstigen Konditionen an. Kleine Segelboote – je nach Segelfläche – können Sie beispielsweise ab 20 Euro im Jahr versichern, kleinere Motorboote kosten ab 30 Euro.

## Berufshaftpflicht

Berufsgruppen wie Polizeibeamte, Schausteller oder Freiberufler sollten eine eigene Berufshaftpflichtversicherung abschließen. Diese sichert beruflich bedingte Haftpflichtschäden Dritten gegenüber ab. Wichtig ist eine Berufshaftpflicht beispielsweise für Architekten, Ingenieure, Journalisten, Ärzte, Notare, Rechtsanwälte, Steuerberater oder Unternehmensberater. So springt die Versicherung bei ärztlichen Behandlungsfehlern ein. Oder sie zahlt, wenn Sie als Steuer- oder Finanzberater Fristen oder Belehrungen vergessen haben und Ihr Mandant dadurch einen finanziellen Schaden erleidet. Als Freiberufler müssen Sie sich dabei auch mögliches Fehlverhalten Ihres angestellten Personals zurechnen lassen.

Eine Berufshaftpflichtversicherung können Freiberufler häufig günstig über Gruppenverträge bei ihrer Berufskammer oder ihrem Berufsverband abschließen. Für Angestellte hat meist der Arbeitgeber eine Betriebshaftpflichtversicherung abgeschlossen. Erkundigen Sie sich jedoch, ob dies bei Ihnen der Fall ist, und welche Schäden von der Versicherung übernommen werden.

**WISO rät**

Eine Privathaftpflicht sollten Sie auf jeden Fall für sich und Ihre Angehörigen abschließen. Für alle anderen Arten von Haftpflichtversicherungen sollten Sie unbedingt Ihre Lebenssituation prüfen und entsprechend entscheiden, ob so eine Police für Sie sinnvoll ist. Erkundigen Sie sich beispielsweise bei Berufsverbänden, was Sie möglicherweise noch an Schutz benötigen und wie es mit günstigen Gruppentarifen aussieht. Manchmal können Sie Ihre Privathaftpflicht auch ganz einfach aufstocken: So können beispielsweise Beamte und Angestellte im öffentlichen Dienst die Dienst- oder Amtshaftpflicht in die private Haftpflicht integrieren.

## Berufsunfähigkeitsversicherung

Niemand stellt sich gerne vor, durch einen Unfall wie den Verlust eines Armes oder des Augenlichtes oder durch eine psychische Erkrankung seinen Beruf nicht mehr ausüben zu können. Jedoch wird mittlerweile statistisch gesehen jeder vierte Arbeitnehmer vor dem Renteneintritt berufsunfähig – ein Großteil durch Krankheiten wie Krebs, Herzinfarkt, Schlaganfall oder Multiple Sklerose. Einen gesetzlichen Berufsunfähigkeitsschutz (BU-Schutz) besitzen Menschen ab dem Geburtsjahrgang 1961 jedoch nicht mehr, stattdessen gibt es die halbe oder volle Erwerbsminderungsrente. Diese reicht normalerweise aber nicht aus, um Ihnen eine finanzielle Absicherung bis zum Rentenalter zu garantieren: Im Schnitt werden bei voller Erwerbsunfähigkeit nämlich nur rund 700 Euro pro Monat gezahlt. Dafür müssen Sie aber gesundheitlich sehr angegriffen sein. Können Sie noch Teilzeit arbeiten, dann gibt es durchschnittlich 400 Euro. Informationen zur Erwerbsminderungsrente erhalten Sie als Angestellter in Ihrer jährlichen Renteninformation (vgl. Abschnitt über Renteninformation im Kapitel *Vermögensaufbau und Altersvorsorge* S. 147) oder bei der Deutschen Rentenversicherung.

Sie müssen also privat vorsorgen – vor allem dann, wenn Sie der Alleinverdiener einer Familie sind oder Single, der über keine weiteren Einkünfte oder kein (großes) Vermögen verfügt. Der beste Schutz ist dabei die Berufsunfähigkeitsversicherung, da diese im Gegensatz zur Unfallpolice nicht nur bei Unfällen zahlt, sondern auch bei Krankheiten. Und diese nehmen als Ursache für eine Berufsunfähigkeit stetig zu.

Selbstständige und Freiberufler sollten auf jeden Fall einen BU-Schutz besitzen. Die meisten freien Berufe wie Rechtsanwälte, Ärzte oder Architekten können in berufsständische Versorgungswerke einzahlen. Diese kümmern sich für ihre Mitglieder um deren Alters-, Invaliditäts- und Todesfallvorsorge.

## Vor dem Abschluss: Versorgungslücke berechnen

Der private Schutz bei Berufsunfähigkeit (BU) ist nicht billig: Im Schnitt muss man zwischen 600 und 1500 Euro im Jahr rechnen – je nach Alter, monatlicher Rentenhöhe, Gesundheitszustand, Geschlecht und Beruf. In Deutschland besitzen Schätzungen zufolge rund 15 Millionen Menschen eine private Berufsunfähigkeitsversicherung, jedoch sind bei vielen zu geringe Renten vereinbart. Daher sollten Sie vor dem Abschluss unbedingt die sogenannte Versorgungslücke ausrechnen. Das ist der Betrag, den Sie als Berufsunfähigkeitsrente versichern sollten, um im Notfall den heutigen Lebensstandard zu halten. So berechnen Sie Ihre Versorgungslücke:

Tabelle 8: Versorgungslücke berechnen

| | |
|---|---|
| | Aktuelles Nettoeinkommen abzüglich |
| – | gesetzliche Erwerbsminderungsrente |
| – | betriebliche Berufsunfähigkeitsrenten |
| – | zusätzliche Einkünfte des Partners |
| – | Kapitalerträge |
| – | Mieteinnahmen |
| – | verwertbares Vermögen (das nicht zur Altersvorsorge dient) |
| = | **Versorgungslücke** |

**Achtung!**
Bitte beachten Sie, dass die Inflation die Kaufkraft mit der Zeit mindert. Daher sollten Sie an eine dynamisch wachsende BU-Rentenzahlung denken. Haben Sie eine hohe BU-Rente beziehungsweise zusätzliche Einnahmen, so langt der Staat auch hier in Form von Steuern zu.

Viele junge Menschen glauben, dass ein Berufsunfähigkeitsschutz nur etwas für Menschen ist, die mitten im Berufsleben stehen. Das ist jedoch eine falsche Annahme: Zum einen haben Berufsanfänger erst dann einen Anspruch auf Erwerbsminderungsrente, wenn sie mindestens fünf Jahre in die gesetzliche Rentenversicherung eingezahlt haben. Zum anderen können sie zu besonders günstigen Konditionen einen BU-Schutz erhalten, da sie meist nicht nur kerngesund sind, sondern als Studenten bei einigen Unternehmen in der versicherungstechnisch besten Berufsgruppe eingestuft werden.

**Beispiel**

Ein Student der Ingenieurwissenschaften schließt am Ende seines Studiums einen BU-Schutz ab, dann wird er in der Regel in die Berufsgruppe 1, also niedriges BU-Risiko und niedrige Beiträge, eingestuft. Arbeitet er dann einige Wochen später als Ingenieur im Bergbau und würde erst dann eine Berufsunfähigkeitsversicherung abschließen, so würde er sehr wahrscheinlich in die Berufsgruppe 3 oder 4 verwiesen. So nimmt der Student aber den günstigeren Tarif mit ins Berufsleben, was eine erhebliche Ersparnis bei den monatlichen Beiträgen ergibt.

## Sonderfälle

*Beamte* haben einen Sonderstatus. Sie erhalten – wenn sie mindestens fünf Jahre als Beamte gearbeitet haben – im Fall der Berufsunfähigkeit ein Ruhegehalt wegen Dienstunfähigkeit. Beamte sollten sich bei der zuständigen Personalstelle über die Höhe der Versorgungsansprüche informieren. Schließen Beamte einen privaten BU-Schutz ab, sollte dieser eine sogenannte Dienstunfähigkeitsklausel beinhalten: So muss der Versicherer auch dann zahlen, wenn dieser die Dienstunfähigkeit nicht als Berufsunfähigkeit anerkennt. Nur noch wenige Versicherer bieten eine »echte« Dienstunfähigkeitsklausel an, die nicht nur Beamte auf Lebenszeit, sondern auch solche auf »Probe« und »Widerruf« anerkennt.

*Angestellte und Arbeiter im öffentlichen Dienst* erhalten ebenfalls Zusatzversorgungen, die sich an die Versorgung für Beamte anlehnen. Aus der Zusatzversorgung wird ebenfalls eine Rente wegen Invalidität gezahlt. Aber auch für Beamte sowie für Angestellte und Arbeiter im öffentlichen Dienst kann sich ein privater BU-Schutz unter Umständen noch lohnen.

*Hausfrauen und -männer* sollten sich auch durch einen BU-Schutz absichern, jedoch erhalten sie nicht bei allen Versicherungen eine Police. Außerdem wird die Höhe der BU-Rente ähnlich wie bei Auszubildenden und Studenten auf 500 bis 1 000 Euro begrenzt. Wenn Sie noch keinen richtigen Beruf ausüben (Azubi/Student) oder später – nach der Kindererziehung – wieder einen Beruf ergreifen werden, dann sollten Sie vertraglich festlegen, dass Sie nachträglich ohne erneute Gesundheitsprüfung die Höhe der BU-Rente erhöhen können.

## Bei Kombiverträgen genau überlegen

Berufsunfähigkeitsversicherungen werden normalerweise in drei Varianten angeboten:

- als reine BU-Versicherung
- als Kombination aus Risikolebens- und Berufsunfähigkeitsschutzversicherung
- als Kombination aus privater Renten- oder Kapitallebensversicherung mit einem BU-Schutz

Eine Verknüpfung von BU-Schutz mit einer Risikolebensversicherung kann von den Beiträgen her günstiger sein als zwei separate Verträge. Dies ist meist bei geringeren Summen der Risikolebensversicherung der Fall. Mit der Kombination sichern Sie Ihr Berufsunfähigkeitsrisiko ab und sorgen gleichzeitig für Ihren Partner oder Ihre Kinder vor, falls Sie sterben sollten. Verbraucherschützer und Versicherungsexperten raten jedoch, zwei unterschiedliche Verträge abzuschließen. Eine Risikolebensversicherung ist nämlich schon für eine geringen monatlichen Beitrag zu bekommen.

Eine Kombipolice mit einer privaten Renten- oder Kapitallebensversicherung soll Sie einerseits absichern, andererseits sparen Sie mit Ihren Zahlungen Geld für das Alter an. Verbraucherschützer haben aber Vorbehalte gegen so eine Kombination. Zum einen ist diese von den Beiträgen her sehr teuer. Und zum anderen: Geraten Sie wegen Arbeitslosigkeit in finanzielle Schwierigkeiten, können die Beiträge nicht mehr zahlen und müssen kündigen, dann verlieren Sie auch den sehr wichtigen Berufsunfähigkeitsschutz. Außerdem wissen Sie nicht, wie Ihre Beiträge angelegt werden, und die garantierte Verzinsung bei Lebensversicherungen ist in den letzten Jahren kontinuierlich gesunken.

Oft haben die Eltern bereits für die Kinder so ein Kombiprodukt abgeschlossen – und das ist in der Regel die Mischung aus Kapitallebens- und Berufsunfähigkeitsversicherung. Prüfen Sie, wann der Vertrag in Kraft trat und welche Verzinsung garantiert wurde. Möglicherweise lohnt es sich, jüngere Verträge zu kündigen, zu verkaufen oder beitragsfrei zu stellen. Ein Vorteil älterer Verträge ist, dass Sie nach zwölf Jahren Laufzeit, die Erträge zum Ablauf der Versicherung oder bei der Kündigung steuerfrei erhalten. Mehr zu Kapitallebensversicherungen erfahren Sie in dem entsprechenden Abschnitt auf Seite 193.

## Vertragsdauer und persönliche Angaben

Das gesetzliche Rentenalter steigt zwischen 2012 und 2029 stufenweise von 65 auf 67 Jahre an. Wer heute 35 Jahre alt ist oder jünger, der wird länger arbeiten müssen, bevor die gesetzliche Rente gezahlt wird. Deshalb müssen Sie die Vertragslaufzeit einer Berufsunfähigkeitsversicherung entsprechend lange wählen. So entstehen für Sie keine zeitlichen Lücken, in denen

Sie ohne monatliche Zahlungen auskommen müssen. Falls Sie es mit Ihrer (geplanten) Vermögensstruktur vereinbaren können, kann die Laufzeit einer BU-Versicherung auch kürzer sein. Als berufsunfähig gilt in der Regel jeder, der zu mehr als 50 Prozent seinen letzten Beruf mindestens sechs Monate nicht mehr ausüben kann. Die genaue Regelung hängt jedoch von Ihren Vertragsbedingungen ab. Wenn Sie einen Versicherungsantrag stellen, müssen Sie neben den persönlichen Angaben wie Alter, Geschlecht und Beruf auch Fragen zu Ihrem Gesundheitszustand und Ihrer Krankengeschichte machen. Diese Angaben müssen Sie wahrheitsgemäß machen. Soll die Versicherung im Schadensfall zahlen, werden diese Angaben vom Unternehmen genauestens geprüft. Werden dabei Unstimmigkeiten festgestellt, kann die Gesellschaft vom Vertrag zurücktreten und Sie erhalten keinerlei Leistungen.

**Achtung!**

Es kommt immer wieder vor, dass Versicherungsvertreter Ihnen sagen, dass Sie das mit der Krankengeschichte nicht zu genau nehmen sollten. Dem zu glauben, ist aber ein fataler Irrtum: Sie riskieren auch in so einem Fall Ihren Leistungsanspruch im Versicherungsfall. Füllen Sie daher den Antrag auf jeden Fall persönlich aus und prüfen Sie nach Erhalt der Versicherungsunterlagen diese Passagen nochmals genau.

Extremsportler, wie beispielsweise Fallschirmspringer oder Paraglider, müssen mit Aufschlägen rechnen. Auch ein geplanter, längerer Auslandsaufenthalt kann genauso wie ein risikoreicher Beruf (Sprengmeister oder Facharbeiter in der Chemieindustrie) zu einer Verteuerung oder Ablehnung einer Police führen. Haben Sie Zweifel, dass Ihr Antrag auf eine Berufsunfähigkeit angenommen wird? Wenn ja, dann stellen Sie einen sogenannten

Probeantrag bei mehreren Gesellschaften. Dieser bindet Sie nicht, jedoch die Gesellschaft, wenn diese Ihnen aufgrund eines Probeantrags ein verbindliches Versicherungsangebot macht. Aber Achtung: Manche Unternehmen vermerken die Angaben zu Ihrem Gesundheitszustand in einer sogenannten Sonderwagniskartei, auf die alle Versicherer Zugriffsrecht haben. Sind Sie wegen einer ärztlichen Behandlung unsicher, ist eine sogenannte Risiko-Voranfrage besser – hier werden keine Daten von Ihnen gespeichert. Sie können sich aber auch von vornherein an einen unabhängigen Versicherungsmakler oder eine Verbraucherzentrale wenden, die Sie bei der Suche nach einem Versicherer unterstützen.

## Vereinbarungen im Vertrag beachten

Bevor Sie einen Vertrag unterschreiben, sollten Sie diesen auf diese Vereinbarungen hin durchsehen:

- Verzichten Sie auf eine sogenannte abstrakte Verweisung. So kann der Versicherer Ihnen nicht die Zahlung der BU-Rente verweigern, indem er Sie wegen Ihrer Ausbildung, Erfahrung oder Ihres Verdienstes auf andere Tätigkeiten verweist, die Sie theoretisch noch ausüben könnten – beispielsweise als Pförtner oder in einem Callcenter als Telefonist. Verzichten Sie bei einer möglichen Nachprüfung – beispielsweise bei einer Leistungserhöhung – ebenfalls auf eine abstrakte Verweisung.
- 6-Monats-Prognose: Der Versicherer sollte eine Berufsunfähigkeit beim Versicherten anerkennen, wenn ein unabhängiger (Fach-)Arzt die Berufsunfähigkeit für voraussichtlich sechs Monate prognostiziert.
- Rückwirkende Anerkennung: Wird Ihre Berufsunfähigkeit erst später anerkannt, dann erhalten Sie die vertraglichen Leistungen rückwirkend.

- Rückwirkende Leistung: Melden Sie eine Berufsunfähigkeit erst später, soll das Versicherungsunternehmen auch rückwirkend Ihnen die Leistungen zahlen. Der Zeitraum, der rückwirkend gezahlt werden kann, sollte mindestens drei Jahre betragen.
- Der Vertrag sollte weltweit gelten – auch dann, wenn Sie ins Ausland umziehen sollten.
- Vereinbaren Sie außerdem, dass Sie den Versicherungsschutz oder die Vertragslaufzeit ohne erneute Gesundheitsprüfung erhöhen können, wenn bestimmte Ereignisse eintreten: zum Beispiel eine Heirat, die Geburt von Kindern oder ein Karrieresprung, der mit höherem Einkommen verbunden ist.
- Denken Sie auch darüber nach, eine Dynamik bei der Beitragshöhe zu vereinbaren. Das bedeutet, dass die Beiträge und die BU-Rente um einen vereinbarten Prozentsatz jährlich ansteigen, sodass die Inflation ausgeglichen wird. Sie können aber auch eine Erhöhungsoption ohne weitere Gesundheitsprüfung vereinbaren.
- Einige Versicherer bieten auch eine Dynamik der Renten im Leistungsfall an. Wenn Sie in jungen Jahren berufsunfähig werden, dann steigen dadurch die Rentenzahlungen mit den Jahren.
- Im Vertrag sollte auch auf § 41 des Versicherungsvertragsgesetzes verzichtet werden. Damit schließen Sie eine Beitragserhöhung oder eine Vertragskündigung aus, wenn Sie schuldlos oder unbewusst falsche Angaben zu möglichen Gesundheitsproblemen gemacht haben.

## Brutto und netto bei den Beiträgen

Die Beiträge, die Sie für eine Berufsunfähigkeitsversicherung zu zahlen haben, werden sehr vorsichtig kalkuliert, sodass die Leistungen vom Versicherer auch garantiert gezahlt werden können. Das heißt, Sie bezahlen mehr als theoretisch eigentlich nötig ist und es bleibt Geld übrig. Zwar gibt es keinen Anspruch auf die jährlichen Überschüsse, jedoch hat bis auf den Fall der Mannheimer Lebensversicherung (2003) kein BU-Versicherer die Überschüsse gesenkt oder gestrichen. Die Überschüsse müssen die Unternehmen zu mindestens 90 Prozent an die Versicherten auszahlen. Dazu gibt es drei unterschiedliche Wege:

- Bonussystem: Die vertraglich vereinbarte BU-Rente wird im Leistungsfall mit den Überschüssen erhöht.
- Schlussüberschuss: Sie erhalten am Vertragsende die gesamte Summe der verzinsten Überschüsse ausgezahlt.
- Beitragsverrechnung: Statt dem höheren Bruttobeitrag zahlen Sie nur den niedrigeren Nettobeitrag an die Versicherung. Beispiel: Statt einem Bruttojahresbetrag von 1 386,09 Euro muss der Versicherte im Jahr 2010 nur 611,29 Euro (Nettobeitrag) zahlen. Sollten einmal keine Überschüsse gezahlt werden, dann müssen Sie den Bruttobeitrag zahlen.

Am meisten, weil unmittelbar, profitiert der Versicherte bei der Beitragsverrechnung von den niedrigeren Prämien. Darüber hinaus ist hier die Höhe der BU-Rente eindeutig vertraglich festgelegt. Beim Bonussystem hingegen hängt die tatsächliche Rentenhöhe davon ab, wann der Versicherte berufsunfähig wird. Tritt dies nicht ein, sind in der Regel auch die Überschüsse weg. Beim Schlussüberschuss gibt es zwar am Ende der Laufzeit eine schöne Summe Geld, jedoch zahlen Sie über Jahre hinweg die höheren Beiträge und wissen nicht genau, wie hoch der Endbetrag ausfallen wird.

**WISO rät**

Am besten ist es, wenn Sie eine Police mit Beitragsverrechnung abschließen. Und fragen Sie beim Versicherer nach, wie er in der Vergangenheit Überschüsse erwirtschaftet hat und wie seine Prognosen für die Zukunft aussehen.

## Alternativen zum BU-Schutz

Bekommen Sie wegen gesundheitlicher Probleme oder eines anderen Risikos keine Berufsunfähigkeitsversicherung, dann sollten Sie auf jeden Fall eine Unfallversicherung mit einer hohen Versicherungssumme abschließen. So sichern Sie zumindest den Verlust Ihrer Arbeitskraft nach einem Unfall ab. Andere Möglichkeiten sind Versicherungen gegen Erwerbsminderung oder eine sogenannte Grundfähigkeitsversicherung. Diese zahlt, wenn Sie Grundfähigkeiten durch Krankheit oder Unfall verlieren sollten. Wenn Sie beispielsweise auf beiden Augen weniger als 4 Prozent Sehkraft besitzen, zahlt die Versicherung, unabhängig davon, ob Sie mit dieser Einschränkung im weiteren Verlauf Ihres Lebens noch arbeiten können oder nicht. Möglich ist auch eine sogenannte Dread-Disease-Versicherung. Diese zahlt, wenn Sie wegen einer schweren Krankheit wie Krebs oder Herzinfarkt nicht mehr arbeiten können.

## Unfallversicherung

Wenn Sie aus gesundheitlichen Gründen keine Berufsunfähigkeitsversicherung bekommen können, dann macht für Sie eine Unfallversicherung auf jeden Fall Sinn. Auch Sportler und Menschen mit einem risikoreichen Beruf sollten eine Unfallversicherung zusätzlich zu einem BU-Schutz in Erwägung ziehen. Rund 30 Prozent aller Unfälle passieren nach Angaben des Gesamtverbandes der Deutschen Versicherungswirtschaft (GDV) im Haushalt, weitere 23 Prozent beim Sport oder einer anderen Freizeitaktivität. Im Fokus einer Unfallversicherung liegt der Schutz bei einer (dauerhaften) Invalidität, jedoch können Sie auch eine Übergangsleistung für die Behandlungskosten, ein Krankenhaustagegeld, eine Todesfallleistung sowie den Kostenersatz für kosmetische Operationen vereinbaren. Versicherungsexperten raten jedoch, nur die Invalidität und eventuell eine geringe Todesfallleistung zu vereinbaren.

**WISO rät**

Bei einer Unfallversicherung sollten Sie nur eine geringe Todesfallleistung einschließen, da diese nur bei einer Vollinvalidität als Vorauszahlung ausgezahlt wird. Wer Hinterbliebene absichern will, sollte eine reine Risikolebensversicherung abschließen.

Im Gegensatz zu einer Berufsunfähigkeit, bei der eine fest vereinbarte monatliche Zahlung erfolgt, erhalten Sie bei einer Unfallversicherung – wenn Sie nicht 100 Prozent invalide sind – nur einen bestimmten Prozentsatz. Normalerweise werden Sie die Einmalzahlung dazu verwenden, behindertengerechte Umbauten oder besondere Rehabilitationsmaßnahmen zu bezahlen. Können Sie dauerhaft nicht mehr arbeiten, dann erhalten Sie je nach Vertrag möglicherweise auch eine monatliche Rente. Oder Sie legen die Einmahlzahlung so an, dass Sie sich daraus monatlich einen Betrag auszahlen lassen.

Der Grad Ihrer Invalidität wird anhand der sogenannten Gliedertaxe berechnet. Das sind feste Prozentsätze, wie zum Beispiel 5 Prozent beim Verlust einer großen Zehe beziehungsweise 55 Prozent für eine Hand oder 70 Prozent, wenn Ihnen ein Bein in der Mitte des Oberschenkels amputiert werden muss. Verlieren Sie ein Auge, dann gelten Sie als 50 Prozent invalide. Laut GDV kann jedoch in rund 20 Prozent der Invaliditätsfälle die Gliedertaxe nicht angewandt werden, da die konkrete Beeinträchtigung nicht eindeutig geregelt ist. In so einem Fall ist dann entscheidend, inwieweit der Versicherte durch den Unfall beeinträchtigt wird. Grundlage ist dabei immer ein ärztliches Gutachten.

## Progression, Dynamik und Beitragsrückgewähr

Bei Vertragsabschluss werden Sie in eine von zwei sogenannten berufsbedingten Gefahrengruppen eingestuft: Zu *Gruppe A* zählen alle nichtkörperlichen Tätigkeiten wie Büroangestellte, Lehrer, Hausfrauen oder Studenten. Üben Sie hingegen einen gefährlichen oder körperlich anstrengenden Beruf aus, wie zum Beispiel Dachdecker, Polizist oder Tierarzt, dann werden Sie in *Gruppe B* eingestuft.

Für die Höhe der Versicherungssumme rät der Bund der Versicherten

- 30-jährigen Berufstätigen das 6fache Bruttojahreseinkommen.
- 40-jährigen Berufstätigen das 5fache Bruttojahreseinkommen.
- 50-jährigen Berufstätigen das 4fache Bruttojahreseinkommen.
- Hausfrauen und jungen Menschen (Kindern, Auszubildenden und Studenten) eine Grundsumme von 200 000 Euro.

**WISO rät**

Bei einer bestehenden Berufsunfähigkeitsversicherung kann die Summe entsprechend niedriger gewählt und auf eine Progression verzichtet werden.

Die meisten Versicherer bieten Ihnen sogenannte Progressionsmodelle an. Bei einem höheren Invaliditätsgrad, in der Regel über 25 Prozent, erhalten Sie so progressiv ansteigend mehr Geld. Es gibt dabei unterschiedliche Maximalstufen, meist werden für eine Vollinvalidität 225 oder 500 Prozent vereinbart. Beispiel: Haben Sie eine Unfallversicherung über 100 000 Euro abgeschlossen, dann erhalten Sie bei Verlust Ihres kompletten Augenlichtes, was einer 100-prozentigen Invalidität entspricht, diese Summe ausgezahlt. Haben Sie zusätzlich eine Progression von 225 Prozent vereinbart, erhalten Sie in diesem Fall 225 000 Euro.

Kritisch stehen nicht nur der Bund der Versicherten, sondern auch Versicherungsexperten der Verbraucherzentralen

- einer Dynamik und
- einer Beitragsrückgewähr gegenüber.

Vereinbaren Sie eine Dynamik, dann steigen Beiträge und Leistung jährlich um einen bestimmten Prozentsatz. Es ist aber sinnvoller, von Anfang an eine hohe Grundsumme zu vereinbaren, da mit steigendem Alter auch Ihr Vermögen und andere Versorgungsansprüche – wie beispielsweise Renten – wachsen und damit die Versorgungslücke schrumpft.

Bei der sogenannten Beitragsrückgewähr wird die Unfallversicherung mit einem Sparanteil ausgestattet. So sollen Sie am Ende der Vertragsdauer, wenn Sie keine Leistungen in Anspruch genommen haben, die eingezahlten Beiträge mit Gewinn zurückerhalten. Jedoch zahlen Sie für die Rückgewähr unnötig höhere Beiträge. Entscheiden Sie sich lieber für eine reine Invaliditätsversicherung und legen Sie die Differenz anderweitig an – das bringt in der Regel mehr Rendite.

## Risikolebensversicherung

Eine Risikolebensversicherung dient nicht dem eigenen Schutz, sondern vielmehr ist sie für die Versorgung von Hinterbliebenen gedacht. Daher ist es nicht verwunderlich, dass nach einer Umfrage des Marktforschungsinstituts *Psychonomics* aus dem Frühjahr 2006 nur drei Prozent der Singles, aber 16 Prozent der Familien über eine Risikolebensversicherung verfügen. Für Familien ist das aber immer noch ein zu geringer Wert: In Haushalten, wo es nur einen (Haupt-)Ernährer gibt, würde der plötzliche Tod dieser Person für erhebliche finanzielle Probleme sorgen – erst recht, wenn Kredite abzuzahlen sind. Aber auch, um nur den Einkommensausfall für die ersten Monate zu sichern, ist eine Risikolebensversicherung unabdingbar.

Als Erstes sollten Sie, wie bei einer Berufsunfähigkeitsversicherung, Ihre Versorgungslücke berechnen. Welche Einnahmen fallen Ihnen weg? Welche laufenden Ausgaben – wie Lebenshaltung, Unterhalt, Versicherungen, Altersvorsorge oder Kredite – müssen bezahlt werden? Gibt es möglicherweise andere Einnahmequellen, wie zum Beispiel eine Witwen- beziehungsweise Waisenrente, andere Versicherungen, Mieteinkünfte oder auch vorhandenes Vermögen? Wie schnell kann ein eventuell nicht arbeitender Partner wieder ins Berufsleben einsteigen? Bei Ihren Berechnungen sollten Sie nicht zu knapp kalkulieren und immer auch die Inflation im Auge behalten – also den Kaufkraftverlust des Geldes mit der Zeit. Der Bund der Versicherten (BdV) rät

- das 200- beziehungsweise 240fache der Versorgungslücke bei jungen Familien mit Kindern abzusichern;
- das 100fache der Versorgungslücke in späteren Jahren, wenn die Kinder schon älter sind und Vermögen vorhanden ist.

Setzen Sie die Versicherungssumme von Anfang an hoch an, da Sie diese während des Vertrages nur durch eine erneute Gesundheitsprüfung anheben können. Ausnahme: Der Vertrag enthält eine Nachversicherungsgarantie, die es Ihnen bei besonderen Ereignissen, wie Heirat, Geburt von Kindern, Hausbau oder dem Weg in die Selbstständigkeit, erlaubt, die Versicherungssumme anzuheben. Eine Minderung ist hingegen normalerweise jederzeit möglich.

Die Laufzeit richtet sich danach, wen oder was Sie mit einer Risikolebensversicherung absichern wollen. Sind es Ihre Kinder, dann vielleicht so lange, bis diese auf eigenen finanziellen und beruflichen Füßen stehen. Bei einem Kredit zur Hausfinanzierung ist es in der Regel die Laufzeit des Darlehens.

## Fragen des Versicherers

Wenn Sie eine Police abschließen wollen, werden Sie, wie bei der Berufsunfähigkeits- und Unfallversicherung, nach Ihrem Beruf und Gesundheitszustand gefragt, ob Sie Raucher sind, einen Extremsport betreiben oder beispielsweise Motorrad fahren. Alle diese Fragen, vor allem diejenigen nach möglichen Vorerkrankungen, sollten Sie auch hier wahrheitsgemäß beantworten. Ansonsten riskieren Sie, im Versicherungsfall Ihren Versicherungsschutz zu verlieren. Auch der Beteuerung eines Versicherungsmaklers, man müsse das nicht so genau nehmen und außerdem könne der Versicherer nur innerhalb der ersten drei Jahre vom Vertrag zurücktreten, sollten Sie nicht glauben. Eine Gesellschaft kann bei arglistiger Täuschung noch innerhalb von zehn Jahren einen Vertrag anfechten.

**WISO rät**

Haben Sie gesundheitliche Probleme, dann sollten Sie bei mehreren Gesellschaften gleichzeitig einen Probeantrag stellen. Erhalten Sie daraufhin ein verbindliches Angebot von einer Gesellschaft, ist diese daran gebunden, Sie müssen aber keinen Vertrag abschließen.

## Beiträge und Zusatzoptionen

Ähnlich wie beim BU-Schutz wird auch bei der Risikolebensversicherung zwischen Brutto- und dem sogenannten Zahlbeitrag unterschieden. Vom Tarifbeitrag (Bruttobeitrag) wird die Überschussbeteiligung abgezogen. Dadurch zahlen Sie netto weniger. Beispiel: Bei einer Versicherungssumme von 50 000 Euro und einer Laufzeit von 25 Jahren würden brutto im Jahr 201 Euro anfallen. Netto sind es aber nur 84,42 Euro, die der Versicherte zu zahlen hat.

Der Zahlbeitrag ist aber abhängig von den Überschüssen und kann nicht garantiert werden. Die Höhe der künftigen Überschussbeteiligung hängt vor allem von der Entwicklung des Sterblichkeitsrisikos, aber auch von den Kapitalerträgen und der Kostenentwicklung beim Versicherer ab. Daher kann sich Ihr Beitrag auch ändern.

Die Versicherungsbeiträge berechnen sich anhand von Versicherungshöhe, Eintrittsalter, Laufzeit, Geschlecht, Gesundheitszustand sowie möglicher Optionen (siehe unten). Wenn Sie jährlich zahlen, dann haben Sie meist einen kleinen finanziellen Vorteil gegenüber den Monatsbeiträgen. Die Preisspannen bei den einzelnen Unternehmen sind erheblich.

**Tabelle 9: Beiträge eines 30 Jahre alten Nichtrauchers, Laufzeit 30 Jahre, reine Risikolebensversicherung, jährliche Zahlweise**

| Versicherungs-summe | mind. Nettobeitrag (brutto) | max. Nettobeitrag (brutto) |
|---|---|---|
| 50 000 Euro | 68,71 Euro<br>(185,71 Euro) | 241,57 Euro<br>(359,73 Euro) |
| 250 000 Euro | 325, 80 Euro<br>(880,55 Euro) | 1124,81 Euro<br>(1 667,43 Euro) |

*Quelle:* Internetvergleich

Die Versicherungsunternehmen haben auch bei den Risikolebensversicherungen ein breites Bündel an Optionen im Angebot. So gibt es neben der reinen Absicherung im Todesfall auch

- die Möglichkeit, dass Ehepaare oder eheähnliche Lebensgemeinschaften eine Versicherung auf zwei Leben abschließen. Hier wird die Summe nur einmal fällig, wenn einer der beiden Partner stirbt. Sie ist günstiger als zwei Einzelverträge.

- eine Kombination mit einem BU-Schutz. Sie kann unter Umständen billiger sein als zwei Verträge, dennoch ist von Kombiverträgen eher abzuraten (siehe Seite 113).
- die Möglichkeit, statt einer gleichbleibenden Todesfallleistung zum Vertragsende, die Versicherungssumme kontinuierlich zu senken. Diese Option wird in der Regel zur Absicherung eines Kredits genutzt und auch als Restschuldversicherung bezeichnet. Dabei sinkt die Versicherungssumme entsprechend der abnehmenden Kreditsumme. Die zu zahlenden Versicherungsbeiträge sinken.

## Kfz-Versicherung

»Das Auto ist des Deutschen liebstes Kind« – über 46 Millionen Pkw sind hierzulande zugelassen, und jedes Fahrzeug muss zumindest mit einer Kfz-Haftpflicht versichert sein. Deswegen ist der Markt der Autoversicherer auch hart umkämpft: So haben in den letzten Jahren vor allem Direktversicherer wie die HUK24 oder die Allianz24 die Preise nach unten gedrückt. Diese Anbieter verzichten auf den klassischen Vertriebsweg durch einen Vertreter und sind lediglich über das Internet oder ein Callcenter erreichbar. So kostet die Versicherung für einen Audi A4 bei drei Direktversicherern zwischen 325 und 350 Euro im Jahr. Die gleiche Police gibt es über den klassischen Vertriebsweg beispielsweise für 420 oder 455 Euro.

Aber auch aus einer ganz anderen Richtung bläst den Versicherungskonzernen ein rauer Wind entgegen: So haben der Kafferöster Tchibo oder der Versandhändler Otto mittlerweile Autoversicherungen im Sortiment. Dabei kooperieren die beiden Unternehmen mit einem oder mehreren Versicherungskonzernen. Das heißt, Tchibo und Otto stellen ihre bestehenden Vertriebskanäle (Katalog, Laden und Internet) zur Verfügung, und der Kunde schließt den Versicherungsvertrag mit dem jeweiligen Kooperationspartner ab.

Neben dem Wettbewerbsdruck der Unternehmen und der Angst vor einem Wechsel der Versicherten können Sie aber auch von sogenannten weichen Rabattmerkmalen wie Wenigfahrer oder Garagenparker profitieren. Wer sein Auto versichern will, wird mit zahlreichen Versicherungstypen konfrontiert: So haben die Versicherer Haftpflicht-, Teilkasko-, Vollkasko- und die Insassenunfallversicherung sowie Schutzbriefe im Angebot. Generell gilt, dass Versicherer nicht für Schäden aufkommen, die durch vorsätzliches Verhalten oder grobe Fahrlässigkeit entstanden sind.

## Kfz-Haftpflichtversicherung

Die Kfz-Haftpflichtversicherung ist gesetzlich vorgeschrieben, ohne sie darf kein motorisiertes Fahrzeug auf den Straßen unterwegs sein. Die Haftpflicht tritt bei einem Verkehrsunfall für die entstandenen Schäden bis zur vereinbarten Höhe ein. In Deutschland sind 2,5 Millionen Euro bei Personenschäden Pflicht. Sind drei und mehr Personen verletzt oder getötet worden, sind es bis zu 7,5 Millionen Euro. Sachschäden müssen mindestens mit 500 000 Euro abgesichert sein und Vermögensschäden mit mindestens 50 000 Euro.

Mittlerweile bieten viele Versicherer jedoch 100 Millionen Euro pauschal für Personen-, Sach- und Vermögensschäden an – diese Höhe sollten auch Sie wählen. Der Grund: Verschulden Sie einen Unfall mit mehreren Fahrzeugen und Personen, so können die Sach- und Personenschäden erheblich höher sein, als die gesetzlich vorgeschriebenen Mindestdeckungssummen absichern. Alles was darüber hinausgeht, müssen Sie dann aus eigener Tasche zahlen. In der Regel bedeutet das den wirtschaftlichen Ruin. Die Beiträge für die erweiterte Deckungssumme sind meist nur geringfügig höher, geben Ihnen aber ein größeres Maß an Sicherheit. Die Haftpflichtversicherung übernimmt beim Geschädigten neben der Reparatur beispielsweise auch die Kosten für einen Abschleppdienst oder die Entschädigung für Ausfall des Wagens beziehungsweise die Kosten für einen Mietwagen. Auch Krankentransport, Heilungskosten, Schmerzensgeld oder Verdienstausfall bei verletzten Personen werden gezahlt.

Die Höhe des Haftpflichtversicherung hängt von verschiedenen Faktoren ab: Wohnort des Halters (Regionalklasse), Fahrzeugtyp (Typklasse), Anzahl der unfallfreien Jahre (Schadensfreiheitsklasse) und Beruf des Versicherten. Darüber hinaus gibt es je nach Unternehmen die weichen Rabattmerkmale.

Regional- und Typklasse sind statistische Werte der Versicherer aus den letzten Jahren, auf die Sie keinen Einfluss haben. Fahren Sie einen weit verbreiteten Autotyp, der deshalb häufig in Unfälle verwickelt ist und statistisch gesehen oft in Ihrer Region geklaut wird, dann zahlen Sie eine höhere Versicherungsprämie. Sport- und Geländewagen müssen meist teurer versichert werden als typische Familienfahrzeuge oder Klein- und Mittelklassewagen. Nach Angaben des Gesamtverband der Deutschen Versicherungswirtschaft (GDV) gilt folgende Faustregel: Je niedriger die Typklasse, desto günstiger ist der Preis für die Autoversicherung. Im Internet bietet der GDV unter www.typklasse.de eine kostenlose Datenbank, in der Sie nachsehen können, wie Ihr Auto eingestuft ist. Je nach der Entwicklung der Schäden für ein bestimmtes Fahrzeug, kann die Typklasse mit den Jahren steigen oder fallen. Auch die Regionalklassen werden jährlich überprüft und gegebenenfalls angepasst. Unter www.gdv.de/regionaldatenbank können Sie die Regionalklassen Ihres Zulassungsbezirkes kostenlos abrufen.

Müssen Sie Ihre Versicherung nicht in Anspruch nehmen, werden Sie mit einer sinkenden Schadensfreiheitsklasse (SF) belohnt. Das heißt, dass Sie mit den Jahren nur noch einen sinkenden Prozentsatz Ihrer Versicherungsprämie zahlen müssen. Sobald die Versicherung einen Schaden übernimmt, steigt die SF-Klasse. Es gibt jedoch den sogenannten Rabattretter, den viele Versicherungen anbieten. Damit kommen Sie bei einem einmaligen Fehltritt ungeschoren davon, die Versicherung zahlt, ohne Ihre SF-Klasse zu erhöhen. Bei kleinen Schäden lohnt es sich folglich, diese zu zahlen und so eine Höherstufung zu umgehen.

Die Kosten für Ihre Haftpflichtversicherung können Sie beispielsweise mit den folgenden weichen Rabattmerkmalen senken:

- Sind Sie beispielsweise Beamter, Landwirt oder im öffentlichen Dienst beschäftigt? Dann verursachen Sie statistisch gesehen weniger Unfälle. Das kann Ihnen pro Jahr eine Ersparnis von bis zu 10 Prozent einbringen. Auch andere Berufsgruppen beziehungsweise Arbeitnehmer bestimmter Unternehmen erhalten eventuell einen Rabatt.
- Stellen Sie das Fahrzeug in einer abschließbaren Garage oder in einer Tiefgarage ab, dann zahlen Sie weniger Prämie.
- Wer wenige Kilometer im Jahr fährt, bekommt ebenfalls einen Nachlass.
- Fahren nur Sie oder Ihr Lebenspartner das Fahrzeug und sind Sie beide älter als 25 Jahre, dann lohnt sich das ebenfalls für Sie.
- Auch Wohnungs- und Hausbesitzer können gegenüber Mietern bei der Kfz-Versicherung sparen.
- Wenn Sie einen Zweitwagen versichern, dann ist es günstiger, wenn Sie diesen auf Ihren Namen zusätzlich versichern, als eine neue Versicherung abzuschließen.

Bevor Sie solche Rabattmerkmale auswählen, sollten Sie genau prüfen, ob Sie diese auch das ganze Jahr erfüllen. Kann im Schadensfall die Versicherung nachweisen, dass Sie die Vertragsvereinbarungen nicht mehr einhalten, kann das nicht nur eine Kürzung der Versicherungsleistungen nach sich ziehen, sondern gegebenenfalls auch eine Strafe wegen Vertragsbruch. Melden Sie Änderungen deshalb unverzüglich: Also beispielsweise, wenn Sie statt der festgelegten 9000 Kilometer doch mehr im Jahr fahren.

Mittlerweile bieten die Versicherer auch sogenannte »Basis-« oder »Billig-Tarife« an. Hier sind Beiträge zwar günstiger als bei Normaltarifen, aber die Deckungssummen fallen erheblich niedriger aus und auch die Leistungen sind eingeschränkt. So sind beispielsweise nur Wildtier- statt alle Arten von Tierschäden versichert. Auch zwingt Sie der Billig-Tarif, im Schadensfall zu einer bestimmten Werkstatt zu gehen. Von solchen Tarifen ist daher eher abzuraten.

**WISO rät**

Vereinbaren Sie im Vertrag, dass die Versicherung auf den Einwand der »groben Fahrlässigkeit« verzichtet. Beispielsweise, wenn Sie eine rote Ampel übersehen und einen Unfall verursachen. Auch dann würde die Versicherung zahlen. Ausgenommen davon ist natürlich, wenn Sie betrunken oder unter Drogeneinfluss gefahren sind.

## Teil- und Vollkaskoversicherung

Haben Sie einen Schaden am Auto, beispielsweise einen abgetretenen Außenspiegel, einen Steinschlag in der Windschutzscheibe oder eine zerbeulte Stoßstange, dann kann dieser durch eine Kaskoversicherung geregelt werden. Der Abschluss einer Teil- oder Vollkaskoversicherung ist freiwillig. Der Bund der Versicherten (BdV) weist darauf hin, dass die Teilkasko sich nur für Fahrzeuge lohnt, die nicht älter als acht Jahre sind. Der Grund: Generell wird nur der Zeitwert ersetzt und bei einem älteren Auto sind die Beiträge dazu im Verhältnis zu hoch. Eine Neuwertentschädigung gibt es ohnehin nur, wenn das Auto zum Zeitpunkt eines Totalschadens beispielsweise weniger als 1 000 Kilometer gefahren wurde oder erst einige Monate neu zugelassen war. Für Neuwagen in den ersten vier Jahren oder solche Autos, die geleast oder über einen Kredit gekauft wurden, ist eine Vollkaskoversicherung sinnvoll. Ohne diese würde ein Totalverlust einen finanziell hohen Schaden bedeuten.

Die Teilkasko gibt Ihnen im Schadensfall das nötige Geld, um eine Reparatur zu bezahlen oder ein gleichwertiges Auto zu kaufen. Unter die Teilkasko fallen zum Beispiel Schäden oder Verlust durch Diebstahl, Raub, Feuer, Sturm, Hagel sowie Glasbruch. Bevor Sie eine Reparatur aber durchführen lassen, sollten Sie Ihre Versicherung informieren und dabei klären, ob der Schaden übernommen wird, oder die Versicherung nicht vorher einen Sachverständigen schicken möchte. Nicht versichert sind Gegenstände im Auto, die Ladung auf einem Anhänger oder das Reisegepäck. Hierfür benötigt man eine Autoinhaltversicherung (Gewerbetreibende) oder Reisegepäckversicherung (Privatpersonen).

Eine Vollkaskoversicherung beinhaltet alle Leistungen der Teilkasko. Darüber hinaus sind auch Schäden versichert, die durch Selbstverschulden entstanden sind, oder durch Fremdeinwirkung, wenn der Verursacher Fahrerflucht begangen hat oder Unbekannte an Ihrem Fahrzeug randaliert haben.

Die Beiträge für die Kaskoversicherungen werden, allerdings unterschiedlich bei Voll- und Teilkaskoversicherung, ebenfalls nach Regional- und Typklassen berechnet. Jedoch unterscheiden sich diese von den Kategorien der Haftpflicht: Entscheidend sind hier Merkmale wie beispielsweise das Alter des Fahrzeugs oder eine Garagennutzung. Sie können die Beiträge dadurch senken, indem Sie

- eine Selbstbeteiligung vereinbaren: Sie zahlen bei einem Schaden einen vorher festgelegten Teil der Kosten selbst. Normal sind Selbstbehalte von 150 bis 1 000 Euro;
- Schäden, die knapp über der Selbstbeteiligung liegen, eventuell doch selbst bezahlen: Damit verhindern Sie eine Hochstufung;
- moderne Techniken in Ihr Fahrzeug einbauen lassen: zum Beispiel ein spezielles Bremssystem (ABS), eine Wegfahrsperre oder eine Alarmanlage.

**WISO rät**

Schäden an der Windschutzscheibe durch Steinschlag übernimmt die Teilkasko anstandslos, ohne die Beiträge zu erhöhen. Auch der komplette Wechsel der Windschutzscheibe wird von der Versicherung meist zum Großteil gezahlt.

## Insassen-Unfallversicherung und Schutzbriefe

Eine *Insassen-Unfallversicherung* bietet finanziellen Schutz, wenn Mitfahrer im eigenen Fahrzeug bei einem Unfall verletzt werden. Seit 2002 zahlt jedoch die Kfz-Haftpflicht, wenn verletzte Insassen gegen den Fahrer beziehungsweise Halter berechtigte Ansprüche haben. Eingeschlossen ist dabei nicht der Fahrer selbst. Dieser sollte über eine eigene Unfallversicherung, besser noch einen Berufsunfähigkeitsschutz verfügen. Daher ist sowohl die Insassen- als auch die Fahrer-Unfallversicherung unnötig.

Einen *Kfz-Schutzbrief* – auch Verkehrs-Service-Police genannt – gibt es in der Regel für wenige Euro im Jahr zusätzlich zur Haftpflicht- oder Kaskoversicherung. Der Schutzbrief bietet Ihnen kostenlose Hilfe bei einer Panne, einem Unfall oder bei Diebstahl Ihres Autos. Haben Sie im europäischen Ausland einen Unfall, werden beispielsweise medizinisch notwendige Rücktransporte von verletzten Insassen, zusätzliche Übernachtungen oder ein Mietwagen gezahlt. Der Schutzbrief übernimmt jedoch keine Reparaturkosten.

Da der Schutzbrief nicht viel kostet, machen sich die meisten Versicherten gar keine Gedanken darüber, sondern schließen ihn in ihrer Police mit ein. Aber Achtung: Da viele Autofahrer bereits über eine Auslandskrankenversicherung verfügen, einem Automobilclub angehören oder die Mobilitätsgarantie des Autoherstellers besitzen, haben sie die Leistungen eines Schutzbriefs meist schon abgedeckt. Allenfalls lohnt sich ein erweiterter Schutzbrief, wenn Sie eine längere Zeit im (nichteuropäischen) Ausland mit Ihrem Fahrzeug unterwegs sind. Wer mit einem Mietwagen im Ausland umherfährt, sollte die sogenannte Mallorca- beziehungsweise Traveller-Police abschließen.

## Wechsel und Kündigung der Kfz-Versicherung

Der Markt bei den Kfz-Versicherungen ist ständig in Bewegung. Daher sollten Sie jährlich prüfen, ob Sie nicht bei einem anderen Anbieter möglicherweise ein paar hundert Euro sparen können. Ihre aktuelle Schadensfreiheitsklasse nehmen Sie nämlich zu einem neuen Unternehmen mit. Auch die Übertragung der Schadensfreiheitsklasse auf einen anderen Versicherungsnehmer ist möglich, meist ist dies aber auf Familienmitglieder beschränkt.

**WISO rät**

Einen kostenlosen und unverbindlichen Vergleich von Kfz-Versicherungen können Sie im Internet vornehmen. Aber Achtung: Nicht jeder Vergleichsrechner hat auch alle Unternehmen gelistet. Nutzen Sie daher mehrere Rechner. Auch Fachzeitungen veröffentlichen meist im Spätsommer oder Herbst aktuelle Vergleichstests.

Kfz-Versicherungen sind Jahresverträge, da jährlich wegen der Schadensbilanz die Beiträge und gelegentlich die Regional- und Typklassen von den Versicherern angepasst werden. Normalerweise beginnt ein Vertrag am 1. Januar eines Jahres, die Kündigungsfrist beträgt vier Wochen, ansonsten verlängert sich der alte Vertrag um ein weiteres Jahr: das heißt eine Kündigung muss bis zum 30. November erfolgen. Wenn Sie Ihrer Versicherung den Rücken kehren wollen, dann machen Sie das am besten schriftlich per Einschreiben mit Rückschein. Den Brief sollten Sie spätestens am 25. November wegschicken. Auch die Kündigung über Fax, sollte nicht erst am 30. November erfolgen, da Sie auch auf einer schriftlichen Kündigungsbestätigung vonseiten der Versicherung bestehen sollten – auch wenn diese nicht dazu verpflichtet ist. Kündigen Sie erst, wenn Ihnen das neue Versicherungsunternehmen auch einen Vertrag gibt. Sonst laufen Sie Gefahr, ohne Versicherung dazustehen.

Verkaufen Sie Ihr Auto, dann endet der Versicherungsvertrag ohne Ablauf einer Frist. Zu viel gezahlte Beiträge erhalten Sie meist anteilig zurück. Kommt es zu einem Schaden, kann nicht nur der Versicherer, sondern auch Sie kündigen – das ist selbst dann möglich, wenn Ihnen der Schaden bezahlt wird.

**WISO rät**

Bevor Sie wirklich wechseln, vergleichen Sie die Angebote und sprechen Sie mit Ihrem aktuellen Versicherer. Mit dem Verweis auf günstigere Angebote lässt dieser meist mit sich handeln.

## Hausratversicherung

Bereits während Studium oder Ausbildung ziehen viele junge Menschen von zu Hause aus und sammeln über die Jahre schon einen gewissen Besitz an. Nicht nur um Computer, Fernseher oder die DVD-Sammlung nach einem Einbruch ersetzt zu bekommen, sondern auch um sich vor den Folgen eines Brandes, Wasserschadens oder Sturms und Hagel zu versichern, lohnt eine Hausratversicherung. Dabei werden auch Schäden durch Vandalismus, die infolge eines Einbruchs entstehen, mitabgesichert. Das heißt beschädigte Möbelstücke, beschmierte Wände oder aufgebrochene Türen werden ebenfalls ersetzt.

Bei der Höhe der Versicherungssumme sollten Sie darauf achten, dass diese den Neuwert des gesamten Hausrates abdeckt. Das sind die Kosten, die Sie für eine Wiederbeschaffung aufwenden müssen. Sind Sie unterversichert, dann wird nur ein Teil des Schadens beglichen.

Die Versicherungen fragen Sie nach Ihrem Beruf, nach Ihrem Wohnort, der Bausubstanz und der Art (Ein- bzw. Mehrfamilienhaus) des Hauses. In der Regel wird Ihnen ein Tarif mit dem sogenannten Unterversicherungsverzicht angeboten. Damit sieht die Versicherung die vereinbarte Versicherungssumme als ausreichend an und ersetzt Ihnen normalerweise beschädigten oder gestohlenen Hausrat zum Neuwert. Das lässt sich die Versicherung jedoch mit einer Mindestversicherungssumme je Quadratmeter Wohnfläche von Ihnen bezahlen. In der Regel liegt diese bei 650 Euro je Quadratmeter: Bei einer 70 Quadratmeter großen Wohnung beläuft sich die Versicherungssumme auf 45 500 Euro. Diese pauschale Berechnung kann aber dazu führen, dass jemand mit teurem Besitz in einer kleinen Wohnung möglicherweise unterversichert ist und jemand mit wenig wertvollem Besitz in einer großen Wohnung überversichert. Daher sollten Sie den Neuwert Ihres Hausrats berechnen und Ihre Versicherungssumme dementsprechend ausrichten.

Viele Unternehmen bieten Ihnen zur Hausratversicherung folgende Zusatzoptionen an:

- Fahrradversicherung gegen einfachen Diebstahl: In der Regel sind Fahrraddiebstähle innerhalb von Gebäuden durch die Hausratversicherung abgedeckt. Wird Ihr Fahrrad jedoch draußen – vor dem Kino oder vor der Bank – gestohlen, dann sind Sie nicht versichert. Wenn Sie sich für diesen Zusatztarif entscheiden, achten Sie auf die Versicherungsbedingungen und den zu versichernden Wert Ihres Rades.
- Glasversicherung: Sie soll zerbrochene Spiegel, Fenster, Tischplatten oder Cerankochfelder ersetzen. Jedoch treiben solche

Schäden niemanden in den finanziellen Ruin, sodass Sie diese Versicherung normalerweise nicht wirklich benötigen.

- Besondere Wasserschäden durch ausgelaufene Wasserbetten und Aquarien: Wenn Sie so etwas besitzen, dann ist es ratsam, das in die Hausratversicherung mit aufzunehmen. Viele Vermieter verlangen es sogar.

Kommt es zu einem Schadensfall, müssen Sie diesen unverzüglich der Versicherung melden. Erstellen Sie eine genaue Liste der beschädigten und gestohlenen Gegenstände und bewahren Sie Beweisstücke so lange auf, bis die Versicherung den Schaden auch übernimmt. Da Sie beweispflichtig sind, wenn etwas gestohlen oder beschädigt wurde, sollten Sie im Vorfeld Kopien von Kaufbelegen sowie Fotos und Filme von Wertgegenständen oder auch aller Zimmer anfertigen. Diese Beweismittel sollten Sie außerhalb der Wohnung aufbewahren – denn was nützen Ihnen Belege, wenn diese verbrannt sind?

Stellen sich bei Ihnen Änderungen ein, zum Beispiel neue Möbel oder der Umzug in eine Parterrewohnung, dann sollten Sie Ihre Versicherung darüber informieren. Auch über ein Gerüst, das zur Fassadenrenovierung am Wohnhaus angebracht wird, wollen einige Unternehmen informiert werden. Generell gilt, dass Sie nicht fahrlässig handeln dürfen: Schließen Sie beim Verlassen des Hauses alle Türen und Fenster und drehen Sie den Hahn zur Waschmaschine nach Gebrauch wieder zu.

**WISO rät**

Eine Hausratversicherung sollte erst dann abgeschlossen werden, wenn Sie alle Lebensrisiken abgesichert haben. Haben Sie wertvollen Hausrat, ist sie jedoch unverzichtbar.

## Rechtsschutzversicherung

Als »Anwalts Liebling« wird die Rechtsschutzversicherung gerne in der Werbung angepriesen. Sie ist jedoch eine der weniger wichtigen Versicherungen und sollte für Sie erst in Betracht kommen, wenn Sie Ihre Lebensrisiken ausreichend versichert haben. Anders als ein Unfall oder ein Einbruch in die Wohnung, tritt ein Rechtsstreit in der Regel nämlich nicht unvorhergesehen ein. Die Rechtsschutzversicherung kann Ihnen helfen, wenn Sie Ihre privaten Interessen vor Gericht vertreten lassen: beispielsweise beim Rechtsstreit mit dem Vermieter, mit Ihrer Werkstatt oder mit einer Versicherung, die nicht zahlen will.

Die Versicherung übernimmt dann die Kosten. Dazu gehören nicht nur die Kosten bei Gericht, sondern auch die für Ihren Anwalt, für Sachverständige oder für die Vorladung von Zeugen. Dagegen müssen Sie selbst Geldstrafen oder Zahlungen tragen, zu denen Sie verurteilt werden – hier gibt es kein Geld von der Versicherung.

Wie bei anderen Versicherungsarten können Sie auch beim Rechtsschutz verschiedene Bausteine in Ihre Police aufnehmen. So zum Beispiel Verkehrs-, Privat-/Berufs- oder auch Miet-Rechtsschutz.

**WISO rät**

Wenn Ihre Rechtsschutzversicherung bei einem Rechtstreit einspringen soll, dann lassen Sie sich im Vorfeld schriftlich bestätigen, dass die Kosten vom Versicherungsunternehmen übernommen werden. Ansonsten besteht das Risiko, dass Sie alles aus eigener Tasche zahlen müssen. Der Grund: Generell übernehmen die Versicherer nur Fälle, bei denen Aussicht auf Erfolg besteht.

## Reiseversicherungen

Wer in fremde Länder aufbricht, sollte darauf achten, dass er auch im Ausland über einen bestimmten Versicherungsschutz verfügt: eine private Auslandskranken- und eine Reiserücktrittsversicherung sollte jeder Urlauber abschließen. Wer mit dem Pkw verreist, ist mit einer sogenannten Mallorca-Police beziehungsweise bei Nicht-EU-Staaten mit einer Traveller-Police, einer erweiterten Haftpflichtversicherung für Mietwagen, gut beraten. (Mehr dazu auf www.finanzen35.de) Wenig sinnvoll ist die gern verkaufte Reisegepäckversicherung. Hüten sollten Sie sich auch vor Reisepaketen für die Dauer Ihres Auslandaufenthaltes, die Sie rundum versorgen sollen. In der Regel haben Sie nämlich die angebotenen Versicherungen wie Privathaftpflicht oder eine private Auslandskrankenversicherung bereits abgeschlossen. So zahlen Sie nur doppelt.

### Private Auslandskrankenversicherung

Diese Versicherung ist sehr wichtig und kostet nur ein paar Euro im Jahr: Am besten, Sie schließen Verträge ab, die nicht nur während des Urlaubs gelten, sondern das ganze Jahr gültig sind und Ihnen so für mehrere Urlaubsreisen Versicherungsschutz bieten. Solche Policen erhalten Singles bei Direktversicherern bereits für zwischen 5 und 10 Euro, Familien zahlen um die 15 bis 20 Euro im Jahr.

Als gesetzlich Krankenversicherter werden Sie zwar in allen Ländern, mit denen ein Sozialversicherungsabkommen besteht, im Notfall behandelt. Jedoch werden hierbei nur die Leistungen übernommen, die auch in Deutschland bei gleicher Behandlung gezahlt werden. Die private Auslandskrankenversicherung hingegen ermöglicht eine freie Arzt- und Krankenhauswahl, übernimmt die nicht gedeckten Kosten und auch den Krankenrücktransport aus dem Urlaubsland. Und dieser kann schnell mehrere Tausend Euro kosten. Ausführliche Informationen zu allen Ländern erhalten Sie bei der Deutschen Verbindungsstelle Krankenversicherung Ausland, im Internet unter www.dvka.de oder bei Ihrer Krankenversicherung.

**WISO rät**

Wenn Sie mehrere Wochen oder gar Monate ins Ausland reisen oder fern der Heimat arbeiten, sollten Sie sich genau erkundigen, welche Art von Auslandskrankenschutz Sie abschließen müssen. In solchen Fällen können Sie nicht auf die günstigen Tarife der kurzfristigen Auslandskrankenversicherungen zurückgreifen.

## Reiserücktrittskostenversicherung

Wer eine Urlaubsreise plant, macht dies in der Regel nicht kurz vor dem Reiseantritt, sondern eine bestimmte Zeit im Voraus: Vor allem, wer Frühbucherrabatte oder günstige Flüge ergattern möchte, muss sich früh im Jahr für den Urlaubsort entscheiden. Umso ärgerlicher ist es, wenn man durch eine plötzlich eintretende Krankheit, einen Unfall oder den Verlust des Arbeitsplatzes, nicht verreisen kann. Der Reiseveranstalter verlangt dann Stornogebühren und man erhält nur einen Teil des Reisepreises zurück. Mit einer vorher abgeschlossenen Reiserücktrittskostenversicherung erhalten Sie das gesamte Geld zurück. Die Versicherungskosten richten sich nach der Höhe des Reisepreises: Bei einer 2000 Euro teuren Reise müssen Sie mit rund 40 Euro rechnen.

Es besteht auch die Möglichkeit eine Reiserücktritts- mit einer Reiseabbruchversicherung zu kombinieren. Hier wäre auch ein Abbruch während des Urlaubs versichert. Darüber hinaus gibt es Jahrespolicen, die mehrere Reisen pro Jahr abdecken.

**WISO rät**

Wenn Sie lange im Voraus eine teure Reise buchen, sollten Sie ein Reiserücktrittskostenversicherung abschließen.

## Kündigung von Versicherungen

Nicht nur vor dem Vertragsabschluss müssen Sie viel beachten, leider hat auch die Kündigung von Versicherungen die eine oder andere Tücke. In der Regel gilt bei einer ordentlichen Kündigung eine dreimonatige Frist zum Ende des Versicherungsjahres oder bei länger laufenden Verträgen zum Ende der Laufzeit – beispielsweise Privathaftpflicht, Rechtsschutz oder Hausrat. Es gibt einige Ausnahmen wie bei der Kfz-Versicherung (siehe Seite 133) oder bei der gesetzlichen Krankenversicherung (siehe Seite 97). Hier ein paar grundlegende Tipps, was Sie bei einer Kündigung beachten sollten:

- Bevor Sie kündigen, prüfen Sie die entsprechenden Fristen oder schreiben Sie »zum nächstmöglichen Termin«.
- Bei einem Streit müssen Sie belegen, dass die Kündigung fristgerecht beim Versicherer eingegangen ist. Kündigen Sie deshalb immer schriftlich und lassen Sie sich den Eingang der Kündigung von der Versicherung bestätigen. Per Post sollten Sie den Brief entweder mit Rückschein oder, weil preiswerter, als Übergabeeinschreiben versenden. Bei einem Fax reicht als Beweisstück der Sendebericht.
- In einem Schadensfall gibt es ein Kündigungsrecht sowohl für das Unternehmen als auch für den Versicherten. Dies gilt auch, wenn der Schaden reguliert wird.
- Wenn Sie von einer Versicherung direkt nach dem Abschluss zurücktreten wollen, so besteht in der Regel eine 14-tägige Kündigungsfrist. Bei Kapital- oder Rentenversicherungen be-

trägt diese 30 Tage. Keine Widerrufsmöglichkeit haben Sie beispielsweise bei einer Reisekrankenversicherung, die nur kurzfristig (vier Wochen) läuft.

Wenn Sie Probleme mit einer Versicherung haben sollten, bieten Verbraucherzentralen, Gewerkschaften oder auch Berufsverbände beratende Hilfe an. Eine andere Möglichkeit sind Ombudsmänner, die zwischen Unternehmen und Verbraucher vermitteln: Für alle privaten Versicherungen mit Ausnahme der privaten Krankenversicherungen (PKV) ist der Versicherungsombudsmann zuständig. Die PKV hat einen eigenen Ombudsmann für ihre Angelegenheiten.

Versicherungsombudsmann e. V.
Postfach 08 06 32
10006 Berlin,
Tel.: 0 30/20 60 58 99
Fax: 0 18 04/22 44 25
(20 Cent pro Anwahl aus dem Festnetz der Dt. Telekom)
E-Mail: beschwerde@versicherungsombudsmann.de
Internet: www.versicherungsombudsmann.de

Ombudsmann Private Kranken- und Pflegeversicherung
Postfach 06 02 22
10052 Berlin
Tel.: 0 18 02/55 04 44
(6 Cent pro Anruf aus dem Festnetz der Telekom)
Fax: 0 30/20 45 89 31
E-Mail: Kontaktformular auf der Internetseite
Internet: www.pkv-ombudsmann.de

# Vermögensaufbau und Altersvorsorge

Finanzplanung bedeutet heutzutage Lebensplanung. Sich irgendwann zwischen 35 und 45 Jahren für eine Kapitallebens- oder Rentenversicherung zu entscheiden und ein Sparbuch führen, wie das die Menschen früher gemacht haben, reicht heute nicht mehr! Zum einen müssen Sie sich darauf einstellen, dass Sie im Laufe Ihres Berufslebens mehrere Arbeitgeber haben werden und vielleicht – in einer schlechten konjunkturellen Wirtschaftsphase – auch einmal arbeitslos sein können oder einen Job annehmen müssen, der kein Traumgehalt verspricht. Allein dafür bedarf es eines kleinen finanziellen Polsters. Zum anderen werden zukünftig immer weniger Arbeitnehmer die Sozialkassen füllen, dafür gibt es immer mehr Beitragsempfänger, die länger leben werden. Wer im Alter einen gewissen Lebensstandard halten möchte, wird nicht um eine private Zusatzrente und einen gezielten Vermögensaufbau herumkommen.

In diesem Kapitel erfahren Sie, was sich hinter der Vorsorgelücke oder der Renteninformation versteckt; und Sie bekommen einen Einblick, wie Sie Ihre privaten Finanzen und Ihre Altersvorsorge einteilen sollten. Dabei wird nicht nur auf staatlich und betrieblich geförderte Altersvorsorgeprodukte wie Riester- oder Betriebsrente eingegangen, sondern es werden auch einzelne Anlageprodukte vorgestellt, wie zum Beispiel Bundeswertpapiere, Festgeld, Bausparvertrag, Aktien oder Investmentfonds.

Die Deutschen werden vor allem dank des medizinischen Fortschritts immer älter. So sollen einer Studie der Universität Köln zufolge von den im Jahr 2002 geborenen Mädchen voraussichtlich 50 Prozent ein Alter von 88,8 Jahren erreichen, 25 Prozent sollen sogar über 93 Jahre alt werden. Auch das Statistische Bundesamt prognostiziert eine alternde Gesellschaft: 2006 waren rund 20 Prozent der Gesamtbevölkerung über 65 Jahre alt, 2030 werden es 29 Prozent sein und im Jahre 2050 schon rund ein Drittel. In der Mitte des Jahrhunderts soll es doppelt so viele 60-Jährige wie Neugeborene geben. Diese Entwicklung bedeutet zweierlei Dinge: Zum einen werden weniger Beitragszahler die gesetzlichen Rentenkassen füllen und immer mehr Beitragsempfänger länger Geld erhalten. Die Rentenhöhe wird dadurch sicherlich nicht steigen. Zum anderen leben wir länger, also haben wir einen größeren Finanzbedarf im Alter.

Durch die sinkende gesetzliche Rente und die steigende Lebenserwartung werden Sie deshalb um eine private Altersvorsorge und einen verstärkten Vermögensaufbau nicht herumkommen, wenn Sie Ihren Lebensstandard im Alter halten wollen. Das bedeutet für Arbeitnehmer, dass die gesetzliche Rente lediglich eine Basis darstellt. Zusätzlich müssen sie privat vorsorgen, um die entstehende Versorgungslücke zu schließen: Zum einen gibt es dafür die staatlich geförderte Riester-Rente beziehungsweise die betriebliche Altersvorsorge. Zum anderen sollten Sie zusätzlich Vermögen für den Ruhestand aufbauen, wie zum Beispiel mit Fondssparplänen oder auch der Investition in Immobilien.

Unabhängig von Ihrer Altersvorsorge ist auch der private Vermögensaufbau wichtig. Damit bauen Sie nicht nur ein finanzielles Polster für kurzfristige Engpässe auf, sondern können mittel- bis langfristig einfacher Investitionen tätigen. Das heißt Sie sparen für Anschaffungen und Vorhaben: Beispielsweise für den Erwerb einer Immobilie, für den Autokauf oder für eine lange Urlaubsreise. All das sollten Sie bezahlen können, ohne Ihre private Altersvorsorge merklich einzuschränken oder gar ganz zum Stillstand zu bringen.

Tabelle 10: Schichten der Altersvorsorge

| | |
|---|---|
| 3. Säule | **Private Altersvorsorge:** Rentenversicherung, Fonds, Immobilien etc. |
| 2. Säule | **Staatlich geförderte Zusatzrente:** Riester-Rente, betriebliche Altersversorgung und Versorgungswerke für Freiberufler |
| 1. Säule | **Basisvorsorge:** Gesetzliche Rentenversicherung, Basisrente (Rürup), Pension |
| | **Unabhängig von der Altersvorsorge:** Sicherheitssparen und privater Vermögensaufbau |

Mit Ausnahme der gesetzlichen Rente, können Sie bei jeder dieser Ebenen aus mehreren Anlagealternativen wählen. Normalerweise werden Ihnen Sparanlagen, festverzinsliche Wertpapiere, Investmentfonds, Aktien, Versicherungen oder Immobilen angeboten.

**WISO rät**

Wer sich kostengünstig über die private Altersvorsorge informieren möchte, kann sich bei einem der Abendkurse oder Wochenendseminare der Initiative Altersvorsorge macht Schule anmelden. Rund 500 Volkshochschulen bieten bundesweit diese Informationskurse für 20 Euro an, bei denen Berater der Rentenversicherung Sie darüber informieren, wie man am besten für das Alter vorsorgt. Dadurch soll Ihnen die Entscheidung zwischen Rürup- oder Riester-Rente, betrieblicher oder privater Vorsorge erleichtert werden. Konkrete Produktempfehlungen gibt es keine. (www.altersvorsorge-macht-schule.de)

Bevor Sie an Ihre langfristige Finanzplanung gehen, sollten Sie vorher die Lebensrisiken wie Berufsunfähigkeit, Privathaftpflicht oder Hinterbliebenenversorgung absichern (siehe Kapitel *Lebensrisiken mit Versicherungen absichern*). Erst danach sollten Sie sich der privaten Altersvorsorge und dem Vermögensaufbau widmen. Für alle Geldanlagen sollten Sie sich Zeit nehmen, sich gründlich informieren und beraten lassen sowie die Anlageprodukte miteinander vergleichen. Das klingt selbstverständlich, ist es aber nicht: Laut einer Commerzbank-Studie aus dem Oktober 2005 investieren Singles bis 35 Jahre nur halb so viel Zeit in ihre Altersvorsorgeplanung als in die Neuanschaffung eines Autos.

## Die Versorgungslücke berechnen

»Die gesetzliche Rente ist sicher.« Sicher ist bei der vielzitierten Aussage des ehemaligen Bundesarbeitsministers Norbert Blüm (CDU) allerdings nur, dass jedem Versicherten später einmal eine Rente gezahlt wird – die Höhe aber ist ungewiss. Kommt ein Rentner heute auf etwa 70 Prozent des durchschnittlichen Nettogehaltes, so werden für das Jahr 2030 nur noch 58 Prozent prognostiziert. Das gilt jedoch nur für den Idealrentner, der 45 Jahre lang gearbeitet und entsprechend in die Rentenkasse eingezahlt hat. Für die meisten Arbeitnehmer wird es zu einer kleinen bis großen Versorgungslücke kommen. Studierende beispielsweise haben ein zeitliches Problem: Wer seit 2009 in Rente geht, bekommt die Studienzeiten nicht mehr zum Rentenanspruch angerechnet. Hier kann die Devise dann nur lauten: Entweder länger als 67 Jahre arbeiten, privat stärker vorsorgen oder eben Einschnitte im Alter hinnehmen.

Dass es um das Vertrauen der Deutschen in das gesetzliche Rentensystem mittlerweile schlecht bestellt ist, zeigt eine Allensbach-Studie im Auftrag der Postbank aus dem Jahr 2007: Demnach haben 32,1 Prozent der 2077 Befragten »gar kein Vertrauen« und 55,7 Prozent »wenig Vertrauen« in die staatliche Rente. Lediglich 9,5 Prozent haben noch »großes Vertrauen« in das System. Wer am Anfang seines Berufslebens steht, sollte auf jeden Fall möglichst früh seine Versorgungslücke im Alter ausrechnen. Das gilt gleichwohl für Arbeitnehmer als auch für Selbstständige, Freiberufler oder Beamte. Das Deutsche Institut für Altersvorsorge (DIA), das von verschiedenen Banken getragen wird, rät zu einer Rentenhöhe, die mindestens 70 Prozent Ihres letzten Nettoeinkommens entsprechen sollte. Einige unabhängige Finanzberater empfehlen eine Höhe von 80 bis 90 Prozent.

Am Anfang der Versorgungslückenberechnung steht erneut ein Kassensturz und einige Fragen:

- Wie steht es um Ihre private, berufliche und finanzielle Situation: Sind Sie Single oder verheiratet? Haben Sie eine Festanstellung oder einen Jahresvertrag? Drücken Schulden oder haben Sie ein finanzielles Polster?
- Wie sieht Ihre derzeitige Ein- und Ausgabensituation aus? Wie kann sie in 30 bis 40 Jahren sein? Im Ruhestand senken nämlich eine Reihe von Faktoren Ihren Finanzbedarf. Zum Beispiel fallen die Fahrtkosten zur Arbeit weg oder die Miete, wenn Sie in der eigenen Immobilie wohnen.
- Haben Sie bereits eine private Altersvorsorge abgeschlossen? Was ist von der gesetzlichen Rente zu erwarten?
- Wie sieht es mit Ihrer Einkommensteuererklärung aus? Vielleicht gibt es Optimierungsmöglichkeiten, um für das Alter besser vorsorgen zu können.
- Wie wollen Sie im Alter voraussichtlich leben? Mietfrei in den eigenen vier Wänden oder irgendwo im Süden?
- Welche Wünsche und Ziele haben Sie für die Zukunft? Erwerb einer Immobilie, Gründung einer Familie oder Weltreise mit 55 Jahren.

All diese und noch weitere Fragen sollen nicht nur Ihre aktuelle Finanzsituation erfassen, sondern auch einen möglichen Einkommensbedarf im Rentenalter ermitteln. Genau kann man heute nicht sagen, wie das Leben jenseits der 60 Jahre aussehen wird. Generell gilt aber: Je weiter man auf das Rentenalter zugeht, desto konkreter kann man sagen wie man in etwa leben will und kann. Die Weichen dafür müssen Sie aber in jungen Jahren stellen. Finanzplanung ist heutzutage eine lebenslange Aufgabe, die von Zeit zu Zeit neu bewertet und entsprechend angepasst werden muss.

**WISO rät**

Lassen Sie sich bei Ihrer Hausbank oder bei einem unabhängigen Finanzvermittler einen unverbindlichen Termin zur Berechnung Ihrer Versorgungslücke geben. So sehen Sie einmal, wie umfangreich so eine Berechnung ausfallen kann.

## Die Renteninformation

Für die Informationen rund um Ihre aktuelle Finanzsituation und zur privaten Altersvorsorge sind Sie selbst zuständig. Bei der gesetzlichen Rente hingegen sind Sie auf Informationen von dem Rentenversicherungsträger angewiesen. Einmal im Jahr erhält jeder Rentenversicherte, der mindestens 27 Jahre alt ist und wenigstens fünf Jahre Beiträge gezahlt hat, die sogenannte Renteninformation automatisch per Post zugestellt. Eine Muster-Renteninformation finden Sie unter www.finanzen35.de. Das Schreiben ist quasi der Auszug des eigenen gesetzlichen Rentenkontos, also was Sie voraussichtlich an Altersrente erwarten können. Hochgerechnet wird auf Basis der durchschnittlichen Beiträge, die in den letzten fünf Jahren eingezahlt wurden und theoretisch auch weiterhin eingezahlt werden. Aber Achtung:

Der ausgewiesene Betrag ist nicht inflationsbereinigt, das heißt zum Rentenbeginn wird die Kaufkraft Ihrer gesetzlichen Rente weniger wert sein als heute.

**Beispiel**

Wenn Ihnen im Rentenbescheid 1 200 Euro Rente heute in Aussicht gestellt werden, dann sind diese bei einer durchschnittlichen Inflation von 2,5 Prozent in 30 Jahren nur noch rund 570 Euro wert.

Neben der Hochrechnung erfahren Sie die Höhe der gesetzlichen Erwerbsminderungsrente und Ihren Versicherungsverlauf. Daran kontrollieren Sie, ob alle rentenrechtlichen Zeiten richtig erfasst wurden. Sie können auch vorzeitig Ihre Renteninformation bei den Versicherungsträgern der Deutschen Rentenversicherung anfordern. Ganz einfach geht das über die Website der Deutschen Rentenversicherung: Dort gehen Sie auf den Bereich »Beratung« und fordern die Versicherungsunterlagen über ein gesichertes Formular an. Sie benötigen dafür lediglich Ihre Sozialversicherungsnummer, die Sie auf Ihrer Lohnabrechnung beziehungsweise im Sozialversicherungsausweis finden. Bei der Deutschen Rentenversicherung erhalten Sie Beratung rund um das Thema gesetzliche Rente.

Deutsche Rentenversicherung
Telefon: 08 00/1 00 04 80 70 (kostenlos)
Montag bis Donnerstag: 7.30 bis 19.30 Uhr,
Freitag: 7.30 bis 15.30 Uhr
Internet: www.deutsche-rentenversicherung-bund.de

## Inflation, Zinseszins und Steuern im Alter

Neben Ausgaben, Einnahmen und Zielen dürfen Sie drei weitere Faktoren bei Ihrer Bedarfsanalyse nicht außer Acht lassen:

- Inflation: Durch die jährliche Inflation steigen die Preise, das heißt Ihr Geld von heute ist in einem Jahr weniger wert, die Kaufkraft sinkt entsprechend der Inflationsrate.
- Zinseszins: Wer Geld anlegt, bekommt je nach Anlageform feste oder variable Zinsens ausgezahlt. Werden die Zinseinnahmen wieder reinvestiert, so erhalten Sie darauf auch im kommenden Jahr Zinsen. Mit diesem Zinseszinseffekt können Sie über die Jahre hinweg ordentlich Geld ansparen.
- Steuern und Sozialabgaben im Alter: Nach dem Alterseinkünftegesetz müssen ab dem Jahr 2040 die gesetzlichen Rentenzahlungen voll versteuert werden. Darüber hinaus fallen auf die Bruttorenten noch Sozialabgaben wie Kranken- und Pflegeversicherung an. Auch auf andere Altersvorsorgeprodukte wie Betriebsrenten oder Riester-Rente müssen Steuern und Sozialabgaben gezahlt werden.

**Tabelle 11: Inflationsrate: Wie viel sind 1 000 Euro bei entsprechender Inflationsrate noch wert (Ergebnisse gerundet)? 2009 lag die Inflationsrate in Deutschland bei 0,4 Prozent.**

| Inflationsrate | 10 Jahre | 20 Jahre | 30 Jahre |
|---|---|---|---|
| 1,5 Prozent | 861 Euro | 742 Euro | 639 Euro |
| 2,5 Prozent | 781 Euro | 610 Euro | 477 Euro |
| 3,0 Prozent | 744 Euro | 553 Euro | 412 Euro |

**Tabelle 12: Zinseszinseffekt: Was wird aus 1 000 Euro bei fester Verzinsung, jährlicher Zinsauszahlung und Wiederanlage der Zinsen (Ergebnisse gerundet)?**

| Jährlicher Zins | 10 Jahre | 20 Jahre | 30 Jahre |
|---|---|---|---|
| 2,0 Prozent | 1 219 Euro | 1 486 Euro | 1 811 Euro |
| 3,0 Prozent | 1 344 Euro | 1 806 Euro | 2 427 Euro |
| 4,0 Prozent | 1 480 Euro | 2 191 Euro | 3 243 Euro |
| 5,0 Prozent | 1 628 Euro | 2 653 Euro | 4 321 Euro |

## Die richtige Vermögensstruktur finden

Experten haben ausgerechnet, dass junge Arbeitnehmer mindestens 4 bis 6 Prozent ihres Bruttoeinkommens für das Alter sparen müssten, um die Einschnitte bei der gesetzlichen Rente aufzufangen.

Bevor Sie ins Detail einsteigen, sollten Sie vier grundlegende Bereiche beim Sparen beziehungsweise bei der Vorsorge unterscheiden:

*Sicherheitssparen* Um kurzfristige finanzielle Engpässe, wie zum Beispiel eine Autoreparatur oder den Kauf einer neuen Waschmaschine entspannt zu meistern, sollten Sie bis zu drei Bruttogehälter auf einem Tagesgeldkonto ansparen. Vorteil: hohe Liquidität und geringes Risiko. Nachteil: Die Zinssätze können sich täglich ändern.

*Anschaffungssparen* Sie planen, in fünf Jahren ein neues Auto zu kaufen oder ein Haus zu bauen? Oder Sie wollen sich in einem halben Jahr eine Einbauküche leisten. In solchen Fällen sollten Sie eine sichere Anlage mit festen Zinsen und Laufzeiten wählen, da Sie das Geld zu einem bestimmten Zeitpunkt sicher benötigen.

*Altersvorsorge* Sie wollen mittel- bis langfristig eine Zusatzrente für das Alter aufbauen. Kurzfristig sollten Sie deshalb nicht an das Kapital heran müssen, sondern der stetige Vermögensaufbau liegt im Fokus. Setzen Sie sich durch die Produktauswahl bestimmte Risikogrenzen und achten Sie darauf, dass mit der Zeit die Sicherheit Ihrer Geldanlage zunehmen sollte – Umschichten heißt das Zauberwort. Das heißt, Sie legen beispielsweise in jungen Jahren den Großteil Ihres Geldes in Aktienfonds an und setzen auf Renditechancen. Zum Ende Ihres Erwerbslebens schichten Sie immer mehr Geld in risikoärmere Rentenfonds um.

*Zusätzlicher Vermögensaufbau* Haben Sie die vorhergehenden Bereiche ausreichend abgedeckt, können Sie sich dem weiteren Vermögensaufbau widmen. Hier setzen Sie in der Regel Kapital ein, das für keinen bestimmten Zweck vorgesehen ist und können deshalb höhere Wertschwankungen in Kauf nehmen. Neben der Einmalanlage bietet sich vor allem das Ratensparen an.

Wie Sie letztendlich Ihre Vermögensstruktur aufbauen, ist Ihnen überlassen, jedoch sollten Sie Ihre Ansprüche und Erwartungen vorher abklären. Wägen Sie die drei Kriterien Rendite, Risiko und Verfügbarkeit gegeneinander ab. Diese bilden das »Magische Dreieck der Kapitalanlage«. Dabei besteht zum einen ein Spannungsverhältnis zwischen Sicherheit und Rendite: Wer sicher anlegt, erzielt normalerweise eine niedrigere Rendite als der, der eine Anlageform mit höherem Risiko auswählt. Zum anderen kann es zu einem Konflikt zwischen Rendite und Verfügbarkeit kommen, da liquidere Geldanlagen meist einen Nachteil bei der Rendite aufweisen.

Grafik 3: Das magische Dreieck der Kapitalanlage

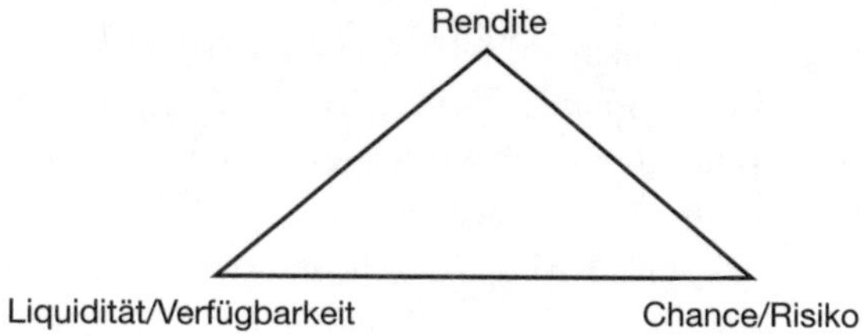


*Rendite* Die Höhe Ihres Ertrages kann bei festen Zinsen von Anfang an fest berechnet werden. Bei variablen Zinsen oder bei Spekulation am Aktienmarkt schwankt die Rendite. Sie kann sogar negativ sein, wenn Sie Verluste machen, beispielsweise mit Fonds oder Aktien. Außerdem schmälern Kosten – beispielsweise beim Aktienkauf oder beim Versicherungsabschluss – sowie Steuern auf Kapitalerträge zusätzlich die Rendite.

*Chance/Risiko* Je niedriger das Risiko, desto geringer die Rendite. Sparbrief oder Bundesschatzbrief gelten als sichere Anlageprodukte, Aktien oder Optionsscheine als risikoreich – ein Totalverlust ist bei Letzteren möglich.

*Liquidität/Verfügbarkeit* Wie schnell kommen Sie an Ihr Geld heran? Auf das Tagesgeldkonto können Sie täglich zugreifen, Ihr Festgeld erhalten Sie am Ende der Laufzeit oder mit einer Kündigungsfrist inklusive einer Stornogebühr. Aktien sind zwar täglich handelbar, jedoch müssen Sie möglicherweise einen Verlust hinnehmen, weil gerade die Kurse niedrig sind.

**WISO rät**
Wählen Sie die Anlageform entsprechend dem Sparziel sowie Ihrer Renditeerwartung und Risikobereitschaft. Nutzen Sie Fachzeitungen, um sich zu informieren. Holen Sie sich auch Rat bei Ihrer Bank und unabhängigen Finanzberatern – Sie müssen ja nicht sofort ein Produkt kaufen, sondern können sich erst einmal beraten lassen, um einen Überblick zu bekommen.

## Formen der Geldanlage

Wenn Sie sich über Spar- und Anlageformen informieren, dann finden Sie sich schnell in einer Art Gemischtwarenladen der Finanzprodukte wieder: Sie können Ihr Geld in Anleihen (festverzinsliche Wertpapiere), Termingelder, Renten- sowie Aktienfonds, Aktien oder Optionsscheine investieren, oder Sie legen es auf das klassische Sparbuch beziehungsweise zeichnen einen Sparbrief. Aber auch der Kauf von Edelmetallen und Rohstoffen sowie das direkte Investment, zum Beispiel in ein Unternehmen oder in eine Immobilie, ist möglich. Neben Ihrer eigenen Risikobereitschaft und Renditeerwartung sollten Sie sich im Vorfeld einer Finanzanlage grundlegend informieren und die Produkte verschiedener Anbieter vergleichen. Dabei helfen Fachmedien und spezielle Publikationen als auch wöchentliche Rundschreiben von Banken und Investmenthäusern.

**Achtung!**
Hüten Sie sich vor Geldgeschäften am sogenannten grauen Kapitalmarkt. Dieser »Marktplatz« unterliegt keiner staatlichen Aufsicht oder anderen Reglementierungen. Mit »Traumrenditen«, »todsicheren Anlageprodukten« oder »Steuer-

sparmodellen« wird in Tageszeitungen, im Internet oder über das Telefon geworben. Die Mehrzahl der Angebote und der Firmen werden jedoch von Finanzexperten, Verbraucherschützern und der Kriminalpolizei als unseriös eingestuft. So führen beispielsweise die Schutzgemeinschaft der Kapitalanleger (SdK), Deutscher-Anlegerschutzbund (DASB) und die Verbraucherzentralen Listen über unseriöse Unternehmen und deren Produkte.

## Geldanlage bei der Bank

Für viele Menschen findet die Vermögensbildung in erster Linie über das Girokonto bei der Hausbank statt. Von hier aus sollten Sie auch Ihre weiteren finanziellen Schritte planen. Wie im Kapitel *Das richtige Konto finden* beschrieben, gehört zu einem Girokonto heutzutage ein gut verzinstes Tagesgeldkonto, auf dem Sie flexibel überschüssiges Guthaben parken, Ihr Sicherheitspolster lagern oder systematisch mit einem Dauerauftrag das Geld für den kommenden Sommerurlaub beiseite legen.

Wer auf sichere Anlageformen setzen möchte, wird bei den Banken auf jeden Fall fündig: Sparbriefe, Termin- beziehungsweise Festgelder oder Wachstumssparen bieten Ihnen beispielsweise die Möglichkeit, anhand von festen Zinsen und vorher vereinbarten Laufzeiten Ihre Rendite genau zu berechnen. Auch Ratensparverträge oder Sparzertifikate mit Bonuszinsen haben die Banker im Angebot. Bei diesen Produkten gibt es zahlreiche Variationen, beispielsweise abhängig von Basis- und Bonuszinsen sowie von der Höhe der Raten oder von der Laufzeit.

**WISO rät**

Lassen Sie sich von vermeintlich tollen Bonuszahlungen nicht blenden, sondern berechnen Sie die Durchschnittsrendite. Nur so sind einzelne Anlageprodukte vergleichbar.

Genossenschaftsbanken wie Volks-, Sparda- oder Raiffeisenbanken bieten ihren Kunden an, sogenannte Geschäftsanteile zu erwerben. Dadurch werden Sie in begrenztem Maße Teilhaber am Kreditinstitut und partizipieren am wirtschaftlichen Erfolg. Dabei können die jährlichen Zinsen auf die Anteile erheblich über dem durchschnittlichen Marktzins liegen. Wird schlecht gewirtschaftet, gibt es in aller Regel aber auch keine Dividende.

Vergleichen Sie die Konditionen für die Anlageprodukte der Banken am besten im Internet zunächst über Vergleichslisten und dann aber auch immer im Detail bei den entsprechenden Instituten. Änderungen können täglich passieren. Trauen Sie sich ruhig, ein Festgeld oder einen Sparbrief bei einem anderen Kreditinstitut abzuschließen, das Ihnen bessere Renditen als Ihre Hausbank bietet. Neben der Kontoeröffnung und der Überweisung des Geldbetrags fallen nämlich normalerweise keine weiteren Formalitäten an. Erteilen Sie aber auch immer – wenn möglich – einen entsprechenden Freistellungsauftrag und prüfen Sie die Höhe der Einlagensicherung des Kreditinstituts (vgl. Kapitel *Das richtige Konto finden*, Seite 39).

**WISO rät**

Prüfen Sie bei Sparbriefen und Festgeldern immer vor dem Abschluss die vorzeitigen Ausstiegsmodalitäten, die Kündigungsregeln zum Ende der Laufzeit und die mögliche Zinsentwicklung. Achten Sie bei Ratensparverträgen und Sparzertifikaten zusätzlich auf die Modalitäten bei Grund- und Bonusverzinsung sowie auf die Mindesthöhe der monatlichen Einzahlungen.

## Beratung nur mit Protokoll

Durch die EU-Regelung MiFID (Markets in Financial Instruments Directive) müssen vor einem Wertpapiergeschäft die Kunden per Fragebogen einer Risikoklasse zugeordnet werden: konservativ, sicherheits- beziehungsweise ertragsorientiert, spekulativ oder hochspekulativ. Dafür werden Schulbildung, Wissensstand über Geldanlage, Einkommen oder bereits getätigte Investitionen abgefragt. Wer seit Jahresbeginn 2010 sein Geld bei einer Bank anlegen möchte, hat ein Anrecht auf ein detailliertes Beratungsprotokoll. Die Kreditinstitute sind gesetzlich sogar dazu verpflichtet. Im Falle einer Falschberatung ist das meist Ihre einzige Chance auf Schadenersatz. Kommt es zu einer Falschberatung, können Sie sich bei Summen bis 5 000 Euro an den Ombudsmann der Banken wenden. Dieser kann ohne ein gerichtliches Verfahren zwischen Kreditinstitut und Ihnen schlichten. Verbraucherschützer fordern zudem eine »Beweislastumkehr«, das heißt Banken und Berater müssen beweisen, dass sie ordentlich beraten haben. Derzeit sind aber noch die Anleger in der Pflicht, den Banken den Fehler nachzuweisen, also im schlimmsten Fall Sie.

Hier die wichtigsten Tipps für ein Beratungsgespräch:

- Klären Sie genau Ihre Risikoklasse und Ihre Anlageziele.
- Lassen Sie sich Fachbegriffe, Kosten, Renditechancen und Verlustrisiken einer Anlage erklären. Ein Produkt, das Sie nicht verstehen, sollten Sie nicht kaufen.
- Wird mit steuerlichen Vergünstigungen geworben, prüfen Sie genau, ob diese für Sie infrage kommen.
- Prospekte müssen Sie gelesen und verstanden haben. Notieren Sie auf dem Protokoll, wenn Sie diese ausgehändigt bekommen, jedoch noch nicht gelesen haben. Und achten Sie auf das Kleingedruckte.
- Überschlafen Sie wichtige Anlageentscheidungen noch einmal. Ein seriöser Berater lässt Ihnen die Zeit.

- Angebote und Zusagen sollten Sie sich immer schriftlich geben lassen.
- Klären Sie, wer im Falle einer Falschberatung haftet: Der Berater selbst, seine Haftpflicht oder seine Bank beziehungsweise seine Firma?
- Fragen Sie nach der beruflichen Qualifikation und den Praxiserfahrungen des Beraters.
- Prüfen Sie Alternativangebote. Gehen Sie zur Konkurrenz und fragen dort nach einer vergleichbaren Anlage.
- Fragen Sie nach den Provisionen (»Kick-backs«), die Ihr Berater für die Vermittlung erhält.

## Geldanlage am Kapitalmarkt

Traumrenditen von über 1 000 Prozent in nur einem Jahr – Ende der 1990er Jahre herrschte am Aktienmarkt Goldgräberstimmung. Angeschoben von der »Volksaktie« der Deutschen Telekom mutierten viele Kleinanleger in der Hochphase des Neuen Marktes (heute TecDAX) zu selbst ernannten Börsenprofis – Aktien und Börsen waren Gesprächsthemen auf fast jeder Party, am Stammtisch oder nach dem Fußballtraining. Wer nicht in Aktien investierte, wurde belächelt, galt als altmodisch statt finanziell hip. Doch nach dem steilen Bergauf, der sogenannten Börsen-Hausse, folgte im Jahr 2000 Katerstimmung an den Börsen, die Kurse fielen in der folgenden Baisse: Der Deutsche Aktienindex (DAX) verlor bis 2003 über 70 Prozent an Wert. Verlierer des Börsencrashs waren vor allem die Kleinanleger, da die meisten sehr spät eingestiegen waren und Verluste nicht hinnehmen wollten und nicht verkauft haben. Oder sie haben oft aus Unwissenheit sich zu spät von ihren Aktien getrennt oder den Unternehmen die Treue gehalten und auf bessere Börsenzeiten gehofft. Aus diesen Erfahrungen heraus kehrte ein Großteil der Kleinanleger der Börse den Rücken. Am Kapitalmarkt geht es auch heute noch turbulent zu, das Auf und Ab der Kurse gehört zum Börsenalltag. Und selbst so dramatische Einbrüche wie im Jahr 2008, als die US-Bank Lehman Brothers Pleite ging und weltweit die Börsen auf Talfahrt geschickt hat, gehören mittlerweile zum Bild der Börse. Dennoch gibt es auch für sicherheitsorientierte Anleger am Wertpapiermarkt gute Möglichkeiten, das Geld zu mehren.

Dieser Abschnitt soll Ihnen einen kleinen Überblick zum Thema Kapitalmarkt und grundlegende Tipps zu den drei Anlageformen Bundeswertpapiere, Fonds und Aktien geben. Die Bandbreite an Wertpapieren ist jedoch sehr groß, die Regeln und der Umgang mit den einzelnen Typen sind sehr unterschiedlich. Deshalb sollten Sie sich über einschlägige Fachliteratur, Fachzeitungen sowie Broschüren von Banken und Verbänden rund um das Thema Wertpapier-Anlage vor einem Investment informieren. Bleiben Sie auch während Ihrem finanziellen Engagement stets gut informiert, denn bei den meisten Anlageformen müssen Sie sich kontinuierlich damit beschäftigen, um Verluste zu beschränken und Chancen zu nutzen.

**WISO rät**

Hüten Sie sich vor »Geheim- und Insidertipps«, die Ihnen am Telefon, in E-Mails oder in einem Internetforum gegeben werden. Auch Ratschläge aus dem Bekanntenkreis sollten Sie kritisch betrachten.

### Risikoeinstufung und Depoteröffnung

Bevor Sie bei irgendeinem Kreditinstitut oder Fondsanbieter den Handel mit Wertpapieren betreiben können, benötigen Sie ein Wertpapierdepot. In diesem werden Ihre Aktien, Fonds oder Zertifikate verwaltet. Sowohl Banken als auch Fondsgesellschaften verlangen eine jährliche Verwaltungsgebühr von Ihnen, abhängig von Anzahl, Wert und Herkunft der Wertpapiere. Führen Sie bei einer Bank oder einem Direktbroker Ihr Depot, so können Sie darin in der Regel sowohl Aktien als auch Fonds oder andere Wertpapiere verwalten und handeln. Wer hingegen bei einem Fondsanbieter sein Depot hat, kann dort nur Fonds einlagern. Wenn Sie online und in Eigenregie Ihre Anlagen betreuen, haben Sie in der Regel geringere Verwaltungskosten – oft ist ein Online-Depot kostenlos.

Bei der Eröffnung müssen Sie sich selbst in eine sogenannte Risikoklasse einstufen. Das heißt, Sie können nur Wertpapiergeschäfte tätigen, die Ihrer Risikoklasse entsprechen. Bei der Einstufung spielen zum einen Ihre Erfahrung mit Börsengeschäften eine Rolle und zum anderen Ihr Anlageziel. Die Risikoklassen reichen von A, bei der eindeutig die Sicherheit der Anlage im Vordergrund steht, bis hin zur Klasse E. Hier wird auf sehr hohe Erträge bei sehr hohem Risiko spekuliert, ein Totalverlust des Kapitals ist möglich. Auf der Website www.finanzen35.de finden Sie einen Überblick zu den Risikoeinstufungen. Eine dreiteilige Einstufung durch die Banken in konservativ, risikobewusst und spekulativ ist ebenfalls möglich.

Eröffnen Sie bei einer Filialbank ein Depot, so führen Sie in der Regel vorher ein Gespräch mit Ihrem Bankberater, der Sie über die Risiken beim Handel mit Wertpapieren aufklärt. Dabei unterzeichnen Sie am Ende die Depoteröffnung, Ihre Risikoeinstufung und ein Protokoll der Beratung (vgl. *Beratung nur mit Protokoll*, Seite 156). Die Besprechung zur Depoteröffnung als auch alle weiteren Anlageberatungen sollten in einem separaten Raum und niemals am Schalter oder unter zeitlichem Druck stattfinden. Bei Banken, die keine Filialen besitzen, nehmen Sie die Risikoeinstufung in den Dokumenten zur Depoteröffnung selbst vor. In aller Regel erhalten Sie von Ihrer Bank eine breite Palette an Informationsbroschüren, die Ihnen Grundlagen über Anlageformen, Fachbegriffe sowie Chancen und Risiken rund um den Kapitalmarkt vermitteln. Immer, wenn Sie beraten werden, sollten Sie ein Beratungsprotokoll erstellen und Ihren Bankberater dieses unterzeichnen lassen. Das kann Ihnen bei einer Falschberatung Ihr verlorenes Geld retten. Eine Checkliste zum Beratungsgespräch und ein Musterprotokoll finden Sie unter www.finanzen35.de.

Seit der Finanzkrise stehen die Banken und ihre oft unverständlichen Anlageprodukte in der Kritik. Auf Druck von Politik und Verbraucherschützern haben sich die Banken dazu bereit erklärt, für viele ihrer Finanzprodukte einen verständlichen »Beipackzettel« an die Kunden herauszugeben. Diese Produktionformationsblätter sollen standardisiert sein, sodass Bankkunden schnell vergleichen können und verstehen, um was es sich handelt und wie riskant ein Produkt ist. Bereits seit Herbst 2009 bietet die Direktbank ING-DiBa für zahlreiche Anlagemöglichkeiten die »Beipackzettel« an. Der Großteil der privaten Banken will ab Sommer 2010 folgen: Federführend entwickelt der Bundesverband deutscher Banken so einen Beipackzettel für seine Mitglieder. Muster kann man unter www.bankenverband.de im Internet einsehen.

**WISO rät**

Lassen Sie sich umfassend von Ihrem Bankberater aufklären, beraten und – wenn möglich – ein Produktinformationsblatt aushändigen, das über die Risiken der Anlageprodukte aufklärt. Wenn Sie etwas nicht verstehen, fragen Sie nach – bei Direktbanken auch telefonisch. Handeln Sie niemals mit Wertpapieren, die Sie nicht verstehen und deren Risiken Sie nicht abschätzen können.

Banken und Internetseiten, die über Finanzthemen informieren, bieten die Möglichkeit, ein kostenloses, fiktives Depot einzurichten. Beispielsweise bei www.onvista.de, www.aktiencheck.de oder www.de.finance.yahoo.com können Sie Wertpapiere beobachten, analysieren und virtuell handeln. Dazu erhalten Sie viele

Informationen über Geschäftsentwicklungen von Unternehmen oder Analystenmeinungen. So können sich Neulinge eine Vorstellung vom Wertpapierhandel verschaffen.

## Bundeswertpapiere – eine sehr sichere Anlage

Ohne Schulden kommt auch der Staat nicht aus. Dafür nimmt das Bundesfinanzministerium jedes Jahr Kredite in Milliardenhöhe auf. Ein Teil dieses Geldes kommt auch von Privatanlegern, die in Bundeswertpapiere investieren. Durch den Kauf haben die Anleger gegenüber dem Staat finanzielle Forderungen – quasi ist der Staat bei ihnen Schuldner. Da die Bundesrepublik über eine erstklassige Bonität verfügt, das heißt, das geliehene Geld wird auch wieder zurückgezahlt, gelten Bundesanleihen, Bundesobligationen, Finanzierungsschätze und Bundesschatzbriefe als sehr sichere Geldanlage. Dementsprechend gut ist das sogenannte Rating, die Bewertung von Banken und Finanzanalysten. Im Gegensatz zu Staatsanleihen von Schwellenländern (zum Beispiel aus Süd-/Mittelamerika, Osteuropa, Asien oder Afrika) ist Ihr angelegtes Geld in Bundeswertpapieren bis zum Ende der Laufzeit sehr sicher, ein Staatsbankrott in Deutschland ist eher unwahrscheinlich. Verkaufen Sie die Papiere jedoch vor dem Ende der Laufzeit, müssen Sie möglicherweise auch bei Bundeswertpapieren mit Kursverlusten rechnen.

**WISO rät**

Unabhängige Rating-Agenturen wie Moody's (www.moodys.com) oder Standard and Poor's (www.standard andpoors.com) bewerten Staats- und Unternehmensanleihen. Informieren Sie sich dort und investieren Sie niemals in Anleihen ohne Rating. Das Bewertungsschema von S&P finden Sie unter www.finanzen 35.de

Von den einzelnen Bundeswertpapiertypen gibt es unterschiedliche Varianten, je nach Anlagehöhe, Laufzeit und Zinszahlung. Die

Rendite bewegt sich bei Bundeswertpapieren in der Regel zwischen 2,0 und 4,0 Prozent im Jahr. Für die gezahlten Zinsen müssen Sie Steuern zahlen, sobald Sie Ihren Sparerpauschbetrag (vgl. Seite 35) ausgeschöpft haben. Bundeswertpapiere eignen sich neben der Einmalanlage auch für das kontinuierliche Ratensparen.

**Tabelle 13: Vergleich Bundesschatzbriefe**

| | Typ A | Typ B |
|---|---|---|
| Laufzeit | 6 Jahre | 7 Jahre |
| Zinsart | Staffelzins | jährlich steigend |
| Zinszahlung | jährlich: das heißt jährliche Belastung beim Sparerpauschbetrag | Zinsansammlung bis zum Ende: das heißt einmalige, aber größere Belastung beim Sparerpauschbetrag |

Wer bei seiner Bank ein Depot lediglich für Bundeswertpapiere unterhält und dafür Verwaltungs-, Kauf- und Verkaufsgebühren zahlt, schmälert seine Rendite. Bei der Deutschen Finanzagentur (früher Bundeswertpapierverwaltung) können Privatanleger kostenlos ein Depot einrichten und Bundeswertpapiere ohne zusätzliche Kosten je nach Wunsch als Einzel- oder als Dauerauftrag direkt erwerben und auch gebührenfrei verwalten lassen. Der Handel geht über das Internet, per Telefon, Fax oder Brief.

Bundesrepublik Deutschland – Finanzagentur GmbH
Lurgiallee 5
60295 Frankfurt/Main
Fon: 0 69/2 56 16–0
Fax: 0 69/2 56 16–14 76
E-Mail: info@deutsche-finanzagentur.de
Internet: www.deutsche-finanzagentur.de

### Investmentfonds – mit kleinen Beträgen an der Börse

Statt in einzelne Wertpapiere zu investieren, können Sie auch Anteile an einem Investmentfonds erwerben. Sie geben damit der Fondsgesellschaft und dem betreuenden Fondsmanager Geld in die Hand, um am Kapitalmarkt zu investieren. Derzeit können Anleger aus mehreren Tausend nationalen und internationalen Fonds wählen, die in Deutschland zugelassen sind. Je nachdem, wie viele Menschen ihr Geld darin investieren, kann der Wert eines Fonds einige hunderttausend Euro bis zu mehreren Milliarden Euro umfassen. Die Deutschen hatten 2009 über 650 Milliarden Euro in Fonds investiert, dabei etwa 197 Milliarden in Aktien- und 149 Milliarden in Rentenfonds.

Fonds bilden nahezu alle Anlagewünsche ab, von riskant bis sicher. Dementsprechend breit ist die Angebotspalette. Einige Beispiele: *Aktienfonds* investieren das Geld in Aktien bestimmter Unternehmen. Schwerpunkte können dabei Regionen, Länder oder Branchen sein. Beispielsweise ein Fonds, der Aktien aus Nordamerika, Japan und Europa aus dem Telekommunikationssektor kauft. Aber auch an Standard- (zum Beispiel Volkswagen, Deutsche Bank, Nokia, Shell) und Nebenwerten (zum Beispiel Air Berlin, Sixt oder Loewe) sowie an der ethischen Geschäftspolitik der Firmen richten sich Fonds aus. Ebenfalls können Unternehmen, die einem Aktienindex angehören, das Investitionsziel sein: Ein Aktienfonds, der sich an den DAX-Unternehmen orientiert, kauft entsprechend Wertpapiere der dort gelisteten Unternehmen. Beim DAX sind das die 30 größten börsennotierten deutschen Unternehmen.

Ein *Rentenfonds* investiert in festverzinsliche Wertpapiere wie beispielsweise Staatsanleihen (Bundeswertpapiere). Ein *Indexfonds* zeichnet die Entwicklung eines bestimmten Aktienindex nach. Gewinnt der DAX beispielsweise in einem Jahr 15 Prozent an Wert, so steigt auch der Wert des Fonds um 15 Prozent. Ein

*Immobilienfonds* beteiligt sich teilweise oder ganz an Immobilien, zum Beispiel Bürogebäuden, Wohnkomplexen oder auch an einem Flughafen. Ein *Dachfonds* hingegen investiert nicht in einzelne Wertpapiere, Anleihen, Währungen oder Immobilien, sondern erwirbt Anteile an anderen Fonds – je nach thematischer Ausrichtung des Dachfonds. Unter www.finanzen35.de finden Sie einen Überblick zu den einzelnen Fondsarten.

Der überwiegende Teil der Investmentfonds ist offen, das heißt die Fondsgesellschaften sind dazu verpflichtet, jederzeit Anteile zum aktuellen Kurswert zurückzunehmen. Darüber hinaus werden die Fondsgesellschaften und ihre Produkte von der Bundesanstalt für Finanzdienstleistungen (BaFin) kontrolliert. Es gibt auch in kleinem Maße geschlossene Fonds, die aber beinahe so riskant sind wie eine direkte Aktienanlage. Die Anteile werden an der Börse gehandelt und können nicht bei der Fondsgesellschaft zurückgegeben werden.

**Achtung!**
Geschlossene Investmentfonds sollten Sie nicht mit Steuersparmodellen von geschlossenen Immobilien-, Medien-, Schiffs- oder Windkraftfonds verwechseln. Diese sind keine staatlich kontrollierten Investmentfonds, sie gehören in der Regel dem grauen Kapitalmarkt (vgl. Seite 153) an.

Auch bei der Geldanlage in Investmentfonds müssen Sie sich folgende Fragen stellen: Welches Anlageziel haben Sie? Welches Risiko wollen Sie eingehen und wann benötigen Sie möglicherweise das Geld? Neben der sicheren Einmalanlage, um beispielsweise Kapital für eine bestimmte Zeit zu parken, eigenen sich Fonds vor allem für den mittel- und langfristigen Vermögensaufbau über monatliche Fondssparpläne oder periodische Einzahlungen, beispielsweise durch Weihnachtsgeld, Steuerrückzahlung oder Geldgeschenke zum Geburtstag. Besonders interessant sind Sparpläne für Arbeitnehmer, die Vermögenswirksame Leistungen (VL) erhalten, da hier Arbeitgeber und Staat Geld zuschießen (vgl. Seite 197).

Bereits mit kleinen Beiträgen können sich Sie über Fonds am Kapitalmarkt beteiligen: Fondssparpläne gibt es schon ab 25 Euro im Monat. Durch die kontinuierliche Einzahlung mindern Sie gegenüber einem Einmalinvestment das Risiko, bei zu hohen Kursen einzusteigen. Die Verteilung der Kosten über einen längeren Zeitraum spiegelt sich im sogenannten Cost-Average-Effekt (Durchschnittskosteneffekt) wider. So kaufen Sie in schlechten Börsenzeiten viele Anteile zu niedrigen Kursen und partizipieren am Aufschwung entsprechend stärker. Mit Sparplänen erwirtschaften Sie – den Erfahrungen der letzten Jahrzehnte nach – über einen langen Zeitraum gesehen einen besseren Renditedurchschnitt. Und einen weiteren Vorteil haben Fondssparpläne noch, beispielsweise gegenüber zeitlich festgelegten Banksparplänen: Es gibt keine festen Kündigungsfristen oder Laufzeiten. Sie können also jederzeit über Ihr Geld verfügen oder auch problemlos die Beiträge erhöhen, verringern oder aussetzen.

Investmentfonds können Sie beispielsweise über Banken, Fondsgesellschaften, Direktbroker oder Fondsshops erwerben. Voraussetzung ist ein Wertpapierdepot. Dabei fallen neben den jährlichen Depotgebühren noch ein Ausgabeaufschlag beim Kauf sowie eine Managementgebühr an. So zahlt man bei Aktienfonds zwischen 2,5 und 5,0 Prozent und bei Rentenfonds 2,0 bis 4,0 Prozent als Ausgabeaufschlag. Für das Management der Fonds werden Ihnen in der Regel einmal jährlich zwischen 0,25 und 2,5 Prozent auf das ganze Fondsvermögen in Rechnung gestellt. Wenn Sie umschichten, also von einem bestehenden in einen neuen Fonds wechseln, können Switchgebühren anfallen, sehr selten werden noch Verkaufsgebühren bei der Rücknahme der Fondsanteile fällig. Für einen kurzfristigen Fondskauf rentiert sich möglicherweise eine jährliche höhere Managementgebühr und ein geringer Ausgabeaufschlag.

**Achtung!**
Viele Fondsanbieter sind in Zeiten schwächelnder Börsen und sinkender Mittelzuflüsse auf neue Einnahmequellen angewiesen. Daher: Achten Sie bei Fonds immer auf zusätzliche Managment-Gebühren, beispielsweise die sogenannte Performance Fee. Durch solche Zusatzkosten verschlechtern sich Ihre Renditechancen.

**WISO rät**
Direktbanken und Direktbroker sowie Fondsshops verlangen für große Teile der angebotenen Fonds einen geringeren und teilweise gar keinen Ausgabeaufschlag. Die Depotgebühren sind ebenfalls gering oder entfallen teilweise ganz. Auch die Börsenplätze, wie zum Beispiel die Börse in Frankfurt, bieten mittlerweile einen direkten Fondskauf für Privatanleger an. Hier sind die Kosten ebenfalls meist geringer als gegenüber der Hausbank.

**Tabelle 14: Vergleich Fondskauf: 5000 Euro Einmalanlage bei gleicher Managementgebühr**

| | Ausgabeaufschlag | Depot gebühr | Kosten im ersten Jahr |
|---|---|---|---|
| Hausbank | 5,0 Prozent | 10 Euro | 260 Euro |
| Direktbank | 2,0 Prozent | 0 Euro | 100 Euro |

Investmentfonds bieten zwei Ertragsquellen: Neben möglichen Kursgewinnen schütten Investmentfonds jährlich auch eine Dividende aus. Diese wird in der Regel entweder an Sie ausgeschüttet oder direkt in den Fonds beziehungsweise in neue Fondsanteile investiert (thesauriert). Auf die Gewinnanteile werden Steuern fällig, sobald Ihr erteilter Sparerpauschbetrag aufgebraucht ist. Wer seit 2009 als Single über 801 Euro beziehungsweise als Ehepaar über 1 602 Euro im Jahr an Zinseinnahmen, Kursgewinnen und Dividenden hat, muss alles, was über den Freigrenzen liegt, einheitlich mit 25 Prozent versteuern. Die sogenannte Abgeltungsteuer (vgl. Seite 173) wird automatisch von der Bank oder dem Fondsanbieter einbehalten.

### Risiko und Anlagestrategien bei Investmentfonds

Je nach Fondstyp und Anlageziel ist die Chance, Verluste oder Gewinne zu machen, entsprechend niedrig beziehungsweise hoch. Streuen Sie auch bei der Fondsauswahl das Risiko: Setzen Sie niemals alles auf eine Karte, sondern sorgen Sie für eine ausgewogene Mischung in Ihrem Depot. Und informieren Sie sich vor dem Kauf. Hier noch ein paar Tipps:

- Je kürzer die Anlagedauer ist, desto schwankungsärmer sollte der Fonds sein.
- Ein Indikator für das Risiko ist neben dem Anlageschwerpunkt die sogenannte Volatilität, die Wertschwankung. Ein Biotechfonds hat eine höhere Volatilität als ein Fonds europäischer Standardwerte.
- Aber auch die Wertentwicklung in den letzten Jahren gegenüber vergleichbaren Fonds oder Indizes kann Ihnen bei der Auswahl helfen.
- Qualität und Erfahrungen des Fondsanbieters sowie Auswahl und Anzahl der Aktien oder Anleihen, die gekauft werden, beeinflussen ebenfalls die Renditeaussichten.
- Fachzeitungen wie *FINANZtest*, *Capital* oder *BÖRSEonline* bewerten Investmentfonds langfristig und geben monatlich Vergleichslisten heraus.

- Bankenunabhängige Fondsrating-Agenturen bewerten die Fonds nach Qualität und Quantität: zum Beispiel Morningstar (www.morningstarfonds.de), Lipper (www.lipperleaders.com) Standard & Poor's (www.funds-sp.com). Das Bewertungsschema von Morningstar und S&P finden Sie auf der Website www.finanzen35.de.
- Zahlreiche Banken besitzen auch Fondsgesellschaften, deren Produkte in erster Linie den Kunden angeboten werden. Beispiele: Volks- und Raiffeisenbanken setzen vor allem auf Union Investment, Sparkassen auf Fonds von Deka und die Deutsche Bank hat mit DWS Investment ebenfalls eine eigene Fondsgesellschaft an der Hand. Aber Achtung: Ein hauseigener Fonds kann gegenüber Konkurrenzprodukten eine schlechtere Rendite aufweisen. Vergleichen Sie also.

## Aktien – hohe Chancen, viel Risiko

Der einfachste Weg, sich direkt an einem Unternehmen zu beteiligen und an dessen Erfolg partizipieren zu können, ist der Kauf von Aktien. Über 3,6 Millionen Menschen in Deutschland galten 2009 laut Deutschem Aktieninstitut (DAI) als Aktionäre. Im Verhältnis zu anderen Industrieländern, wie zum Beispiel Großbritannien, den USA oder skandinavischen Staaten, ist die Aktionärsquote trotz der Euphoriejahre in den 1990er Jahren aber gering. Die Gründe: Die Deutschen sind eher sicherheitsorientierte Anleger und meiden eher das Auf und Ab der Kurse. Außerdem beschäftigen sich viele Menschen nicht gerne mit Finanzthemen, speziell mit dem Kapitalmarkt. Das ist beim Fachchinesisch der Börsianer und den unverständlichen Börsenkursen in Ihrer Tageszeitung auch nicht verwunderlich. Wer beschäftigt sich schon freiwillig in der Freizeit mit »Brief- und Geldkursen«, »Cash-Flow« oder »Stopp-Loss«? Trotz dieser anfänglich fachlichen Hürde bietet der Aktienmarkt vor allem für junge Menschen aber die Möglichkeit auf lange Sicht (20 bis 30 Jahre) an der Ertragskraft von Aktien und Aktienfonds gut zu verdienen. Dabei sollten Sie aber Zeit haben, sich um Ihre Anlagen zu kümmern, das Risiko zu streuen und sich an eine Regel des verstorbenen Altmeisters André Kostolany halten: »Wer viel Geld hat, kann spekulieren; wer wenig Geld hat, darf nicht spekulieren.«

Börsenmakler haben ihren eigenen Fachjargon. Man spricht bekanntlich von Bulle und Bär, den Wahrzeichen der Börse. Der Bulle stößt die Kurse von unten nach oben, man spricht von einem sogenannten Bullen-Markt, wenn die Kurse steigen. Das Gegenteil ist der Bären-Markt, der Bär drückt die Kurse mit seinen Tatzen nach unten. Hier noch ein paar weitere Beispiele, die Sie sicherlich schon einmal gehört haben.

Tabelle 15: Fachausdrücke vom Börsenparkett und ihre Bedeutung

| | |
|---|---|
| Hausse (Bullen-Markt) | steigende Aktienkurse für einen bestimmten Zeitraum |
| fest oder behauptet | steigende Kurse |
| behauptet | geringe Veränderung der Aktienkurse gegenüber dem Vortag |
| schwach | fallende Kurse |
| tendiert seitwärts | keine Veränderungen am Markt |
| Baisse (Bären-Markt) | fallende Aktienkurse für einen bestimmten Zeitraum |

### Kosten, Renditechancen und Risiken bei Aktien

Ähnlich wie bei Investmentfonds benötigen Sie als Aktionär auch ein Depot bei einer Bank oder einem Discount-Broker, über das

Sie Ihre Aktien verwalten und handeln können. Eine direkte Teilnahme am Börsenhandel ist nur einem kleinen Personen- und Firmenkreis vorbehalten. Entweder Sie wenden sich für Kauf, Verkauf oder Zeichnung an Ihren Bankberater oder Sie managen Ihre Orderaufträge selbstständig über das Internet oder ein Callcenter. Sowohl bei einem Kauf- als auch bei einem Verkaufsauftrag fallen für Sie rund 1 Prozent Bank-Provisionen, eine kleine Maklercourtage und mögliche Extra-Gebühren für den Verkauf von ausländischen Wertpapieren an. Dabei variiert vor allem die Mindesthöhe der Bank-Provision. Wer ohne Beratung bei einem Discount-Broker handelt, zahlt dabei weniger.

Aber auch der Staat hält seine Hände auf. Kursgewinne und Dividenden, die über Ihrem Sparerpauschbetrag liegen, werden pauschal mit 25 Prozent besteuert (vgl. Seite 173). Neben den steigenden Aktienkursen können auch die jährlichen Dividenden eine attraktive Rendite darstellen: Die sogenannte Dividendenrendite vieler Aktien liegt bei mehr als 3,0 Prozent im Jahr. Werden keine Dividenden gezahlt, so kann der Aktionär nur auf Kurssteigerungen hoffen. Die sind bei Aktien aber niemals garantiert und auch nicht vorhersehbar – ein sicheres System zur Kursprognose hat bisher niemand gefunden. Vielmehr gibt es zahlreiche Einflussfaktoren auf die Kursentwicklungen: Das sind nicht nur die Geschäftszahlen des Unternehmens selbst oder das direkte Marktumfeld, sondern auch weltweite Ereignisse und Entwicklungen. Auf die Terroranschläge vom 11. September 2001 haben alle Börsen mit tagelangen Kursabschlägen reagiert und selbst die Kurse gut wirtschaftender Unternehmen kräftig ins Minus gedrückt. Steigende Gehälter und Konsumausgaben der Verbraucher wirken sich auf viele Aktien positiv aus. Aber auch die Veränderung der Rohstoffpreise wie von Öl, Erdgas oder Stahl beeinflusst die Börsenkurse. Börsenmakler sowie institutionelle Anleger und damit auch Privatanleger – Letztere meist mit zeitlicher Verzögerung – handeln oft nicht rational, sondern aufgrund von Erwartungen, Stimmungen und Einschätzungen.

Die zukünftige Entwicklung ist entscheidend, was aktuell passiert ist normalerweise schon in den Kursen »eingepreist«, also ohne weiteren Einfluss. Die Vergangenheit ist nahezu uninteressant, ein guter Informationsstand über Wirtschaft und Finanzen dagegen unabdingbar.

Wie extrem die Börse funktioniert, zeigt die Hochphase der Börseneuphorie zwischen 1998 und 2000. Vor allem Aktien von Technologieunternehmen stiegen damals immens an, da die Firmen traumhafte Geschäftsentwicklungen prognostizierten, die von den Anlegern als realistisch eingeschätzt wurden. Auch das Fusionsfieber und die zahlreichen Neuemissionen haben den Kursanstieg noch beschleunigt. Jedoch blieben viele Firmen und Geschäftsmodelle hinter den Erwartungen zurück. Das Ergebnis war ein kurzes Kursfeuerwerk, dem ein kräftiger Kursverfall folgte. Verdient haben vor allem die Börsenprofis, den Großteil der Zeche haben Kleinanleger gezahlt. Diese sind oft spät auf den Börsenzug aufgesprungen und haben durch die Mischung aus Unkenntnis, mangelnder Informationsbeschaffung und der Gier nach dem schnellen Geld, ein teures Lehrgeld gezahlt.

**WISO rät**

Unwissenheit und Selbstüberschätzung sind für Ihr Aktien-Engagement genauso schlecht, wie ein Bankberater, der wenig Ahnung von der Börse hat. Ein guter Berater sollte Ihre individuelle Situation berücksichtigen und auf Ihre Anlageziele eingehen. Stellen Sie kritische Fragen. Schließlich sind auch Sie am Ende für die Entscheidung verantwortlich.

## Rechte und Grundregeln für angehende Aktionäre

Als Aktionär sind Sie Teilhaber am Unternehmen und besitzen neben dem finanziellen Risiko auch ein Mitspracherecht – pro Aktie eine Stimme. Das geschieht vor allem in der jährlichen

Hauptversammlung, zu der Sie eingeladen werden. Dort wird beispielsweise über Dividendenhöhe oder Satzungsänderungen abgestimmt. Außerdem stellt sich der Vorstandsvorsitzende, der Leiter eines Unternehmens, den Aktionären, berichtet über das abgelaufene Geschäftsjahr und zukünftige Entwicklungen. Wenn Sie sich für Aktien interessieren, bedenken Sie Folgendes:

- Wer Aktien kauft, muss auch Verluste akzeptieren können.
- In Aktien sollten Sie nur Geld investieren, das Sie kurzfristig nicht benötigen. Notverkäufe können zu erheblichen Verlusten führen. Sehen Sie ein Aktieninvestment auf einen mittel- bis langfristigen Zeitraum – also 10 bis 30 Jahre.
- Mindern Sie das Risiko, indem Sie in unterschiedliche Branchen und international investieren. Während eines Konjunkturzyklus reagieren Branchen unterschiedlich auf Veränderungen wie Zinsänderungen oder Auf- und Abschwünge in den Regionen dieser Welt.
- Auch der Kauf von Investmentfonds kann die Depotmischung positiv beeinflussen.
- Nehmen Sie niemals einen Kredit für den Kauf von Wertpapieren auf.
- Informieren Sie sich über Unternehmen und deren Marktumfeld genau, bevor Sie Aktien kaufen.
- Vorteilhaft für ein Aktienengagement ist der Faktor Zeit: Haben Sie an einem Tag in der Woche Zeit, sich über Ihre Aktienanlagen zu informieren und diese zu verwalten, haben Sie schon viel gewonnen.
- Bei einem Aktienkauf sollten Sie mindestens 1000 bis 2500 Euro einplanen, da sonst die Kosten zu hoch sind.
- Überfrachten Sie Ihr Depot nicht, bei mehr als zehn Aktien verliert man schnell den Überblick über die Entwicklung der Unternehmen.
- Wählen Sie einen günstigen Zeitpunkt für Kauf und Verkauf. Beobachten Sie dafür die vergangene und erwartete Börsen-

entwicklung. Nehmen Sie Kursgewinne mit, denn nur realisierte Gewinne sind tatsächliche Gewinne. Und setzen Sie sich ein Verlustlimit. Das bewerkstelligen Sie am besten mit einem sogenannten Stopp-Limit. Fällt der Aktienkurs unter diese Grenze, wird die Aktie sofort verkauft. Lieber 20 Prozent verlieren, als eine Aktie im Depot haben, die jahrelang zwischen 40 und 60 Prozent Verlust dahindümpelt. So eine Aktie schlägt nachhaltiger auf das Anlegergemüt als vielleicht der finanzielle Verlust selbst schadet.

## Abgeltungsteuer – neue Regeln bei der Geldanlage

Statt selbst Geld zu verdienen, lässt man lieber das Ersparte für sich arbeiten: Mit Zinsen, Dividenden und Kursgewinnen vermehrt sich unser Vermögen von ganz alleine. Doch nicht der ganze Gewinn kommt auch bei uns an, der Staat greift hier ebenfalls zu. Seit 2009 in Form der Abgeltungsteuer: Wer pro Jahr mehr als 801 Euro (Alleinstehende) oder 1 602 Euro (Ehepaare) an privaten Kapitalerträgen erwirtschaftet, muss den Staat an den Gewinnen beteiligen. So werden alle Einnahmen aus Zinsen, Dividenden und Kursgewinnen, die über diesem Sparerpauschbetrag liegen, einheitlich mit 25 Prozent besteuert. Hinzu kommen noch ein Abzug in Höhe des Solidaritätszuschlags (5,5 Prozent) und der Kirchensteuer. Insgesamt kann also die endgültige Belastung bei 28 bis 29 Prozent liegen.

Hier die wichtigsten Regeln rund um die Abgeltungsteuer:

- Um Kapitalerträge steuerfrei kassieren zu können, müssen Sie (anteilig) Ihren Sparerpauschbetrag auf Ihre Banken und Fondsgesellschaften verteilen. Sobald die angegebene Höhe überschritten wird, behält die Bank die Abzüge ein und überweist diese direkt an den Staat.
- Wer einen Steuersatz von unter 25 Prozent hat, kann sich die zu viel gezahlten Abzüge über die Steuererklärung zurückholen.

- Es werden keine weiteren Werbungskosten wie Depotgebühren oder Reisekosten für Fahrten zum Anlageberater berücksichtigt.
- Bei Aktien und Fondsanteilen, die vor dem 31.12.2008 gekauft wurden und länger als zwölf Monate im Depot lagen, können Kursgewinne steuerfrei eingestrichen werden.
- Verspekulieren Sie sich mit Aktien, können Sie die Verluste nur mit Aktiengewinnen verrechnen. Dagegen können Verluste aus anderen Wertpapier- und Termingeschäften nicht nur mit Gewinnen aus solchen Geschäften verrechnet werden, sondern auch mit Zinsen und Dividenden aus anderen Anlageformen.
- Auch Sparverträge über vermögenswirksame Leistungen und Bausparverträge sind von der Abgeltungsteuer betroffen.
- Riester-Verträge sind in der Ansparphase von den Abzügen befreit. Das heißt: Wer neben seinem förderungsfähigen Vertrag einen ungeförderten Riester-Fondssparplan abschließt, muss erst im Rentenalter Steuern zahlen. Das kann sich lohnen.
- Die Ertragsanteile aus einer Rentenversicherung unterliegen nicht der Abgeltungsteuer.
- Die jährlichen Ausschüttungen von Investmentfonds werden ebenfalls nach der neuen Regelung besteuert. Eine Ausnahme bilden hier »Altveräußerungsgewinne«: Das sind Kursgewinne, die ein Fonds macht, wenn er Wertpapiere verkauft, die vor 2009 gekauft wurden. Diese Gewinne bleiben dann steuerfrei, wenn sie gesondert an die Anleger ausgeschüttet werden.

## Altersvorsorge mithilfe von Staat und Arbeitgeber

Was lange währt, sollte eigentlich auch in Zukunft noch Bestand haben. Auf die gesetzliche Rente trifft diese Annahme mittlerweile ganz und gar nicht mehr zu. Die Aussage von Konrad Adenauer, »Kinder bekommen die Menschen immer«, hat sich leider nicht bewahrheitet. Hierzulande werden seit 30 Jahren immer weniger Kinder geboren. Das bedeutet zukünftig weniger Beitragszahler bei mehr Beitragsempfängern. Die längere Lebenserwartung verschärft dieses Problem zusätzlich, denn in Deutschland gibt es das sogenannte Umlageverfahren: Die Arbeitnehmer zahlen mit ihren Beiträgen zur Rentenversicherung die monatlichen Leistungen der Rentenempfänger. Da der Rententopf nicht größer wird, kommt es langfristig sehr wahrscheinlich zu Rentenkürzungen. Für die jüngeren Generationen entsteht somit zunehmend eine Rentenlücke.

Um diese zu schließen, fördert der Gesetzgeber die freiwillige private Altersvorsorge: Basis- und Riester-Rente sowie die betriebliche Altersvorsorge locken mit Steuervergünstigungen und Zulagen während des Arbeitslebens. Doch was der Staat auf der einen Seite mit vollen Händen gibt, holt er sich auf der anderen Seite wieder zurück. Wer in Rente geht, muss auf die Auszahlungen solcher Produkte Steuern (nachgelagerte Besteuerung) und Sozialabgaben zahlen. Damit wälzt der Staat die Kosten, die die Rentenlücke schließen sollen, zum Großteil auf die Arbeitnehmer und Arbeitgeber ab. Und die höhere Besteuerung im Alter ermöglicht dem Staat bei steigenden Rentnerzahlen zusätzliche Steuereinnahmen. Außerdem fließen den arg gebeutelten Kranken- und Pflegeversicherungssystemen zusätzliche Einnahmen zu. Da ab 2040 auch die gesetzliche Rente voll versteuert werden muss, erhöhen die staatlich geförderten Altersvorsorgeprodukte die Steuerlast der jungen Menschen von heute.

**WISO rät**

Wenn Sie mit Riester-, Rürup- oder Betriebs-Rente zusätzlich vorsorgen, müssen Sie auch immer Ihre mögliche Steuerlast im Alter im Auge behalten.

## Riester-Rente

Seit 2002 kann ein Großteil der Deutschen die Riester-Rente, eine staatlich geförderte Zusatzrente, abschließen. Voraussetzung ist jedoch, dass Sie in Deutschland Ihre Steuern zahlen und sozialversicherungspflichtig sind. Gefördert werden unter anderem:

- Arbeitnehmer, die in die gesetzliche Rentenversicherung einzahlen – auch Auszubildende.
- Beamte, Richter, Soldaten, Wehr- und Zivildienstleistende sowie Empfänger von Amtsbezügen.
- Geringfügig Beschäftigte mit einem Monatsverdienst bis 400 Euro, wenn sie auf die Sozialversicherungsfreiheit verzichtet haben.
- Mütter und Väter während der 3-jährigen gesetzlichen Kindererziehungszeit.
- Pflichtversicherte Selbstständige, wie zum Beispiel Handwerker, Hebammen, Künstler oder Publizisten.
- Bezieher von Arbeitslosengeld und Arbeitslosengeld II.

Keinen Anspruch auf eine Riester-Rente haben hingegen:

- Selbstständige, die nicht in der gesetzlichen Rentenversicherung pflichtversichert sind.
- Angestellte und Selbstständige in berufsständischen Versorgungseinrichtungen, wie Ärzte, Anwälte oder Architekten. Ausnahme: Wer in der gesetzlichen Rentenversicherung pflichtversichert ist, kann die Förderung erhalten.
- Studenten.

Eine Sonderstellung genießen verheiratete Paaren. Sind diese gemeinsam steuerlich veranlagt, muss nur einer der Partner förderungswürdig sein und einen Vertrag abgeschlossen haben, damit auch der Ehegatte einen abgeleiteten Anspruch auf die Riester-Förderung bekommt. Das bedeutet, dass nichterwerbstätige Ehepartner wie Hausfrauen und Hausmänner ebenfalls in den Genuss der Riesterzulagen kommen können. Einzige Voraussetzung: Jeder Ehepartner schließt einen separaten Vorsorgevertrag ab.

## Geförderte Produkte

Das Ziel der Riester-Rente ist, eine zusätzliche Vorsorge für das Alter zu erreichen. Daher werden nur Anlageformen gefördert, die nach der Erwerbstätigkeit lebenslang einen Betrag auszahlen, eine sogenannte Leibrente. Eine komplette Einmalauszahlung zu Rentenbeginn, wie etwa bei einer Kapitallebensversicherung ist nicht vorgesehen, maximal ist eine 30-prozentige Teilauszahlung des angesparten Kapitals möglich. Den Rest erhalten Sie als regelmäßige Auszahlung. In der Regel ist das eine monatliche Rente bis zu Ihrem 85. Lebensjahr. Ab dann werden die Leistungen ausschließlich in Form einer lebenslangen Rente erbracht, der sogenannten Restverrentungszeit. Sie können bei Ihrem Riester-Vertrag folgende Anlageformen wählen:

- private Rentenversicherung
- Banksparplan: Hierbei werden feste Beträge zu einem Guthaben mit festgelegter Verzinsung angespart. Es gibt keinen garantierten Mindestzins wie bei der privaten Rentenversicherung.
- Investmentfondssparplan: Die Beiträge werden in Investmentfonds investiert. Dabei handelt es sich normalerweise um weltweit orientierte Aktien- oder Rentenfonds sowie Fonds mit einer Mischung aus Aktien und Rentenpapieren.

Bei den Sparplänen mit Investmentfonds lassen sich auf lange Sicht die besten Erträge erwirtschaften. Vor allem junge Menschen bis zu einem Alter von 40 Jahren sollten diese Chance in Betracht ziehen, da sie die Verlustrisiken am Kapitalmarkt durch die lange Laufzeit besser ausgleichen können. Wer hingegen sicherheitsbewusst ist, kann zu einer privaten Rentenversicherung greifen. Jedoch liegt dabei der Garantiezins seit 2007 bei mageren 2,25 Prozent. Banksparpläne werden eher selten angeboten und sind vor allem für ältere Anleger mit kurzen Ansparzeiträumen und für Menschen mit sehr hohem Sicherheitsbedürfnis geeignet.

Die Anbieter von Riesterprodukten sind normalerweise Lebensversicherer, Banken oder Fondsgesellschaften. Alle förderfähigen Anlageprodukte müssen bestimmte Voraussetzungen erfüllen, damit sie von der Bundesanstalt für Finanzdienstleistungsaufsicht (BaFin) zertifiziert werden. Wichtig dabei ist vor allem, dass die Anbieter eine sogenannte Kapitalerhaltungsgarantie erfüllen. Das heißt, mindestens alle Ihre Einzahlungen und die Zulagen vom Staat müssen Ihnen am Ende zur Verfügung stehen. Im Gegensatz zu einer Kapitallebensversicherung (vgl. Seite 193) startet Ihr Riesterkonto nicht mit einem Minus, da die Provisionen, die Sie an den Anbieter zahlen, auf fünf Jahre verteilt werden müssen und nicht auf einen Schlag anfallen dürfen. Außerdem muss Sie der Anbieter detailliert informieren über Vertriebs- und Verwaltungskosten, den Stand Ihres Altersvorsorgevermögens, und darüber, wie Ihre Beiträge angelegt werden. Eine Liste aller Anbieter gibt es im Internet: www.bafin.de.

**WISO rät**

Zeitschriften wie *FINANZtest*, *Capital* oder *Börse Online* veröffentlichen jedes Jahr (meist im Herbst) aktuelle Vergleichstests zu Riester-Produkten. Nutzen Sie vor Vertragsabschluss auch diese Rankings als Informationsquelle.

## Geld vom Staat

Als Riester-Sparer dürfen Sie in zwei Fördertöpfe greifen: Zum einen finanzielle Zuschüsse in Form der Riester-Zulagen und zum anderen Steuerersparnisse durch einen Sonderausgabenabzug in der Steuererklärung. Damit man die volle Förderung erhält, muss ein bestimmter Anteil des Einkommens aus dem Vorjahr gespart werden: seit 2008 sind es 4 Prozent des Bruttovorjahreseinkommens.

Tabelle 16: Riester-Zulagen und Sonderausgabenabzug (alle Beträge in Euro)

| Jahr | Grundzulage pro Ehepartner | Zulage pro Kind | Mindestbeitrag[1] | Sonderausgabenabzug[2] |
|---|---|---|---|---|
| seit 2008 | 154 | 185 | 75 | bis 2 100 |

1 mit einem Kind (für Kinderlose mehr; für alle anderen weniger)
2 Eigenbeiträge und Zulagen

Für Kinder, die ab dem Jahr 2008 geboren werden, erhöht sich der Kinderzuschlag auf 300 Euro. Berufseinsteiger, die unter 25 Jahre alt sind, erhalten bei einem Abschluss der Riester-Rente eine einmalige Prämie über 200 Euro.

WISO rät

Durch die Zulagen lohnt sich das Riester-Sparen vor allem für Geringverdiener und Familien mit Kindern sowie dank der Steuerersparnis auch für Besserverdienende.

Beispiel

Ein Alleinstehender ohne Kinder mit einem Bruttoeinkommen von 30 000 Euro muss 2008 vier Prozent seines Gehalts, also 1 200 Euro, für einen Riester-Vertrag aufwenden. Abzüglich der Grundzulage von 154 Euro muss er einen Eigenbeitrag von

1046 Euro leisten, um die volle Förderung zu erhalten. Zusätzlich erhält er in der Steuererklärung für 2008 eine Steuererstattung in Höhe von 199 Euro. Insgesamt wird der Alleinstehende mit 353 Euro im Jahr unterstützt, sodass er letztendlich nur 847 Euro aus eigener Tasche zahlen muss.

*Quelle:* Bundesarbeitsministerium für Arbeit und Soziales

## Sparen und Zulagenantrag

Normalerweise werden Sie bei einem Sparplan oder einer Versicherung monatliche Raten vereinbaren. Jedoch können Sie auch andere Einzahlzeitpunkte wählen, selbst die jährliche Einmalüberweisung eines Gesamtbetrages ist möglich. Das sollten Sie bei Fondssparplänen aber vermeiden, da Sie bei monatlichen Zahlungen vor einem einmalig teuren Jahreseinkauf geschützt sind. Wenn Sie einen Riester-Vertrag abschließen, dann sollten Sie dem Anbieter eine Vollmacht geben, sodass dieser jedes Jahr automatisch nach Eingang aller Zahlungen die Zulagen beantragt und in den Riester-Vertrag investiert. Achtung: Ändern sich Ihre Familienverhältnisse, dann müssen Sie das dem Anbieter unbedingt mitteilen. Durch den Dauerauftrag sparen Sie sich nicht nur Arbeit und Zeit, sondern vergessen auch nicht, Ihre Zulagen zu beantragen. Dieser Automatismus gilt erst seit 2005. Wer vorher eine Riester-Rente abgeschlossen hat, kann die automatische Beantragung aber nachträglich einrichten.

## Steuern und andere Besonderheiten

Da Sie während Ihres Arbeitslebens steuerlich entlastet und staatlich gefördert werden, langt der Staat im Alter bei Ihnen zu. Dann müssen Sie Ihre jährlich ausgezahlten Renten aus dem Riester-Vertrag versteuern. Einziger Vorteil für Sie: Da Sie im Alter wahrscheinlich ein geringeres Jahreseinkommen haben, fällt die Steuerlast niedriger aus.

Im Gegensatz zu rein privaten Anlageprodukten müssen beim Riester-Sparen ein paar Besonderheiten beachtet werden.

*Wohneigentum* Seit 2008 können aus einem Riester-Vertrag 75 oder 100 Prozent des angesparten Kapitals entnommen werden, um eine Immobilie zu kaufen beziehungsweise zu bauen, oder um bei Renteneintritt ein bestehendes Baudarlehen abzulösen. Ungeeignet sind dafür aber Riester-Versicherungen, da bei einer Auflösung die Abschlusskosten nicht erstattet werden. Zum anderen kann man auch einen Wohn-Riester-Vertrag abschließen: Gefördert werden hier spezielle Bausparverträge, Baudarlehen oder Kombiprodukte aus einem tilgungsfreien Darlehen und einem Bausparvertrag.

**WISO rät**

Bevor Sie sich für das »Wohn-Riestern« entscheiden, lassen Sie sich eingehend beraten. Nicht nur die Darlehensstruktur und der steuerliche Aspekt sind beratungsintensiv, sondern auch die Regelungen, wenn Sie die Immobilie verkaufen oder vermieten wollen.

*Ausland* Wenn Sie endgültig ins Ausland ziehen sollten, dann verlieren Sie den Anspruch auf weitere Förderung und auf eine Auszahlung im Alter. Sie müssen dann alle bisher erhaltenen Begünstigungen zurückzahlen. Bei einem zeitlich begrenzten Auslandsaufenthalt können Sie den Vertrag ruhen lassen. Wer in Deutschland wohnt, aber in einem Nachbarstaat arbeitet, ist in der Regel förderberechtigt. Grenzgänger, die im Ausland wohnen und in Deutschland arbeiten, haben dagegen normalerweise kein Anrecht auf Förderung. Wer von seinem Arbeitgeber in die Ferne entsandt wird und seine Eigenbeiträge weiterzahlt, erhält nach Rückkehr die Zulagen nachträglich gezahlt.

*Schutz* Eine Riester-Police ist vor Pfändung und Anrechnung im Zuge von Hartz IV geschützt. Sie können auch den Vertrag ruhen lassen. Und kein Anbieter kann Ihnen den Vertrag kündigen.

*Wechsel* Sie können den Riester-Vertrag und den Anbieter wechseln, die Kosten dafür müssen Sie aber tragen.

*Kündigung* Wenn Sie Ihren Riester-Vertrag kündigen wollen, müssen Sie alle erhaltenen Zulagen und Steuervorteile dem Staat zurückzahlen.

*Vererbung* Eine Vererbung des angesparten Kapitals ist generell möglich, es kommt im Detail jedoch auf den Vertrag und die Anlageform an. In der Regel müssen alle Zulagen und Steuervorteile aber zurückgezahlt werden.

## Private Basis-Rente (Rürup-Rente)

Wer nicht in die gesetzliche Rente einzahlt und keine Riester-Rente abschließen darf, kann seit 2005 durch die Basis-Rente trotzdem von einer staatlichen Förderung profitieren. Diese fällt in Form von Steuervergünstigungen aus, Zulagen gibt es keine. Neben Selbstständigen und Freiberuflern ist die Basis-Rente aber auch für Beamte und gut verdienende Angestellte eine (zusätzliche) Option, für das Alter vorzusorgen. Die Basis-Rente wird auch Rürup-Rente genannt, nach ihrem Erfinder, dem Ökonomen Bert Rürup.

Wenn Sie sich für eine Basis-Rente entscheiden, schließen Sie eine Rentenversicherung mit garantierter Grundverzinsung oder eine fondsgebundene Rentenversicherung ab. Bei der fondsbasierenden Police gibt es keine Verzinsungsgarantie, sondern man versucht, an den höheren Erfolgschancen des Kapitalmarkts zu partizipieren. Zur Rendite müssen Sie bei beiden Varianten noch die möglichen Überschüsse und die Steuervorteile hinzurechnen. Die Überschüsse können bei einer klassischen Police entweder in eine Bonusrente, in eine festverzinsliche Anlageform oder in Investmentfonds investiert werden. Dabei bietet sich die Bonusrente an, die die garantierte Rentenleistung erhöht. Die fondsgebundene Rürup-Police legt automatisch alle Überschüsse in Investmentfonds an.

Die Einzahlung der Beiträge hängt zudem immer von Ihrem individuellen Vertrag ab. Flexible Zahlungen sind vor allem bei variierendem Einkommen zu raten.

Eine weitere Auswahl müssen Sie für die Auszahlungsphase vornehmen: Entweder Sie lassen sich die Beiträge in konstanter Höhe auszahlen oder versehen diese mit einer Teil- oder einer Volldynamik. Die dynamische Variante beginnt zwar mit einer geringeren Rentenhöhe, gleicht aber durch die kontinuierliche Steigerung die Inflation aus. Am besten ist, wenn Sie sich erst zu Beginn der Auszahlphase für eine der beiden Auszahlmöglichkeiten entscheiden müssen. Achten Sie auch darauf, dass der Vertrag Ihnen einen Wechsel zu einem anderen Anbieter ermöglicht. Geht das nicht, oder ist der Wechsel zu teuer, dann können Sie den Vertrag, wenn Sie diesen nicht mehr wollen, eventuell beitragsfrei stellen.

### Rürup-Rente und die Steuern

Sie können pro Jahr bis zu 20 000 Euro an Beiträgen für eine Rürup-Rente steuerlich geltend machen, Ehepaare das Doppelte. Im Jahr 2010 sind das jedoch maximal 70 Prozent Ihres Einkommens – bei 10 000 Euro können Singles also 7 000 Euro in ihrer Steuererklärung beim Finanzamt als Vorsorgeleistung angeben. Der Prozentsatz steigt von Jahr zu Jahr um 2 Prozent an, 2025 sind erstmals 100 Prozent möglich. Sie müssen aber berücksichtigen, dass Ihre Einzahlungen in eine berufsständische Versorgung (zum Beispiel Ärzte oder Rechtsanwälte) und die Beiträge in die gesetzliche Rente inklusive dem Arbeitgeberanteil diesem Freibetrag angerechnet werden. Wird dieser somit bereits ausgeschöpft, ist eine steuerliche Entlastung bei der Basis-Rente kaum gegeben. In der Auszahlphase unterliegt die Basis-Rente, wie andere staatlich geförderte Produkte, den Regelungen des Alterseinkünftegesetzes. Das heißt, ab 2040 müssen die Rentenzahlungen komplett versteuert werden.

### Weitere Vor- und Nachteile der Rürup-Rente

Neben den möglichen Steuervorteilen ist das angesparte Kapital eines Rürup-Vertrags vor dem Zugriff der Staates bei längerer Arbeitslosigkeit (Hartz IV) geschützt. Außerdem kann während der Ansparphase eine Police nicht gepfändet werden. In der Auszahlphase besteht jedoch diese Möglichkeit. Bedenken Sie vor Vertragsabschluss unbedingt folgende Punkte:

- Das angesammelte Kapital kann nur in Form einer lebenslangen Rente ausgezahlt werden. Und das frühestens ab dem 60. Lebensjahr.
- Eine vorzeitige Rückzahlung Ihres Guthabens ist nicht möglich. Es gibt keinen Rückkaufswert.
- Policen können weder beliehen, übertragen, vererbt noch verschenkt werden.
- Stirbt der Versicherte vor Rentenbeginn, verfällt das eingezahlte Kapital. Man kann jedoch eine Zusatzvereinbarung über eine Hinterbliebenenrente oder eine Beitragsrückgewähr vereinbaren. Die gewährten Steuervorteile müssen Sie in diesem Fall jedoch zurückzahlen.
- Stirbt der Versicherte nach Rentenbeginn, so ist das Kapital verloren. Es kann jedoch für einen möglichen Ehegatten eine Hinterbliebenenrente vereinbart werden.
- Sowohl der Schutz für Hinterbliebene als auch eine mögliche

Kombination mit einer Berufsunfähigkeitsrente kosten extra und damit auch Rendite.

## Betriebliche Altersvorsorge

Bereits lange vor Riester- und Rürup-Rente gab es schon die betriebliche Altersvorsorge. Viele Arbeitgeber haben freiwillig für Ihre Mitarbeiter eine zusätzliche Altersvorsorge aufgebaut. Seit 2002 haben Arbeitnehmer jedoch ein Recht auf Entgeltumwandlung, das heißt ein Teil ihres Bruttogehaltes, Sonderzahlungen wie Weihnachts- oder Urlaubsgeld sowie Gehaltserhöhungen können zugunsten einer betrieblichen Altersvorsorge umgewandelt werden. Einen Anspruch auf Entgeltumwandlung haben nur Arbeitnehmer, die in die gesetzliche Rentenversicherung einzahlen, sonst niemand. Es gibt fünf unterschiedliche Anlageformen bei der Betriebsrente, aus denen Sie wählen können:

*Direktversicherung* Die vom Arbeitgeber einbehaltenen Beiträge werden in einen Versicherungsvertrag für den Arbeitnehmer eingezahlt. Anlageformen sind dabei Kapitallebens- oder Rentenversicherungen.

*Pensionskasse* Die Beiträge werden direkt an eine Pensionskasse überwiesen, die diese verwaltet und als Rente auszahlt.

*Unterstützungskasse* Dabei ist der Arbeitgeber gleichzeitig Träger einer rechtlich selbstständigen Einrichtung, die sich rein der Altersvorsorge widmet.

*Pensionsfonds* Das ist eine spezielle Einrichtung für die Altersvorsorge vom Arbeitgeber. Je nach Ausrichtung des Pensionsfonds werden die Beiträge am Kapitalmarkt investiert.

*Pensionszusage oder Direktzusage* Die Firma garantiert dem Arbeitnehmer beziehungsweise dessen Hinterbliebenen die direkte Zahlung einer vereinbarten Leistung. Diese wird bei Ruhestand, Invalidität oder Tod gewährt.

Trotz der zahlreichen Varianten haben Sie aber nicht die freie Wahl, wie Sie Ihr Geld anlegen möchten. Der Arbeitgeber entscheidet nämlich, welche Form gewählt wird. In der Regel ist das die Direktversicherung. Größere Firmen können auch mehrere Möglichkeiten anbieten. Oft ist die Betriebsrente im Tarifvertrag geregelt.

> **WISO rät**
> Fragen Sie bei Ihrem Arbeitgeber nach, welche Form einer betrieblichen Altersvorsorge er anbietet. Am besten Sie gehen zur Personalabteilung oder zum Betriebsrat. Informieren Sie sich auf jeden Fall vor Vertragsschluss gründlich und entscheiden Sie dann, ob diese Altersvorsorge zu Ihnen passt.

Es ist zwar möglich, dass Sie einen Riester-Vertrag über den Arbeitgeber abschließen können, das ist aber nicht ratsam: Sie erhalten sonst eine geringere staatliche Förderung als bei einer Betriebsrente. Außerdem können Sie keinen abgeleiteten Riester-Anspruch für Ihren Ehepartner erwirken; und Sie zahlen im Alter die vollen Sozialabgaben auf Ihre Rente, wie bei jeder betrieblichen Altersvorsorge.

### Einzahlungen und staatliche Förderung

Im Gegensatz zur Riester-Rente gibt es bei der betrieblichen Altersvorsorge keine staatlichen Zulagen, jedoch erhalten Sie eine erhebliche Förderung bei Steuern und Sozialabgaben wie gesetzliche Kranken-, Pflege-, Arbeitslosen- und Rentenversicherung. Arbeitnehmer können bis zu 4 Prozent der Beitragsbemessungsgrenze der gesetzlichen Rentenversicherung steuer- und abgabenfrei umwandeln – unabhängig vom eigenen Gehalt: Maximal sind das 2 544 Euro für das Jahr 2009.

Zusätzlich dürfen Sie für Verträge, die ab 2005 abgeschlossen wurden, bis zu 1 800 Euro jährlich steuerfrei in eine Betriebsrente einzahlen. Darauf sind dann lediglich Sozialabgaben zu zahlen. Diese Regelung gilt für Verträge, die bei einer Direktversicherung, einem Pensionsfonds oder einer Pensionskasse abgeschlossen wurden. Wer hingegen in eine Direktzusage oder eine Unterstützungskasse einzahlt, darf sogar unbegrenzt Beiträge steuerfrei einzahlen.

**Beispiel**

Ein verheirateter Facharbeiter in der Chemiebranche (Ehefrau nicht berufstätig, zwei Kinder, Steuerklasse 3) mit einem jährlichen Bruttoverdienst von 35 000 Euro investiert selbst 1 000 Euro jährlich in seine Altersvorsorge. Er nutzt seinen Anspruch auf Entgeltumwandlung und erhält einen für die Chemiebranche tariflich vereinbarten Arbeitgeberzuschuss von jährlich etwa 200 Euro. Zusätzlich profitiert der Chemie-Facharbeiter noch von der Steuer- und Sozialversicherungsfreiheit in Höhe von rund 490 Euro. Zusammengenommen ergibt sich daraus ein finanzieller Vorteil für den Facharbeiter in Höhe von circa 690 Euro, die er nicht selbst aufwenden muss. Das entspricht einer Förderquote von circa 58 Prozent.

*Quelle:* Bundesministerium für Arbeit und Soziales

Nach all den Vergünstigungen in der Ansparphase langt der Staat im Alter dann kräftig zu. Neben der nachgelagerten Besteuerung auf die Rentenzahlungen im Ruhestand, müssen Betriebsrentner vor allem bei den Sozialabgaben in den sauren Apfel beißen. Im Gegensatz zur gesetzlichen Rente, bei der die Deutsche Rentenversicherung und die Rentner nahezu zur Hälfte die Beiträge für

Kranken- und Pflegeversicherung zahlen, muss bei einer Betriebsrente der Empfänger alleine die vollen Beiträge zahlen. Auch auf Einmalzahlungen müssen seit 2004 die vollen Beiträge gezahlt werden.

> **WISO rät**
> Ein Wechsel zu einer günstigeren gesetzlichen Krankenversicherung kann Ihre Belastungen im Rentenalter senken.

## Wenig Kosten und gute Konditionen

Die Betriebsrente hat gegenüber den anderen Altersvorsorgeformen einige Vorteile: Beteiligen sich viele Kollegen in einer Firma an der Betriebsrente, so spart man an den Abschlusskosten. Ein größerer Anteil Ihrer Beiträge kann angelegt werden. Außerdem kommt durch die große Anzahl an Verträgen sehr viel Kapital zusammen, sodass dieses zu besseren Konditionen angelegt werden kann. Das steigert wiederum Ihre Renditechancen. Außerdem kann der Chef zusätzlich Geld in Ihren Vertrag einbezahlen: Das können die gesparten Sozialabgaben, vermögenswirksame Leistungen oder ein genereller Zuschuss sein. Eine Pflichtbeteiligung des Arbeitgebers gibt es aber nicht.

*Sicherheit für Ihre Beiträge* Ihre betrieblichen Altersrückstellungen sind zunächst einmal durch den Arbeitgeber abgesichert. Für den Fall einer Insolvenz der Firma sind Ihre Betriebsrenten unterschiedlich geschützt: Generell sind Betriebsrenten aus Direktzusagen, Unterstützungskassen oder Pensionsfonds über den Pensions-Sicherungs-Verein (PSV) abgesichert. Für Pensionskassen oder Direktversicherungen ist die Insolvenzsicherung über das Versicherungsaufsichtsgesetz (VAG) geregelt. Da Betriebsrenten normalerweise erst nach dem Renteneintritt zur Auszahlung kommen, sind diese vor dem Zugriff des Staates geschützt, falls

Sie einmal Hartz IV beantragen müssten. Außerdem darf eine Direktversicherung nicht vom Arbeitgeber verpfändet, abgetreten oder beliehen werden.

*Mobile Betriebsrente* Kaum ein junger Arbeitnehmer wird sein Leben lang in der gleichen Firma arbeiten. Für Verträge, die ab 2005 geschlossen wurden, ist es generell möglich, das angesammelte Kapital auch zu einem anderen Arbeitgeber mitzunehmen. Möglicherweise können dabei jedoch Zahlungen, die durch den Arbeitgeber geleistet wurden, verfallen. Bei älteren Verträgen müssen sich die Arbeitgeber einigen, ob eine Fortführung möglich ist. Vor einem Vertragsabschluss sollten Sie sich daher genau über die Mitnahmemöglichkeiten Ihrer Betriebsrente informieren.

*Vererbung und Hinterbliebenenschutz* Eine Vererbung von geförderten Betriebsrenten ist nicht möglich. Besteht eine Vererblichkeit, so erhalten Sie weder die Steuererleichterungen noch eine Befreiung von den Sozialbeiträgen. Wer im Nachhinein eine Vererbung in den Vertrag aufnimmt, muss alle erhaltenen Vorteile wieder zurückzahlen. Lediglich ist ein Sterbegeld zugelassen, mit dem die Bestattungskosten beglichen werden können. Im Gegensatz zu einer Vererbung ist eine Versorgung von Hinterbliebenen möglich. So haben Ihr Ehepartner und Ihre Kinder nach Ihrem Tod möglicherweise noch einen Rentenanspruch. Jedes Versorgungswerk regelt die Hinterbliebenenversorgung aber individuell.

**WISO rät**

Die Deutsche Rentenversicherung stellt Ihnen kostenlos die Infobroschüren *Betriebliche Altersvorsorge* und *Riestern leicht gemacht – Ihre Checkliste* zur Verfügung. Außerdem können Sie dort die kostenlose Beratungshotline 08 00/10 00 48 00 nutzen:

Montag bis Donnerstag: 7.30 bis 19.30 Uhr, Freitag: 7.30 bis 15.30 Uhr. Über das Bürgertelefon 0 18 05/67 67 10 (0,14 Euro pro Minute aus dem Festnetz der Deutschen Telekom) des Bundesministeriums für Arbeit und Soziales können Sie von Montag bis Donnerstag immer von 8.00 bis 20.00 Uhr Fragen zur Rente stellen.

## Private Altersvorsorge mit Versicherungen

Bei der privaten Altersvorsorge ist hierzulande das Sparen mit Versicherungen sehr beliebt. Statistisch gesehen verfügt jeder Deutsche vom Baby bis zum Greis über eine Kapitallebens- oder Rentenversicherung. Es ist eben sehr bequem, wenn man nach Vertragsabschluss nur noch seine vereinbarten Raten zu bezahlen hat und sich ansonsten um nichts kümmern muss. Außerdem ist das eingezahlte Geld sicher, da die Lebensversicherer staatlich kontrolliert werden und es für den Fall einer Unternehmenspleite die Auffanggesellschaft Protektor gibt. Diese würde den Vertragsbestand des betroffenen Versicherers weiterführen.

Die Bequemlichkeit der Versicherten ist aber ein teures Vergnügen, denn sie haben keinen Einfluss darauf, wie die Versicherungsgesellschaft mit ihren Beiträgen umgeht. Es gibt zwar eine Garantieverzinsung, diese ist jedoch für Neuverträge ab 2007 mit 2,25 Prozent sehr mager. Außerdem entfällt der Garantiezins nur auf die Einzahlungen, die in den Spartopf fließen, nicht aber für Verwaltungs- und Betriebskosten sowie bei einer Kapitallebensversicherung auf den Anteil für den Todesfallschutz. Das reduziert den vermeintlichen »Garantiezins« auf eine Nettorendite von weit unter 2,0 Prozent. Die meisten Sparbriefe oder Bundesschatzbriefe sind besser verzinst.

Tabelle 17: Garantieverzinsung von Lebens- und Rentenversicherungen

| bis Juni 1994 | Juli 1994 bis Juni 2000 | Juli 2000 bis Ende 2003 | 2004 bis Ende 2006 | ab 2007 |
|---|---|---|---|---|
| 3,5 Prozent | 4 Prozent | 3,25 Prozent | 2,75 Prozent | 2,25 Prozent |

Außerdem haben sowohl Kapitallebens- als auch private Rentenpolicen an Attraktivität verloren, da für Neuverträge, die ab 2005 abgeschlossen wurden, die Steuerprivilegien weniger geworden sind. Seither müssen die Erträge zur Hälfte versteuert werden, wenn der Vertrag eine Laufzeit von mindestens zwölf Jahren hat und die Auszahlung erst nach Vollendung des 60. Lebensjahr stattfindet. Ist dies nicht der Fall, so müssen Sie die Erträge voll versteuern.

Unter den Erträgen versteht man die Differenz aus der gezahlten Endsumme (Ablaufleistung) und den eingezahlten Beiträgen. Altverträge haben den Vorteil, dass die Erträge komplett steuerfrei sind. Eine Ausnahme für Verträge ab 2005 besteht nur, wenn Sie als Arbeitnehmer im Rahmen der betrieblichen Altersvorsorge eine Direktversicherung abgeschlossen haben.

Als einziges Verkaufsargument bleibt eigentlich nur noch die sogenannte Überschussbeteiligung. Viele Versicherer werben damit, dass eine Kapitallebensversicherung zwischen 5 und 7 Prozent jährlich an Rendite erwirtschaften kann. Das funktioniert aber nur, wenn das Unternehmen die Beiträge gut oder sehr gut anlegt – die Überschussbeteiligung ist jedoch niemals garantiert, sie kann geringer ausfallen oder sogar in schlechten Jahren komplett entfallen. Oft können die rosigen Renditeversprechungen am Vertragsende nicht eingehalten werden, der Dumme ist der Kunde, der dann weniger Kapital beziehungsweise Rente ausgezahlt bekommt als erwartet. Sehen Sie optimistische Renditeprognosen sehr kritisch und werfen Sie einen Blick darauf, wie ein Unternehmen in den letzten Jahren für seine Kunden gewirtschaftet hat. Wichtig sind auch die Kosten, die Ihnen in Rechnung gestellt und von Ihren Beiträgen abgezogen werden. Kosten unter 10 Prozent sind akzeptabel, besser sind 5 Prozent und weniger. Gesellschaften, die über 10 Prozent berechnen, sollten Sie generell meiden.

**WISO rät**

Falls Sie über einen Altvertrag, der vor dem 1. Januar 2005 geschlossen wurde, verfügen, sollten Sie diesen entweder weiterführen oder, wenn vorerst nicht mehr gewollt, beitragsfrei stellen. Falls Sie den Vertrag doch noch weiterführen wollen, sichern Sie sich so die alten Konditionen. Auch ein Verkauf der Police ist möglich und vorteilhafter, denn bei einer Kündigung haben Sie in der Regel größere Verluste zu tragen. Einen Neuvertrag sollten Sie sich sehr genau überlegen.

Sowohl Kapitallebens- und Rentenversicherung werden auch als fondsgebundene Versicherungen angeboten. Dabei werden die Sparbeiträge in einen oder mehrere Investmentfonds eingezahlt. Damit ist die Chance eines Wertzuwachses durch Kurssteigerungen höher, sie birgt aber auch größere Verlustrisiken. Das Risiko kann normalerweise zum Ende hin minimiert werden. Garantierte Zinsen oder gar Gewinne gibt es hier nicht. Daher bietet es sich an, selbst direkt in Fonds zu investieren und damit die Verwaltungskosten zu sparen. Einen Vorteil hat die Fondsbindung der Policen gegenüber den klassischen Versicherungen: Sie wissen, in welche Anlageprodukte der Versicherer Ihr Geld investiert, bei normalen Verträgen ist das für Sie nicht erkennbar. Und ein Wechsel der Fonds ist bei vielen Verträgen auch während der Vertragsdauer möglich.

**Achtung!**
Im Gegensatz zu Produkten bei der Riester-Rente, sind Kapitallebens- und private Rentenversicherungen nur unter bestimmten Umständen vor einem Zugriff der Arbeitsagentur sicher, wenn Sie Arbeitslosengeld II (Hartz IV) beziehen sollten.

## Kapitallebensversicherung

Eines der beliebtesten Altersvorsorgeprodukte war jahrzehntelang die Kapitallebensversicherung – monatlich zahlt man seine Beiträge, um sich zusätzliches Kapital für das Alter aufzubauen. Dabei wird der Versicherungsschutz mit einem Kapitalsparplan verknüpft. Der Großteil Ihrer Beiträge fließt in den Spartopf. Ein kleinerer Teil wird dazu verwendet, den Todesfallschutz (Risikoanteil) abzusichern sowie die Verwaltungskosten und die Provisionen zu zahlen. Vor allem die Provisionen zehren kräftig an der Rendite: Sie müssen in der Regel 3,5 bis 5 Prozent der Versicherungssumme bei Abschluss zahlen. Bei einer Versicherungssumme von 75 000 Euro sind das zwischen 2 625 und 3 750 Euro, die zum Großteil der Versicherungsvertreter als Erfolgsprämie einstreicht. Somit startet Ihr Versicherungskonto mit einem Minus, das Sie durch Ihre Beiträge erst einmal ausgleichen müssen. Erst danach startet die Ansparphase für Ihren Vertrag. Zwar sichern Sie ab dem ersten Tag der Versicherungslaufzeit mit dem Todesfallschutz Ihre Hinterbliebenen ab, jedoch geht auch das zulasten der Rendite zum Laufzeitende – und das wollen Sie ja erreichen. Außerdem müssen Sie vor Abschluss der Police Angaben zu Ihrem Gesundheitszustand machen. Vorerkrankungen können zur Ablehnung oder erhöhten Beiträgen führen.

Bei Kapitallebensversicherungen gibt es noch weitere Fallstricke zu beachten: Die Policen werden gerne in einer Kombination mit dem Schutz bei Berufsunfähigkeit oder einer Aufstockung des Todesfallschutzes bei Unfalltod angeboten. Solche Verknüpfungen sind teuer und engen Sie im Notfall ein: So können Sie beispielsweise bei einem längeren finanziellen Engpass nicht den Sparanteil beitragsfrei stellen und nur den BU-Schutz weiterführen. Egal, ob Sie dann kündigen, verkaufen oder die Police beitragsfrei stellen, im Normalfall haben Sie den wichtigen BU-Schutz nicht mehr.

**WISO rät**

Trennen Sie den Versicherungsschutz bei Berufsunfähigkeit und für die Hinterbliebenenversorgung (Risikoleben) von der Altersvorsorge.

Gerne wird auch eine Beitragsdynamik angeboten. Diese soll den inflationsbedingten Wertverlust bis zum Ende der Laufzeit auffangen. Jedoch können Versicherungen bei jeder Anpassung anteilsmäßig einen Teil der Erhöhungsbeiträge in Form von Provisionen und Verwaltungskosten abzweigen. Das schmälert wiederum Ihre Rendite. Auch die Finanzierung für den Erwerb oder den Bau einer selbst genutzten Immobilie statt mit einem Kredit durch eine Kapitallebensversicherung durchzuführen, ist eine schlechte Wahl. Hierbei zahlt der Kunde statt monatlichen Tilgungsraten in eine Lebensversicherung ein, die zugunsten der Bank abgeschlossen wurde. Durch die gesunkene Garantieverzinsung und die nicht sicheren Überschüsse kann die Abschlussleistung am Ende der Laufzeit aber zu gering ausfallen, sodass auf Sie noch Mehrkosten zukommen. Es kann passieren, dass Ihnen am Ende 20 oder mehr Prozent des erwarteten Betrags fehlen, bei 100 000 Euro sind das beispielsweise 20 000 Euro und mehr. Der Bund der Versicherten rät daher, statt einer Versicherung für die Altersvorsorge lieber in flexible, ertragreiche und steuerfreie oder steuergünstige Anlagen wie einen passenden Investmentfonds oder eine Immobilie zu investieren.

Es gibt Ausnahmen, für die sich eine Kapitallebensversicherung bei einem günstigen Direkt-Anbieter lohnen kann:

- Für Arbeitnehmer: Bei Abschluss einer betrieblichen Altersvorsorge, bei der der Arbeitgeber einen Teil der Beiträge übernimmt.
- Für Menschen, die nicht sozialversicherungspflichtig sind, wie etwa Beamte und Selbstständige: Diese können die Beiträge für eine Kapitallebensversicherung steuerlich nutzen und als Sonderabzug für Vorsorgeaufwendungen in der Steuererklärung angeben. Arbeitnehmer haben diesen Sonderabzug in der Regel durch ihre Beiträge zur gesetzlichen Rentenversicherung ausgeschöpft.

**WISO rät**

Ähnlich wie bei Investmentfonds gibt es auch für Versicherungen unabhängige Rating-Agenturen und Fachmedien, die die Versicherungsunternehmen regelmäßig unter die Lupe nehmen und bewerten. Beispielsweise *Standard & Poor's* oder die Zeitschrift *FINANZtest*.

## Private Rentenversicherung

Eine Privatrente ist für diejenigen interessant, denen Aktien oder Fonds nicht sicher erscheinen. Eigentlich ist eine private Rentenversicherung gar keine Versicherung, sondern eine reine Geldanlage. Gegenüber der Kapitallebensversicherung wird nämlich normalerweise kein Todesfallrisiko abgesichert: Das bedeutet geringere Beiträge und keine Gesundheitsprüfung. Ein erhöhtes Sterberisiko des Versicherten bedeutet für den Versicherer sogar eine kürzere Zeit, in der dieser Leistungen auszahlen muss. Wie bei der Kapitallebensversicherung müssen Sie aber auch bei der privaten Rentenpolice Abschlussprovisionen und Verwaltungsgebühren zahlen.

Im Prinzip funktioniert die Privatrente (auch Leibrente genannt) so: Sie zahlen auf einmal eine größere Summe (Sofortleibrente) oder kontinuierlich Beiträge (aufgeschobene Leibrente) ein. Ab einem vereinbarten Termin, in der Regel der gesetzliche Renteneintritt, wird Ihnen monatlich bis zum Lebensende hin eine private Rente gezahlt. Bei der aufgeschobenen Leibrente sollte man darauf achten, dass diese mindestens zwölf Jahre vor dem gesetzlichen Rentenbeginn abgeschlossen wird: So muss statt der gesamten Rente nur der Ertragsanteil versteuert werden.

Größtes Manko von privaten Rentenpolicen ist jedoch die allgemein steigende Lebenserwartung: Das angesparte Geld muss nämlich länger reichen, da Ihnen ja eine lebenslange Rente zugesichert ist. Dies bezahlen Sie in der Regel mit Renditeabschlägen, da der Versicherer das sogenannte Langlebigkeitsrisiko kalkulieren muss – die Gewinnversprechen der Versicherer (Überschüsse) werden dementsprechend gekürzt. Das heißt, dass die niedrige Garantierente bleibt, die Überschussrente aber geringer sein oder ganz wegfallen wird. Waren früher bei guten Versicherern bis zu 7 Prozent jährlicher Rendite möglich, müssen Sie heute mehr Beiträge einzahlen, um auf die gleiche Endsumme zu kommen. Experten haben errechnet, dass sich eine private Rentenversicherung erst rechnet, wenn Sie als Mann mindestens 85 beziehungsweise als Frau 90 Jahre alt werden. Für junge Menschen lohnt sich der Neuabschluss einer privaten Rentenpolice nicht mehr. Ausnahme: Wenn Sie im Rahmen eines Riester- oder Basis-Renten-Vertrags eine staatlich geförderte Rentenversicherung abschließen, kann so eine Police eventuell interessant sein.

**Achtung!**

Stirbt der Versicherte bevor die Rentenphase beginnt, erhalten die Erben normalerweise alle eingezahlten Beträge inklusive der Zinsen und Zinseszinsen zurück. Abgezogen werden meist nur die Verwaltungskosten und die Provisionen. Verstirbt der Versicherte in der Rentenphase gehen die Erben leer aus, da das Todesfallrisiko normalerweise nicht abgesichert ist. Dieses kann zwar für die ersten Jahre der Rentenzahlungen miteinbezogen werden, mindert aber Ihre Rendite erheblich.

## Vermögenswirksame Leistungen für Arbeitnehmer

Um die Lust am Sparen bei den Bürgern zu wecken, hat der Staat die sogenannten vermögenswirksamen Leistungen (vL) eingeführt. Damit können Arbeitnehmer mit kleinen monatlichen Beiträgen mittelfristig Geld ansparen und erhalten gegebenenfalls Zuschüsse von Staat und Arbeitgeber. Ist dies der Fall, so ist das vL-Sparen eine sehr effiziente Möglichkeit, Geld anzulegen. Sicherheitsorientierte Anleger setzen dabei meist auf einen Bausparvertrag mit fester Verzinsung. Wer mehr aus seinem Geld herausholen möchte, kann in Investmentfonds investieren.

WISO rät

Fragen Sie Ihren Arbeitgeber, ob er vermögenswirksame Leistungen auszahlt. Meist ist das im Tarifvertrag oder in der Betriebsvereinbarung geregelt.

Tabelle 18: Anlageformen bei vermögenswirksamen Leistungen

| Anlageform | vL-Zulage vom Staat |
|---|---|
| Bausparvertrag | ja |
| Lebensversicherung | nein |

| Anlageform | vL-Zulage vom Staat |
|---|---|
| Investmentfonds | ja |
| Banksparplan | nein |
| Geschäftsguthaben bei Volks- und Raiffeisenbanken | nein |

Als Erstes müssen Sie ein förderungsfähiges Anlageprodukt auswählen und bei einer Bank, Bausparkasse, Versicherung oder einem Fondsshop abschließen. Danach teilen Sie Ihrem Arbeitgeber mit, dass Sie einen solchen Sparvertrag auf vermögenswirksamen Leistungen abgeschlossen haben. Dieser überweist monatlich die vereinbarte Sparrate dann direkt an den Anbieter. Dieser Weg ist die Voraussetzung dafür, dass Sie eine staatliche Unterstützung überhaupt bekommen können. Außerdem: Über das angesparte Geld dürfen Sie aber erst nach sieben Jahren verfügen. Das ist Voraussetzung, wenn Sie die staatlichen Zuschüsse bekommen wollen. Diese erhalten Sie, wenn Sie als Lediger pro Jahr ein zu versteuerndes Einkommen von weniger als 20000 Euro haben. Bei Ehepaaren, die eine gemeinsame Steuererklärung abgeben, liegt die Grenze bei 40000 Euro. Unter dem zu versteuernden Einkommen versteht man den Betrag, der nach Abzug von Werbungskosten, Sonderausgaben und dem Kinderfreibetrag herauskommt. Anders gesagt: Man kann brutto mehr verdienen als die angegebenen Grenzen und erhält trotzdem die staatliche Förderung. Wer keinen staatlichen Zuschuss erhält, könnte eigentlich jederzeit über sein Kapital verfügen, nur lassen dies die meisten Verträge nicht zu. Normalerweise werden Ihnen folgende Geldanlageformen als vL-Sparpläne angeboten. Nur ein Teil davon wird jedoch staatlich gefördert.

Möglich ist außerdem die Tilgung eines bestehenden Baudarlehens; auch diese Form wird vom Staat mit maximal 43 Euro für Alleinstehende beziehungsweise 86 Euro für Ehepaare pro

Jahr gefördert. Wer mag, kann mit den Zulagen auch seine betriebliche Altersvorsorge aufstocken. Da das Geld in den Altersvorsorgevertrag fließt, kommen Sie deswegen aber erst zu Rentenbeginn in den Genuss des zusätzlichen Kapitals. Ein vorheriger Zugriff ist nicht möglich.

Staatlich gefördert werden nur Höchstbeträge, 400 Euro bei einem Sparplan auf Investmentfonds und 470 Euro bei Bausparverträgen. Die Förderung ist ein fester Prozentsatz vom gesamten jährlichen Anlagebetrag, und sie ist jeweils durch Maximalbeträge gedeckelt.

Tabelle 19: Staatliche Zulagen

| | Förderfähiger Höchstbetrag | Prämiensatz | max. Zulage im Jahr (Single/ Ehepaare |
|---|---|---|---|
| Investmentfonds | 400 Euro pro Arbeitnehmer | 18 % von 400 Euro | 72 bzw. 144 Euro |
| Bausparvertrag | 470 Euro pro Arbeitnehmer | 9 % von 470 Euro | 43 bzw. 86 Euro |

Durch die Einschränkungen belaufen sich die monatlichen Raten in vL-Sparverträge meist um die 40 Euro. Zwischen 6,45 Euro und 40 Euro können monatlich vom Arbeitgeber kommen. Da die meisten Anlageprodukte jedoch einen Mindestanlagebetrag fordern – Aktienfonds 34 Euro und Bausparverträge zwischen 14 und 30 Euro – müssen Sie eventuell etwas von Ihrem Nettogehalt zuschießen. Gibt es nichts vom Arbeitgeber, so zahlen Sie alle Beiträge selbst. Dann haben Sie nur noch die Möglichkeit, wenn Sie unter den bereits genannten Einkommensgrenzen liegen, vom Staat einen Zuschuss zu bekommen.

**Beispiel**

Der Single Max Müller hat ein zu versteuerndes Jahreseinkommen von 17 000 Euro. Sein Arbeitgeber zahlt ihm monatlich 20 Euro an vermögenswirksamen Leistungen. Gibt Max Müller nichts aus eigener Tasche zum Sparvertrag dazu, so hat er 240 Euro von seinem Arbeitgeber erhalten und bekommt zusätzlich noch 43,20 Euro vom Staat als Förderung. Verzichtet Müller hingegen monatlich auf rund 13,50 Euro von seinem Nettolohn, so spart er zusammen mit seinem Arbeitgeber 400 Euro an und erhält obendrauf 72 Euro vom Staat.

Wenn Sie zulagenberechtigt sind, können Sie mit den vermögenswirksamen Leistungen sogar einen kleinen Zulagenturbo zünden. Wenn Sie unter den Einkommensgrenzen liegt, können Sie pro Jahr dreimal eine staatliche Förderung kassieren, wenn Sie entsprechend finanzielle Eigenleistungen einbringen:

- Sie schließen einen Sparplan auf Investmentfonds ab und kassieren auf Ihre Einzahlungen 18 Prozent Zulagen.
- Sie sparen gleichzeitig mit einem Bausparvertrag und können so nochmals 9 Prozent an staatlicher Förderung mitnehmen.
- Wenn Sie jetzt pro Jahr noch zusätzlich 512 Euro bzw. bei Ehepaaren 1 024 Euro in einen Bausparvertrag einzahlen, dann bekommen Sie noch die sogenannte Wohnungsbauprämie vom Staat. Das sind bis zu 8,8 Prozent Ihrer jährlichen Beiträge – maximal aber 45,06 Euro für Alleinstehende und 90,11 Euro für Eheleute.

Um an die staatlichen Zulagen heranzukommen, erhalten Sie jedes Jahr von Ihrem Produktanbieter eine Bescheinigung. Diese müssen Sie jedes Jahr Ihrer Steuererklärung beifügen. Die Wohnungsbauprämie beantragen Sie über die Bausparkasse. Sowohl die gesamte staatliche Förderung aus vermögenswirksamen Leistungen, als auch die komplette Wohnungsbauprämie erhalten Sie erst am Ende der siebenjährigen Sperrfrist ausgezahlt.

## Bausparen: ein Weg zu den eigenen vier Wänden

Neben Sparbuch und Sparbrief ist für viele junge Menschen der Bausparvertrag eine vertraute Geldanlageform. Der Grund liegt sicherlich nicht darin, dass man in jungen Jahren bereits wusste, dass man einmal eine Immobile erwerben möchte, sondern vielmehr darin, dass man durch die Wohnungsbauprämie bereits mit 16 Jahren bei konstantem Sparverhalten eine staatliche Förderung einstreichen konnte – unabhängig davon, ob man bereits in einer Ausbildung war oder noch zu Schule gegangen ist. Wer nämlich ein zu versteuernde Jahreseinkommen von weniger als 25 600 Euro bei Alleinstehenden beziehungsweise 51 200 Euro bei Ehepaaren hat, der hat Anspruch auf staatliche Zulagen in Höhe von jährlich bis zu 45,06 Euro für Alleinstehende und 90,11 Euro für Eheleute.

Der eigentliche Sinn eines Bausparvertrages besteht darin, dass man Geld anspart – mit oder ohne staatliche Unterstützung –, um für Bau oder Erwerb einer Immobilie ein zinsgünstiges Darlehen zu bekommen. Als Bausparer zahlen Sie monatliche Raten ein, die sich an der Höhe des Vertrags orientieren. Aber auch (zusätzliche) Einmalzahlungen, beispielsweise aus Urlaubs- oder Weihnachtsgeld sind möglich. Nach fünf bis zehn Jahren haben Sie rund 40 bis 50 Prozent der Vertragssumme erreicht und erhalten die sogenannte Zuteilung. Das heißt Sie bekommen dann die gesamte Vertragssumme von der Bausparkasse ausgezahlt, die Differenz zwischen dem eingezahlten Kapital und der Gesamtsumme wird Ihnen als zinsgünstiges Darlehen gewährt. Die Zinsen sind im Vorfeld festgelegt und nicht von der Entwicklung an den Zinsmärkten abhängig. Das bedeutet für den Bausparer planbare Darlehenskosten. Die Höhe der Darlehenszinsen hängt jedoch davon ab, wie Ihr eingezahltes Kapital verzinst wurde. In der Regel gibt es zwischen 2,0 und 4,5 Prozent Guthabenszins, die Spanne zum Darlehenszins beträgt meist 2,0 Prozent. Das heißt: Bei 2,0 Prozent Habenzins, zahlen Sie so nur 4,0 Prozent

Zinsen auf den Bausparkredit. Wer hingegen 4,5 Prozent Zinsen bekommen hat, der muss 6,5 Prozent Darlehenszins zahlen.

## Die Höhe der Bausparsumme beachten

Vor Abschluss eines Bausparvertrages sollten Sie sich im Klaren darüber sein, ob Sie diesen wirklich für eine Immobile nutzen wollen oder nicht. Wichtig ist dabei die Höhe des Bausparvertrages. Eine Ablaufsumme von 20 000 Euro steht zwar relativ schnell zur Auszahlung bereit und kann auch von den meisten Sparern problemlos erreicht werden, jedoch ist die Summe bei Immobilienkosten von 250 000 Euro für eine mittelgroße Eigentumswohnung in einer Stadt sehr gering. Auf der anderen Seite stellt sich bei einem Bausparvertrag von 50 000 Euro und mehr die Frage, ob Sie diesen auch entsprechend schnell zur Auszahlung bekommen: Um die Hälfte der Summe zu erreichen, müssten Sie nämlich in den kommenden zehn Jahren monatlich etwa 200 Euro einzahlen. Gerne wird Bausparern eine zu hohe Vertragssumme aufgeschwatzt, da sich die Provision der Vertreter an der Höhe der Bausparsumme ganz oder zumindest teilweise orientiert. Da das Thema Immobilienerwerb aber sehr komplex ist, werden Sie um eine Beratung nicht herumkommen.

> **WISO rät**
>
> Bausparen lohnt sich meist nur, wenn Sie eine Immobilie finanzieren wollen und daran interessiert sind, einen Festzins über die gesamte Laufzeit des Bauspardarlehns zu bekommen.

Wenn Sie aus Ihrer Studien- oder Ausbildungszeit noch über einen Bausparvertrag verfügen, dieser aber eine geringe Ablaufsumme aufweist und Sie eigentlich keine Immobilie erwerben wollen, dann sollten Sie diesen nicht kündigen, sondern vielleicht als reine Geldanlage nutzen – beispielsweise, wenn Sie vermögenswirksame Leistungen erhalten. Stellen Sie den Vertrag auf einen sogenannten Hochzins-Bausparvertrag um. Dabei verzichten Sie auf die Darlehensoption, erhalten aber eine höhere Verzinsung Eine nachträgliche Änderung eines bestehenden normalen Bausparvertrags in einen Hochzins-Bausparvertrag ist meist problemlos möglich und kostenlos. Bei Neuverträgen sind in der Regel keine Abschlussgebühren zahlen. Auf die Zinsen eines jeden Bausparvertrags müssen Sie Steuern zahlen, wenn Sie keinen ausreichenden Freistellungsauftrag erteilt haben.

## Der Traum von der eigenen Immobile

Der Bau oder Erwerb einer Wohnung beziehungsweise eines Hauses ist ein Traum von vielen Menschen, jedoch gleichzeitig auch die größte Investition im Leben. Neben dem mietfreien Wohnen, winken auch Mieteinnahmen und Steuervorteile. Außerdem hofft man langfristig auf eine Wertsteigerung und kann im Notfall die Immobilie auch beleihen. Darum ist es nicht verwunderlich, dass ein Großteil des deutschen Privatvermögens in Gebäuden und Grundstücken steckt. Gegenüber einer Geldanlage oder einer Versicherung unterscheidet sich die Immobilienfinanzierung aber wesentlich:

- Die finanzielle Belastung ist normalerweise immens und kann häufig nur über eine Kreditfinanzierung geleistet werden. Als Faustregel für die Finanzierung gilt: 20 bis 30 Prozent Eigenkapital, 20 bis 30 Prozent Bauspardarlehen, 40 bis 60 Prozent Hypothekendarlehen. Je mehr Eigenkapital zur Verfügung steht, umso besser ist das für Sie.
- Für die Durchführung müssen Sie mit einem hohen persönlichen und zeitlichen Aufwand rechnen. So mancher Bauherr

war nach Fertigstellung nicht nur am Ende seiner finanziellen, sondern auch seiner körperlichen und nervlichen Kräfte.

- Eine Immobilie bedeutet ein großes Maß an Unbeweglichkeit. Zwar kann man bei einem beruflichem Umzug verkaufen oder vermieten, jedoch ist das in der Regel nicht so schnell getan wie gesagt.
- Der Standort der Immobilie spielt für eine mögliche Wertsteigerung und den Werterhalt eine wesentliche Rolle. In einer Region, wo es wenig Arbeitsplätze gibt, werden die Immobilienpreise günstig sein. Das ist schön für den Käufer, aber schlecht für den Verkäufer.

**WISO rät**

Wer mit dem Gedanken spielt, eine Immobile zu erwerben oder zu bauen, muss sich umfassend beraten lassen und durch Fachliteratur kundig machen, da diese Thematik sehr komplex ist und Ihr Leben für lange Zeit nicht nur finanziell beeinflussen wird. Ein Buchtipp: *WISO: Die richtige Immobilie – suchen, finden, bewerten* von Claudia Krafczyk.

# Staatliche Unterstützung für Familien und berufliche Weiterbildung

Die finanzielle Unterstützung von Familien hat mittlerweile wieder Konjunktur – das muss auch so sein, denn die Kinder von heute sind die Beitragszahler von morgen – ein besonders wichtiger Aspekt in einer alternden Gesellschaft. Mittlerweile liegt Deutschland mit 1,37 Geburten pro Frau (2009) im hinteren Fünftel der Industrienationen. Frankreich, mit ähnlichen demografischen Problemen behaftet wie Deutschland, hat sich dank einer familienfördernden Politik in den vergangenen Jahren auf Platz 2 mit 1,9 Geburten pro Frau (2009) geschoben. Bis Kinder finanziell auf eigenen Beinen stehen, kosten sie viel Geld. Darum greift der Staat Familien finanziell unter die Arme: Neben dem Kindergeld wird seit 2007 das Elterngeld gezahlt, ein erster Schritt, um das Kinderkriegen wieder attraktiv zu machen. Auch die Ganztagsbetreuung des Nachwuchses von berufstätigen Eltern soll weiter ausgebaut werden. Aber auch die berufliche Weiterbildung der Steuerzahler ist ganz im Sinne des Staates. Für ein rohstoffarmes Land wie Deutschland ist vor allem Fachwissen eine Quelle für Produktivität und Beschäftigung. Deshalb fördert der Staat auch nach Studium und Ausbildung die berufliche Weiterbildung seiner Bürger – beispielsweise mit dem Meister-BAföG, einem Aufbaustudium am Feierabend oder der Promotion im Betrieb.

Kinder sind teuer! So kostet hierzulande statistisch gesehen ein Kind seine Eltern durchschnittlich 549 Euro im Monat. Um diese Mehrbelastung teilweise wieder auszugleichen, zahlt der Staat Kinder- und Elterngeld, außerdem gibt es eine Reihe steuerlicher Entlastung durch Freibeträge pro Kind und Betreuungskosten (siehe Kapitel *Die Steuererklärung* Seite 236). Finanziell schwächere Familien bekommen zudem Zuschüsse.

## Kindergeld

Seit den 70er Jahren gibt es das Kindergeld. Es wird einkommensunabhängig gezahlt und ist nach der Kinderanzahl gestaffelt: Seit Januar 2010 gibt es für das erste und zweite Kind jeweils 184 Euro monatlich. Für das dritte Kind werden 190 Euro vom Staat gezahlt und für das vierte und jedes weitere Kind 215 Euro monatlich. Das Kindergeld wird an den oder die Erziehungsberechtigten ausgezahlt.

Kindergeld gibt es grundsätzlich für alle Kinder bis zum 18. Lebensjahr. Wenn ein Kind sich in der Ausbildung befindet, arbeitslos oder behindert ist, können Eltern auch nach dem 18. Geburtstag noch Kindergeld bekommen. Für arbeitslose Kinder gibt es nur bis zum 21. Lebensjahr Kindergeld. Beginnen 18-jährige Kinder eine Ausbildung oder ein Studium, gelten seit dem 1. Januar 2007 diese zeitlichen Regelungen:

- Geburtsjahr bis 1981: Kindergeldanspruch bis 27
- Geburtsjahr 1982: Kindergeldanspruch bis 26
- Geburtsjahr ab 1983: Kindergeldanspruch bis 25

Der Nachwuchs darf seit 2010 aber nicht mehr als 8 004 Euro (vorher 7 680 Euro) netto im Jahr verdienen, sonst entfällt der Kindergeldanspruch. Das heißt, vom Bruttolohn des Kindes dürfen die Sozialversicherungsbeiträge und die steuerlich relevanten Werbungskosten abgezogen werden.

**WISO rät**
Eltern können einzelne Monate, in denen das Kind zu viel verdient, herausrechnen, um so möglicherweise das Kindergeld für die restlichen Monate zu retten.

Um Kindergeld zu erhalten, müssen Sie einen schriftlichen Antrag auf Kindergeld bei der zuständigen Familienkasse stellen. Welche Familienkasse für Sie zuständig ist, erfahren Sie bei der Arbeitsagentur an Ihrem Wohnort. Aber Achtung: Der Anspruch auf Kindergeld muss innerhalb von vier Jahren gestellt werden, sonst verjährt dieser. Beispiel: Wird das Kindergeld für Januar 2011 erst 2016 beantragt, gehen Sie leer aus.

Familien mit einem geringen Einkommen können den sogenannten Kinderzuschlag beantragen: Für jedes Kind unter 25 Jahren werden bis zu 140 Euro im Monat gezahlt, maximal jedoch 36 Monate lang.

**WISO rät**
Die nötigen Anträge können Sie im Internet unter www.familienkasse.de herunterladen. Dort finden Sie auch weitergehende Informationen und eine Liste aller Familienkassen im Bundesgebiet.

Wenn Sie Kindergeld bekommen, dann gibt es bei der Riester-Rente jedes Jahr pro Kind einen Zuschlag vom Staat für Ihre private Altersvorsorge: Für Kinder, die einschließlich bis 2007 geboren wurden, gibt es 185 Euro pro Jahr. Für Kinder, die nach dem 1.1.2008 auf die Welt gekommen sind, werden sogar 300 Euro pro Jahr gezahlt.

## Mutterschaftsgeld

Schwangere Arbeitnehmerinnen erhalten in den Wochen vor und nach der Entbindung das sogenannte Mutterschaftsgeld. Die Frauen müssen aber freiwillig- oder pflichtversicherte Mitglieder der gesetzlichen Krankenkassen sein und Anspruch auf Krankengeld haben. Zudem müssen noch weitere Voraussetzungen erfüllt sein, beispielsweise ein Arbeitsverhältnis oder eine zulässige Kündigung durch den Arbeitgeber während der Schwangerschaft. Die Schutzfrist für Arbeitnehmerinnen beginnt sechs Wochen vor der Entbindung und endet im Normalfall acht Wochen danach. In besonderen Fällen wie einer Frühgeburt sind es zwölf Wochen. Da Mutterschaftsgeld eine Lohnersatzleistung ist, erhalten Sie diese nur, wenn Sie während Ihrer Schutzzeit nicht arbeiten. Erhalten Sie weiterhin Lohn, entfällt für diesen Zeitraum Ihr Anspruch.

Die Höhe des Mutterschaftsgeldes richtet sich nach dem durchschnittlichen Nettolohn der letzten drei vollständig abgerechneten Kalendermonate vor Beginn der Schutzfrist; bei wöchentlicher Abrechnung sind es die letzten 13 Wochen. Das Mutterschaftsgeld, das die Krankenkasse zahlt, beträgt höchstens 13 Euro pro Kalendertag. Übersteigt der durchschnittliche (kalender-)tägliche Nettolohn den Betrag von 13 Euro, muss der Arbeitgeber die Differenz als Zuschuss zahlen.

**Beispiel**

Der monatliche Nettolohn der letzten drei Monate beträgt zusammen 2430 Euro. Pro Kalendertag ergeben sich daraus 27 Euro. Das heißt, während der Schutzfristen vor und nach der Entbindung erhält die Frau pro Kalendertag 27 Euro, und zwar als Mutterschaftsgeld von der Krankenkasse 13 Euro und als Arbeitgeberzuschuss in Höhe von 14 Euro.

Arbeitnehmerinnen, die nicht selbst Mitglied einer gesetzlichen Krankenkasse sind, sondern beispielsweise privat Krankenversicherte, in der gesetzlichen Krankenversicherung Familienversicherte oder geringfügig Beschäftigte, erhalten einmalig maximal 210 Euro Mutterschaftsgeld für den gesamten Schutzzeitraum. Zuständig ist dafür die Mutterschaftsgeldstelle des Bundesversicherungsamtes.

Bundesversicherungsamt
Mutterschaftsgeldstelle
Friedrich-Ebert-Allee 38
53113 Bonn
Tel.: 02 28/6 19-18 88,
9.00 bis 12.00 Uhr und donnerstags auch von 13.00 bis 15.00 Uhr
Fax: 02 28/6 19-18 77
E-Mail: mutterschaftsgeldstelle@bva.de
Internet: www.mutterschaftsgeld.de oder www.bva.de

## Elterngeld

Seit dem 1. Januar 2007 gibt es das sogenannte Elterngeld, welches das Erziehungsgeld abgelöst hat. Es gilt für alle Kinder, die nach dem Jahreswechsel 2006/2007 zur Welt gekommen sind oder adoptiert wurden. Im Gegensatz zum Kindergeld wird das Elterngeld einkommensabhängig berechnet, zwischen 300 und 1 800 Euro gibt es monatlich vom Staat. Durch die relativ hohen Zahlungen soll vor allem berufstätigen Paaren die Entscheidung für ein Kind erleichtert werden.

Elterngeld bekommen Mütter und Väter, die ihre Kinder nach der Geburt selbst betreuen und erziehen, Kinder adoptieren oder Kinder betreuen, die nicht ihre eigenen sind. Darüber hinaus müssen sie

- weniger als 30 Stunden in der Woche arbeiten;
- mit den Kindern in einem Haushalt leben;

- einen Wohnsitz in Deutschland haben beziehungsweise sich im Land überwiegend aufhalten.

Neben Deutschen, haben auch EU-Bürger und Schweizer, die in Deutschland arbeiten oder wohnen, einen Elterngeldanspruch. Gleiches gilt für andere Nationalitäten, wenn diese eine dauerhafte Aufenthaltsgenehmigung, beispielsweise eine Niederlassungserlaubnis, haben. Kein Elterngeld erhalten dagegen Nicht-EU-Bürger mit einer zeitlich begrenzten Aufenthaltsgenehmigung und Asylbewerber.

**Achtung!**
Wollen Arbeitnehmer ihre Arbeitszeit für den Elterngeldbezug einschränken, müssen sie ihren Anspruch auf Elternzeit geltend machen. Wichtig dabei ist, dass die Anmeldung der Elternzeit spätestens sieben Wochen vor dem geplanten Beginn beim Arbeitgeber schriftlich eingehen muss. Während der Elternzeit kann der Arbeitgeber grundsätzlich keine Kündigung aussprechen. Dieser besondere Schutz beginnt mit der Anmeldung der Elternzeit, ist jedoch frühestens acht Wochen vor Beginn wirksam.

## Höhe des Elterngeldes

Die Höhe Ihres Elterngeldanspruchs berechnet sich anhand Ihres persönlichen Durchschnitts-Nettoeinkommen der letzten zwölf Kalendermonate vor der Geburt des Kindes. Die Monate, in denen Ihr Einkommen durch Mutterschaftsgeld oder wegen einer schwangerschaftsbedingten Erkrankung gesunken ist, werden nicht mitgezählt. Stattdessen wird die entsprechende Anzahl der weiter zurückliegende Monate mitgezählt.

Für die Berechnung werden Ihre regelmäßigen Einkünfte

- aus unselbstständiger Arbeit,
- aus selbstständiger Arbeit,
- aus einem Gewerbebetrieb,
- aus Land- und Forstwirtschaft herangezogen.

Einmalzahlungen wie Weihnachts- oder Urlaubsgeld werden nicht mitberechnet.

**WISO rät**

Wer als Arbeitnehmer Kinder plant, sollte sein Nettogehalt durch die Wahl einer anderen Steuerklasse (Ehepaare) oder durch Freibeträge auf der Lohnsteuerkarte erhöhen. Dadurch gibt es später mehr Elterngeld. Aber Achtung: Ein Wechsel der Steuerklasse wird für das Elterngeld nur dann anerkannt, sofern er nicht ausschließlich der Erzielung höherer Sozialleistungen dient.

Gibt der betreuende Elternteil nach der Geburt – in der Regel ist das die Frau – die Arbeit auf oder beschränkt diese auf maximal 30 Stunden in der Woche, so werden 67 Prozent des Nettoeinkommens vom Staat übernommen, auf das verzichtet wird. Das heißt, wird bei einem Monats-Netto von 1 600 Euro gar nicht mehr gearbeitet, gibt es abzüglich des Mutterschaftsgeldes rund 1 021 Euro Elterngeld. Arbeitet die Person in Teilzeit weiter und verdient 900 Euro brutto, so zahlt der Staat immerhin noch rund 591 Euro Elterngeld. Die genaue Höhe muss in jedem Einzelfall individuell berechnet werden. Maximal gibt es jedoch 1 800 Euro pro Monat. Das Bundesfamilienministerium bietet im Internet unter www.bmfsfj.de/Elterngeldrechner einen kostenlosen Elterngeldrechner an.

Beläuft sich das Nettoeinkommen auf weniger als 1 000 Euro, werden mehr als 67 Prozent gezahlt, es gibt einen prozentualen

Zuschlag. So erhält beispielsweise jemand mit 700 Euro Nettoeinkünften rund 86 Prozent davon als Elterngeld. Die Formel lautet:

*(1 000 Euro – Nettoverdienst) / 20 = zusätzliche Prozente*

Ist der betreuende Elternteil vor der Geburt keiner Erwerbstätigkeit nachgegangen, werden 300 Euro monatlich gezahlt. Das betrifft in der Regel Schüler und Studenten, Empfänger von Arbeitslosengeld (I + II) sowie Hausfrauen und -männer. Werden zwei, drei oder mehr Kinder auf einmal geboren, bekommen Sie jeweils pauschal zum errechneten Elterngeld jeweils 300 Euro zusätzlich gezahlt. Wird innerhalb von drei Jahren erneut ein Kind geboren, gibt es den Geschwisterbonus. Das zustehende Elterngeld wird um 10 Prozent, mindestens aber um 75 Euro im Monat, erhöht. Das bedeutet, dass der Mindestbetrag, den Sie als Elterngeld für das zweite Kind bekommen, sich auf 375 Euro erhöht. Wer hingegen mit drei oder mehr Kindern, die das 6. Lebensjahr noch nicht vollendet haben, unter einem Dach wohnt, hat bei einer Neugeburt ebenfalls noch Anspruch auf den Geschwisterbonus.

## Bezugsdauer von Elterngeld

Den Zeitraum, in dem Sie Elterngeld erhalten, können Sie frei gestalten. Je nach Wahl endet der Anspruch in der Regel sieben bis 28 Monate nach der Geburt oder bei Adoption nach Annahme des Kindes. Ausnahmen gibt es beispielsweise bei einer schweren Krankheit oder Behinderung eines Elternteils.

Tabelle 20: Bezugsdauer von Elterngeld

| Monate | Voraussetzung |
|---|---|
| 7 | Beide Elternteile schränken gleichzeitig ihre wöchentliche Arbeitszeit ein. |
| 12 | Wenn nur ein Elternteil seine Erwerbstätigkeit verringert. |
| 12+2 | Ein Elternteil schränkt seine Erwerbstätigkeit für 12 Monate ein. Der Partner nimmt zusätzlich zwei sogenannte Partnermonate in Anspruch. |
| 14 | Alleinerziehende mit alleinigem Sorgerecht bzw. Aufenthaltsbestimmungsrecht. Der andere Elternteil darf aber nicht in der gleichen Wohnung leben. |
| 24 | Eltern, die sich für das halbe Elterngeld entscheiden. |
| 28 | Alleinerziehende mit halbem Elterngeld. |

**Achtung!**
Für die beiden Partnermonate muss eine Erwerbstätigkeit eingeschränkt werden. Arbeitet ein Partner nicht, gibt es keine zusätzlichen zwei Monate – das gilt beispielsweise bei Studenten oder Arbeitslosen. In diesem Fall sollten Sie einen Job in den Semesterferien oder einen Minijob annehmen, den Sie für die Kinderbetreuung aufgeben.

Der Antrag auf Elterngeld sollte spätestens im vierten Lebensmonat des Kindes schriftlich gestellt werden, da das Elterngeld nur drei Monate rückwirkend gezahlt wird. Zuständig sind die Versorgungs-, Sozial- oder Jugendämter vor Ort.

## Anrechnung beim Elterngeld

Das Mutterschaftsgeld inklusive Arbeitgeberzuschuss, das nach der Geburt gezahlt wird, verringert Ihren Anspruch auf Elterngeld. Normalerweise sind das die ersten beiden Monate nach der Geburt. Ausnahme: Nur die vom Bundesversicherungsamt gezahlten 210 Euro werden nicht mit verrechnet.

Andere staatliche Leistungen wie Arbeitslosengeld, Wohngeld oder Rentenzahlungen mindern ebenfalls das Elterngeld. Mindestens gibt es jedoch 300 Euro; wer die Elterngeldzeit verdoppelt, erhält mindestens 150 Euro.

Bekommt man dem Elterngeld ähnliche ausländische Leistungen (EU-Länder und Schweiz), werden diese entsprechend angerechnet. Sind diese niedriger als das Elterngeld, erhält man vom deutschen Staat die Differenz. Ist es anders herum, bekommt man den Unterschiedsbetrag aus dem entsprechenden Land. Dabei gelten jedoch die dortigen Vorschriften.

*Hotline und Broschüre*

Das Bundesministerium für Familie, Senioren, Frauen und Jugend hat rund um das Thema staatliche Familienförderung eine Infohotline eingerichtet: 01 80/1 90 70 50 (3,9 Cent/Min. aus dem Festnetz der Telekom). Außerdem hat das Bundesministerium die kostenlose Broschüre *Elterngeld und Elternzeit* aufgelegt.

**Achtung!**

Das Elterngeld ist eine staatliche Transferleistung und deshalb steuerfrei, es unterliegt aber dem sogenannten Progressionsvorbehalt und erhöht so die Steuerlast für das übrige Einkommen bei Verheirateten. Das Finanzamt wird deshalb von Ehepaaren mit mittlerem und geringem Einkommen eine kräftige Nachzahlung fordern können. Wer den Spitzensteuersatz zahlt, muss dagegen kaum mit einer Nachzahlung rechnen. Sie sollten deshalb schon während des Bezugs von Elterngeld einen Notgroschen anlegen, damit Sie eine mögliche Steuernachforderung im folgenden Jahr nicht zu sehr überrascht. Tipp: Ehepaare sollten prüfen, ob eine gemeinsame oder eine getrennte Veranlagung für sie günstiger ist. Pauschal lässt sich das leider nicht sagen.

## Wohngeld

Haushalte mit einem geringem Einkommen können einen Teil der Wohnkosten vom Staat übernehmen lassen. Durch das sogenannte Wohngeld erhalten Mieter einen Mietzuschuss; wer in den eigenen vier Wänden wohnt, bekommt einen »Lastenzuschuss«. Ob und in welcher Höhe ein Anspruch besteht, hängt vom Gesamteinkommen des Haushalts, der Zahl der Familienmitglieder und der Höhe der zuschussfähigen Miete beziehungsweise Belastung für die eigene Immobilie ab. Daraus wird das sogenannte wohngeldrechtliche Nettoeinkommen errechnet. Beispiele: Wer alleine lebt, darf monatlich maximal ein wohngeldrechtliches Nettoeinkommen von 870 Euro haben. Bei zwei Personen sind es 1 190 Euro.

Den Antrag stellen Sie auf der Wohngeldstelle der Gemeinde-, Amts-, Stadt- oder Kreisverwaltung. Das Wohngeld wird zwölf Monate lang gezahlt, danach müssen Sie einen Folgeantrag stellen. Wer zum Kreis der Berechtigten gehört, hat darauf einen Rechtsanspruch. Empfänger von staatlichen Transferleistungen wie Arbeitslosengeld II oder Erwerbsminderung sind vom Wohngeldanspruch jedoch ausgeschlossen.

## Berufliche Weiterbildung und Meister-BAföG

Es ist bekanntlich noch kein Meister vom Himmel gefallen. Selbst nach dem Studium oder der Berufsausbildung gilt heutzutage immer mehr das lebenslange Lernen. Eigentlich kann fast kein Beruf mehr ohne kontinuierliche Weiterbildung ein Leben lang ausgeübt werden. Da Fortbildungen oft in der Freizeit stattfinden, mindern sie zwar eine Zeit lang die Lebensqualität, dafür lernt man jedoch neue Aspekte und Techniken kennen, die nicht nur den eigenen Horizont erweitern, sondern sich mittelfristig auch in der Gehaltshöhe positiv widerspiegeln können. Da der Gesetzgeber an fachlich qualifizierten Arbeitnehmern interessiert ist, fördert er das Weiterbildungsengagement seiner Bürger. Zum einen fördert er dies steuerlich, indem Weiterbildungsmaßnahmen als Sonderausgaben abgesetzt werden können (siehe dazu Seite 232 im Kapitel *Die Steuererklärung*) und zum anderen durch konkrete finanzielle Unterstützung, durch das sogenannte Meister-BAföG.

Viele kennen das Bundesausbildungsförderungsgesetz – kurz BAföG genannt – aus der Studienzeit. Mit der finanziellen Unterstützung fördert der Staat die Ausbildung von Schülern, Azubis und Studenten. Im Jahr 2008 erhielten 822 000 Menschen BAföG-Leistungen, davon über 510 000 Studenten. Aber auch nach Studium und Ausbildung kann man finanzielle Hilfe vom Staat bekommen: Das Meister-BAföG unterstützt die berufliche Aufstiegsfortbildung von Handwerkern und anderen Fachkräften, beispielsweise Technikern, Fachkaufleuten, Betriebsinformatikern oder Betriebswirten.

Geregelt ist das Meister-BAföG im Aufstiegsfortbildungsförderungsgesetz (AFBG). Antragsteller müssen über eine nach dem Berufsbildungsgesetz (BBiG) oder der Handwerksordnung (HwO) anerkannte, abgeschlossene Erstausbildung oder einen vergleichbaren Berufsabschluss verfügen – beispielsweise Informatiker, Elektriker, Landschaftsgärtner oder Kaufleute. Wer bereits eine gleichwertige Berufsqualifikation besitzt wie ein Hochschuldiplom wird nicht gefördert. Meister-BAföG gibt es unabhängig vom Alter und kann sowohl für Vollzeit- (in der Regel 24 Monate Förderungshöchstdauer) als auch für Teilzeitlehrgänge (48 Monate) beantragt werden. Hauptbestandteil der Förderung sind monatliche Leistungen, die zum einen aus einem Zuschuss und zum anderen aus einem zinsgünstigen Bankdarlehen bestehen. Das Darlehen ist teilweise sogar zins- und tilgungsfrei. Der maximale Höchstbetrag, den man erhalten kann, liegt bei 10 226 Euro.

**Beispiel**

Ein Single ohne Kind bekommt 614 Euro pro Monat, davon 202 Euro als Zuschuss und 412 Euro in Form von einem Darlehen. Verheiratete mit einem Kind erhalten 1 008 Euro, 202 Euro Zuschuss und 806 als Darlehen. Darüber hinaus kann es einen monatlichen Zuschuss von 113 Euro für die Kinderbetreuung geben.

Die Kosten, die für das sogenannte Meisterstück oder eine Prüfungsarbeit anfallen, werden ebenfalls bis zur Hälfte, höchstens jedoch bis 1 534 Euro mit einem zinsgünstigen Darlehen unterstützt.

**WISO rät**

Das Bundesministerium für Bildung und Forschung stellt eine Hotline zur Verfügung, bei der Fragen rund um das Meister-BAföG kostenlos beantwortet werden: 08 00/62 23 634 (gebührenfrei aus dem Festnetz der Dt. Telekom), Montag bis Freitag von 8.00 bis 20.00 Uhr. Im Internet gibt es unter www.meister-bafoeg.info weitere Informationen sowie die Antragsformulare zum Download. Beratung erhalten Sie bei den Ämtern für Ausbildungsförderung an Ihrem Wohnort oder den sonst zuständigen Stellen. Wer Fragen zum allgemeinen BAföG hat, kann sich an die Hotline 08 00/2 23 63 41 (gebührenfrei aus dem Festnetz der Dt. Telekom) wenden, Montag bis Freitag von 8.00 bis 20.00 Uhr.

# Die Steuererklärung

Alle Jahre wieder kommt eines der leidigen Themen auf jeden Erwerbstätigen zu: die Steuererklärung. Und warum macht man diese eigentlich? Genau, um Geld von Vater Staat zurückzubekommen! Was der Großteil der Steuerzahler als Belastung ansieht, bedeutet im Schnitt mehrere hundert Euro Steuerrückzahlung – wenn man sich die Mühe macht, Belege zu sammeln und die Steuerformulare entsprechend ausfüllt. Aber auch hier gilt die Regel: Ohne Fleiß, keinen Preis! Zwar ist das deutsche Steuerrecht umfangreich, teilweise kompliziert und es gibt Ausnahmeregelungen wie Sand am Meer – jedoch helfen Computerprogramme, Fachliteratur, Lohnsteuerhilfevereine oder Steuerberater, den Paragrafen-Dschungel zu lichten. Vor allem junge Arbeitnehmer haben in den ersten Berufsjahren die Möglichkeit, dem Fiskus ein Schnippchen zu schlagen: beispielsweise mit Aus- und Weiterbildungskosten, berufsbedingten Umzügen oder der sogenannten doppelten Haushaltsführung.

Im Schnitt arbeitet jeder Vollberufstätige bis in den Juli hinein ausschließlich für den Staat, erst ab dann fließt der Verdienst aus einer Haupttätigkeit in die eigene Tasche. Der Grund dafür liegt in der sogenannten Einkommensbelastungsquote: Das sind alle Steuern und Sozialabgaben wie Kranken- oder Rentenversicherung, die wir im Laufe eines Jahres zu zahlen haben. 1996 lag die Quote noch bei 45 Prozent, im Jahr 2008 waren es 51,73 Prozent. Wer Steuern zahlt, sollte auch beziehungsweise muss eine Steuererklärung abgeben. Wenn Sie sich darum kümmern, erhalten Sie möglicherweise vom Fiskus ein paar hundert Euro zurück – im Schnitt waren das für 2008 rund 650 Euro, wie Steuerexperten ausgerechnet haben. Arbeitnehmer, die nicht auf die Steuererklärung und eine erwartete Rückzahlung warten wollen, können eventuell mit Freibeträgen die monatliche Steuerlast senken, um ein höheres Nettogehalt zu erzielen.

## Steuern auf das Einkommen

Jeder Bürger muss grundsätzlich sein Einkommen versteuern – egal, ob als Angestellter in einem Unternehmen, als Arbeiter in der Fabrik oder als Selbstständiger. Jeder, der Einnahmen über dem Grundfreibetrag von derzeit 8 004 Euro (Ledige) im Jahr hat, ist einkommensteuerpflichtig. Ihr jährliches Einkommen berechnet sich aus der Summe der folgenden sieben Einkunftsarten:

- aus Land und Forstwirtschaft
- aus einem Gewerbebetrieb (z. B. Handwerker)
- aus selbstständiger Arbeit (z. B. Arzt, Architekt)
- aus nichtselbstständiger Arbeit (z. B. Angestellte, Arbeiter, Beamte)
- aus Kapitalvermögen (z. B. Zinsen, Dividenden)
- aus Vermietung und Verpachtung
- sonstige Einkünfte (z. B. Renten, Spekulationsgewinne)

Der Großteil der Deutschen erzielt die hauptsächlichen Einkünfte aus nichtselbstständiger Arbeit, sie gelten als Arbeitnehmer – der Maurer beim Bauunternehmer genauso wie der Arzt im Krankenhaus, die verbeamtete Lehrerin, der Marketing-Stratege bei einem Automobilkonzern oder der Vorstandsvorsitzende einer Aktiengesellschaft. Die fällige Einkommensteuer von Arbeitnehmern wird direkt vom monatlichen Bruttolohn abgezogen, man spricht dabei von der Lohnsteuer. Diese ist keine eigene Steuerart, sondern nur eine Form, wie die Einkommensteuer erhoben wird. Ebenso wie die Lohnsteuer stellt auch die Abgeltungsteuer bei Kapitaleinkünften eine besondere Erhebungsform der Einkommensteuer dar. Wenn Sie darüber hinaus noch weitere Einkünfte erzielen, beispielsweise durch die Vermietung einer Wohnung, Renten oder private Veräußerungsgeschäfte (zum Beispiel Verkauf einer Immobile), dann werden davon in der Regel erst einmal keine Steuern abgezogen – die Besteuerung kommt mit der Steuererklärung im darauffolgenden Jahr.

Im Gegensatz zu Arbeitnehmern müssen alle Berufstätigen, die nicht in einem Arbeitnehmerverhältnis stehen, dem Finanzamt eine Vorauszahlung leisten – diese erfolgt vierteljährlich, die Höhe orientiert sich dabei am Verdienst im Vorjahr. Freiberufler und Selbstständige müssen ebenfalls eine Steuererklärung abgeben.

Grundlegend gelten für die Abgabe der Steuererklärung folgende Fristen:

- Die Steuererklärung des Vorjahres muss bis zum 31. Mai des neuen Jahres beim Finanzamt abgegeben werden. Beispiel: Stichtag der Steuererklärung für das Jahr 2009 ist der 31. Mai 2010.
- Eine Verlängerung der Abgabefrist ist mit einer Begründung möglich. Sie sollten die Fristverlängerung schriftlich beantragen, normalerweise wird dann eine Verlängerung bis zum 30. September gewährt.
- Wer einen Steuerberater oder einen Lohnsteuerhilfeverein mit der Abgabe beauftragt, hat ohne Antrag eine Frist bis zum 31. Dezember. In bestimmten Fällen kann der Abgabetermin

auch bis Ende Februar und in Ausnahmefällen bis Ende Mai des übernächsten Jahres verlängert werden.

**WISO rät**

Wer eine eigene Firma hat, den eigenen Betrieb führt oder als Freiberufler selbstständig tätig ist, hat in der Regel viele Möglichkeiten, die Steuerlast zu senken. Hier empfiehlt sich auf jeden Fall ein fachkundiger Steuerberater. Arbeitnehmer sind darauf in der Regel nicht angewiesen.

## Die richtige Wahl der Steuerklasse

Jedes Jahr im Herbst erhalten Arbeitnehmer von ihrer Kommune die Lohnsteuerkarte zugeschickt. Diese müssen Sie an Ihren Arbeitgeber weitergeben. Darauf sind Geburtsdatum, Steuerklasse, Religionszugehörigkeit und gegebenenfalls die Zahl der Freibeträge für Kinder unter 18 Jahre eingetragen. Bevor Sie die Lohnsteuerkarte weitergeben, prüfen Sie, ob alle Daten richtig sind, denn von den Eintragungen hängt es ab, in welcher Höhe Ihnen vom Bruttogehalt Lohn- und Kirchensteuer sowie der Solidaritätszuschlag abgezogen werden. Die Kirchensteuer wird durch das Finanzamt eingetrieben, sie ist eine sogenannte Annexsteuer. Das heißt, ihre Höhe ist von der Lohnsteuer abhängig. Die genaue Berechnung ist von Bundesland zu Bundesland verschieden. Ebenfalls an der Einkommensteuer orientiert sich der Solidaritätszuschlag. Dieser wurde eingeführt, um die Kosten der Wiedervereinigung zu finanzieren. Derzeit beträgt er 5,5 Prozent.

Tabelle 21: Steuerklassen im Überblick

| | |
|---|---|
| Steuerklasse I | Sie gilt für alle Alleinstehenden: also Ledige, Geschiedene, dauernd getrennt lebende Ehegatten und für Ehegatten, die nicht beide unbeschränkt steuerpflichtig sind. Auch Verwitwete ab dem zweiten Jahr, das dem Todesjahr des Ehegatten folgt, müssen in diese Steuerklasse wechseln. |
| Steuerklasse II | Können Alleinerziehende in diese Klasse wechseln, so erhalten sie den zusätzlichen Entlastungsbeitrag von 1 308 Euro im Jahr. Sonst gelten die gleichen Regelungen wie für die Steuerklasse I. |
| Steuerklasse III | Diese erhalten verheiratete, zusammenlebende Ehegatten, wenn der andere Ehegatte in Steuerklasse V eingestuft ist (besonders effektiv, wenn er keinen Arbeitslohn bezieht). Sie wird auch dem verwitweten Arbeitnehmer für das erste Kalenderjahr gewährt, das nach dem Todesjahr seines Ehegatten folgt. |
| Steuerklasse IV | Sie ist der Normalfall für verheiratete, zusammenlebende Ehegatten, sofern keine Änderung in Steuerklasse III/V beantragt wird. |
| Steuerklasse V | Sie bekommt der eine Ehegatte, wenn der andere die Steuerklasse III hat. Es werden dann keine Grund-, Kinder- oder Kinderbetreuungsfreibeträge berücksichtigt. |
| Steuerklasse VI | Sie wird auf der zweiten oder weiteren Lohnsteuerkarte von Arbeitnehmern eingetragen, die nebeneinander von mehreren Arbeitgebern Arbeitslohn beziehen. Diese Lohnsteuerkarte sollte dem Arbeitgeber vorgelegt werden, von dem der niedrigere Arbeitslohn bezogen wird, da die Abzüge hoch sind. Es gibt keine Grund-, Kinder- oder Kinderbetreuungsfreibeträge. |

Über die Steuerklasse müssen sich vor allem Verheiratete Gedanken machen. Sie können im Gegensatz zu Alleinstehenden nämlich wählen:

- Verdienen Sie und Ihr Partner in etwa gleich viel, dann sollten beide die Steuerklasse IV wählen.
- Bei einem unterschiedlichen Verdienst sollte derjenige Steuerklasse III wählen, der mehr (ab 60 Prozent) zum gemeinsamen Bruttojahreseinkommen beiträgt als der andere (ab 40 Prozent und weniger).
- Seit 2010 gibt es anstelle der Kombination III/V für Arbeitnehmer-Ehegatten auch die Steuerklassenkombination IV/IV mit Faktor. Durch das Faktorverfahren wird erreicht, dass Freibeträge und Lohnsteuer genauer für jeden Ehepartner berechnet werden. So soll es bei der Steuererklärung nicht mehr zu unangenehmen Nachzahlungen kommen.
- Ist Ihr Ehepartner arbeitslos, so erhält er mit der Steuerklasse III mehr Geld von der Arbeitsagentur. Keine Angst, wenn Sie als arbeitender Ehepartner mehr Abzüge haben: Diese können Sie sich mit einer Steuererklärung zurückholen. Sie haben in dieser Konstellation die Steuerklasse V.
- Ehefrauen, die bald in den Mutterschutz gehen und vom Arbeitgeber einen Zuschuss zum Mutterschaftsgeld bekommen, sollten Steuerklasse III wählen. Hier gibt es den höchsten Zuschuss, bei Steuerklasse IV gibt es weniger, Steuerklasse V ist ganz schlecht, da die Abzüge hier besonders hoch sind. Der Chef muss dem Wechsel aber zustimmen.
- Eine günstigere Steuerklasse ist auch im Zusammenhang mit dem Elterngeld sehr interessant: Wer Nachwuchs plant, sollte sein Nettogehalt mittels Steuerklassenwahl und Freibeträgen erhöhen, denn dann erhält man auch mehr Elterngeld. Dieses berechnet sich nämlich anhand des Nettoverdienstes der zwölf Monate vor der Geburt.
- Ehepaare können zudem wählen, ob sie eine gemeinsame

Steuererklärung abgeben, das sogenannte Ehegattensplitting, oder ob sich die Ehepartner getrennt steuerlich veranlagen lassen. In der Regel ist jedoch das Ehegattensplitting die günstigere Wahl.

Alleinerziehende mit einem Kind, für das Kindergeld gezahlt wird, sollten in die Steuerklasse II wechseln. Hier gibt es zusätzlich 1308 Euro als Entlastungsbetrag. Als alleinerziehend gilt man, wenn man nicht mit einem anderen Volljährigen zusammenlebt; Ausnahme sind Kinder mit Kinderfreibetrag oder wehr-/zivildienstleistende Kinder.

Welche Freibeträge jeder Arbeitnehmer in seiner Steuerklasse hat, zeigt die folgende Tabelle. Generell ist ein Wechsel zwischen den Steuerklassen nur einmal im Jahr möglich. Er muss bis Ende November schriftlich bei der Gemeinde erfolgen. Ausnahme bilden dabei besondere Veränderungen wie Scheidung, Heirat oder die Geburt eines Kindes.

Tabelle 22: Freibeträge und Pauschalen 2010

| Lohnsteuerklasse | I | II | III | IV | V | VI |
|---|---|---|---|---|---|---|
| Grundfreibetrag | 8004 | 8004 | 8004 | 8004 | – | – |
| Grundfeibetrag für Ehegatten | – | – | 8004 | – | – | – |
| Arbeitnehmer-pauschbetrag | 920 | 920 | 920 | 920 | 920 | – |
| Sonderausgaben-pauschbetrag | 36 | 36 | 72 | 36 | – | – |
| Entlastungsbeitrag[1] | – | 1308 | – | – | – | – |
| Kinderfreibeträge[2] | 2184 | 2184 | 4368 | 2184 | – | – |

| Lohnsteuerklasse | I | II | III | IV | V | VI |
|---|---|---|---|---|---|---|
| Betreuungs-/Ausbildungsfreibeträge | 1 320 | 1 320 | 2 640 | 1 320 | – | – |
| Vorsorgepauschalen[3] | 4 | 4 | 4 | 4 | 4 | – |

1 für Alleinerziehende
2 pro Kind für die Berechnung der Kirchensteuer und des Solidaritätszuschlags
3 Versorgungs- und Altersentlastungsbetrag sowie Vorsorgepauschale für Arbeitnehmer
4 individuelle Höhen

*Quelle:* WISO Sparbuch 2010

## Mehr Netto durch Freibeträge

Sie können sich auf Ihrer (digitalen) Lohnsteuerkarte einen Freibetrag eintragen lassen. Dadurch mindert sich die monatlich abgeführte Lohnsteuer und Sie erhalten mehr Nettogehalt. Somit müssen Sie darauf nicht bis auf eine Steuererstattung im Folgejahr warten. Einen Freibetrag können sich alle Arbeitnehmer eintragen lassen, die hohe Werbungskosten, Sonderausgaben oder außergewöhnliche Belastungen haben. Automatisch erfasst werden Kinder, die am 1. Januar eines Jahres noch nicht ihr 18. Lebensjahr vollendet haben, sowie die gesetzlichen Pauschbeträge für Behinderte und Hinterbliebene. Weitere Freibeträge wie Fahrt-, Kinderbetreuungs- oder Ausbildungskosten müssen Sie bei dem jeweils zuständigen Finanzamt gesondert beantragen. Aber Achtung: Voraussetzung dafür ist, dass die Werbungskosten, Sonderausgaben und außergewöhnlichen Belastungen mehr als 600 Euro ergeben. Bei den Werbungskosten wird aber nur der Teil angerechnet, der über dem sogenannten Arbeitnehmer-Pauschbetrag von 920 Euro liegt. Das heißt, wer sich also zum

Beispiel allein durch Werbungskosten einen Freibetrag auf der Lohnsteuerkarte eintragen lassen will, benötigt Aufwendungen von mehr als 1 520 Euro (= 920 + 600). Für Belastungen durch Haushaltshilfen oder Handwerker gilt die 600-Euro-Regelung jedoch nicht: Die entsprechenden Beträge können Sie auf Ihre Lohnsteuerkarte eintragen lassen.

## Wie kann man etwas von der Steuer absetzen?

Wenn Sie Ihre Steuererklärung abgeben, stellen Sie einen Antrag auf Einkommensteuerveranlagung. Das heißt grob gesagt, dass Sie eine genaue Berechnung Ihrer Steuerschuld einreichen und diese offiziell prüfen lassen. Ihre Steuerschuld gegenüber dem Staat wird vereinfacht so berechnet:

- Als Erstes werden alle Ihre jährlichen Einkünfte zu einem Gesamteinkommen zusammengerechnet. Einkünfte sind die Einnahmen abzüglich der Ausgaben der jeweiligen Einkunftsart (also z.B. Werbungskosten). Etwas als Ausgaben anzusetzen, bezeichnet man landläufig auch als »etwas von der Steuer absetzen«.
- Von diesem werden weitere steuerrelevante Ausgaben wie Sonderausgaben und besondere Belastungen abgezogen.
- Die Einkünfte abzüglich der Sonderausgaben und außergewöhnlichen Belastungen ergibt dann das tatsächlich zu versteuernde Einkommen. Das bedeutet: Wenn Sie etwas von der Steuer absetzen, dann bekommen Sie diesen Betrag nicht vollständig zurück, sondern Sie reduzieren lediglich das gesamte Jahreseinkommen, auf das Sie Steuern zahlen müssen.
- Zum Schluss wird die in der Steuererklärung errechnete Steuerschuld mit der Summe verglichen, die Sie bereits während des Jahres an das Finanzamt gezahlt haben – bei einem Arbeit-

nehmer handelt es sich dabei um die Lohnsteuer, beim Kapitalanleger um Zinsabschlag und Kapitalertragsteuer. Haben Sie bereits mehr Steuern gezahlt, als Sie eigentlich müssten, dann können Sie sich über eine Steuerrückzahlung freuen. Anders herum, müssen Sie dem Fiskus einen entsprechenden Betrag nachzahlen.

Es gibt drei wichtige Bereiche, mit denen Sie Ihre Steuerlast drücken können: das sind Werbungskosten, Sonderausgaben und außergewöhnliche Belastungen. Wer Kinder hat, hat pro Kind Anspruch auf einen Kinderfreibetrag sowie einen Betreuungs-/Ausbildungs-/Erziehungsfreibetrag (siehe dazu Seite 235 in diesem Kapitel).

## Werbungskosten

Unter den Werbungskosten versteht man alle Ausgaben, die in direktem Zusammenhang mit Ihrer Arbeit stehen: beispielsweise Fahrtkosten zum Arbeitsplatz, Arbeitsmaterialien oder Ausbildungskosten. Um sich die Arbeit zu erleichtern, hat der Gesetzgeber den sogenannten Arbeitnehmer-Pauschbetrag eingeführt. Das Finanzamt akzeptiert 920 Euro als pauschalen Abzug von Ihren Einnahmen, ohne dass Sie diese Kosten nachweisen müssen. Das heißt aber, es lohnt sich für Sie nur dann, Belege für die Werbungskosten zu sammeln, wenn die Grenze von 920 Euro überschritten wird.

*Arbeitsmittel* Sammeln Sie alle Quittungen für Fachliteratur, Büromaterialien und typische Berufskleidung wie Arbeitsanzüge für Schlosser oder die Gesundheitsschuhe für Krankenschwestern – solche Kosten können Sie steuerlich geltend machen. Der teure Designeranzug eines Bankangestellten dagegen gehört leider nicht dazu, denn dieser kann auch zu privaten Anlässen getragen werden. Wenn Sie etwas privat nutzen können, dann schaut der Fiskus ganz genau hin und streicht Ihnen die Absetzbarkeit ganz oder schränkt diese ein: zum Beispiel Computer & Co. Zu den Arbeitsmitteln gehört nämlich auch der Computer samt zusätzlicher Hardware wie Drucker, Monitor und Software. Da der Computer auch privat genutzt werden kann, gehen die Finanzämter grundsätzlich ohne weitere Prüfung davon aus, dass der Computer zur Hälfte beruflich eingesetzt wird. Eine höhere berufliche Nutzung müssen Sie nachweisen. Auch Ihre Internet- und Telefonkosten können Sie anteilig bei der Steuererklärung angeben.

**WISO rät**

Fragen Sie Ihren Arbeitgeber nach einer kurzen schriftlichen Bescheinigung, dass Sie Computer, Internet und Telefon zu Hause beruflich nutzen. Das kann gegenüber dem Finanzamt sehr hilfreich sein.

*Fahrtkosten zur Arbeit* Einer der größten Posten bei den alljährlichen Werbungskosten sind die Aufwendungen für die Fahrt zum Arbeitsplatz, die sogenannte Pendler- bzw. Entfernungspauschale: egal, ob Sie zu Fuß gegangen sind, das Auto, eine Fahrgemeinschaft, den Bus oder das Fahrrad benutzt haben – alles wird gleich gewichtet. Dabei gilt immer der direkte, einfache Weg von der Wohnung zum Arbeitsplatz. Eine längere Strecke kann jedoch bei einer guten Begründung vom Finanzamt akzeptiert werden, beispielsweise wenn der weitere Weg verkehrsgünstiger liegt. Arbeitnehmer können für jeden Kilometer zum Arbeitsplatz pauschal 30 Cent veranschlagen. Wenn Sie kein Auto benutzen, gilt bei der Pendlerpauschale ein Höchstbetrag von 4 500 Euro, außer Sie können höhere Kosten belegen.

**WISO rät**

Fragen Sie Ihren Arbeitgebergeber, ob er Ihnen monatlich einen 44-Euro-Tankgutschein spendiert. Bis zu dieser Grenze sind sogenannte Sachbezüge steuer- und sozialabgabenfrei. Der Gutschein darf nur die Mengenangabe enthalten, nicht aber die Bezeichnung »Benzingutschein 44 Euro« – sonst ist er nicht mehr abgabenfrei. Andere Möglichkeit: Der Chef zahlt Ihnen das (Job-)Ticket für Bus und Bahn.

*Arbeitszimmer* Seit 2007 ist das heimische Arbeitszimmer nahezu von der Liste der Werbungskosten gestrichen worden. Bis einschließlich 2006 war es möglich, ein Arbeitszimmer bis zu einem Höchstbetrag von 1250 Euro im Jahr steuerlich geltend zu machen, wenn die berufliche Nutzung des Arbeitszimmers mehr als 50 Prozent der gesamten beruflichen Tätigkeit beanspruchte oder der Arbeitgeber den für die berufliche Tätigkeit erforderlichen Arbeitsplatz nicht zur Verfügung stellte. Vor allem Lehrer, Richter, Anwälte, Architekten oder Professoren haben so ihre Steuerlast gedrückt. Diese 1250-Euro-Regelung ist gestrichen worden. Seitdem kann das häusliche Arbeitszimmer nur noch dann bei den Werbungskosten berücksichtigt werden, wenn dort der Mittelpunkt der gesamten betrieblichen und beruflichen Tätigkeit liegt – beispielsweise bei Freiberuflern. Ist dies der Fall, können alle Kosten für das Arbeitszimmer steuerlich abgesetzt werden.

**WISO rät**

Gegen die Streichung der 1250-Euro-Regelung laufen Musterprozesse vor den Finanzgerichten. Machen Sie deshalb in Ihrer Steuererklärung weiterhin Ihr Arbeitszimmer geltend. Dies wird Ihnen zwar vom Finanzamt aberkannt, jedoch sollten Sie fristgerecht Widerspruch gegen den Steuerbescheid einlegen. Verweisen Sie dabei auf das Schreiben des Bundesfinanzministeriums (IV A3 – S03338/07/10010). Das Ministerium hat darin die Finanzämter angewiesen, den Steuerbescheid bezüglich des Arbeitszimmers offen zu halten. Wenn die Urteile zu einem vergleichbaren Ergebnis kommen wie in der Verfassungswidrigkeit der neuen Pendlerpauschale, haben Sie nur mit einem ordentlich eingereichten Widerspruch Anrecht auf mögliche Steuerrückzahlungen.

Neben den bekannten Werbungskosten, gibt es noch eine ganze Reihe von weiteren Möglichkeiten, Ihr zu versteuerndes Einkommen zu senken. Diese treffen meist aber nur auf bestimmte Berufsgruppen und Lebenssituationen zu. Dabei gilt es zu beachten, dass höhere Kosten als die Pauschalbeträge nachgewiesen werden müssen. Hier einige Beispiele:

- Umzug: Wer berufsbedingt umzieht (z.B. wegen Arbeitsplatzwechsel oder Versetzung), kann pauschal 561 Euro (1 121 Euro Verheiratete) geltend machen. Wer durch den Ortswechsel doppelte Mietzahlung oder wegen einer zusätzlichen Kinderbetreuung höhere Kosten hat, kommt schnell über die Pauschale und kann dann die tatsächlichen Kosten geltend machen.
- Bewerbung und Fortbildung: Hierunter fallen beispielsweise Bewerbungsmappen, Porto, Kopien, Inserate oder Reisekosten zu Bewerbungsgesprächen sowie Aufwendungen einer beruflichen Fortbildung oder einer Promotion. Fallen Kosten am Ende Ihres Studiums an, so können Sie diese gegebenenfalls in dem Jahr auch steuerlich anrechnen.
- Doppelte Haushaltsführung: Wenn Sie berufsbedingt umziehen müssen, Ihr Lebensmittelpunkt (Freunde, Familie etc.) aber noch am alten Wohnort liegt und Sie dort einen eigenen Hausstand unterhalten, können Sie die Kosten (Miete und Nebenkosten) für die Arbeitswohnung steuerlich geltend machen. Auch Heimfahrten und Umzugskosten können Sie geltend machen.
- Steuerberater: Egal, ob Steuersoftware, Fachliteratur oder fachkundige Hilfe, die Kosten dafür können Sie teilweise von der Steuer absetzen.

- Kontoführung: Ohne Einzelnachweis erkennt das Finanzamt pauschal 16 Euro jährlich an.
- Beiträge zu Berufsverbänden: Wenn Sie in einer Gewerkschaft sind oder einem Berufsverband angehören, können Sie die Jahresbeiträge von der Steuer absetzen.

## Sonderausgaben

Sonderausgaben sind eigentlich Privatausgaben. Diese werden, obwohl sie nicht wie Werbungskosten beruflich veranlasst sind, trotzdem vom Finanzamt bis zu bestimmten Höchstbeträgen anerkannt. Dazu gehören von Ihnen geleistete Beiträge

- zur Altersvorsorge für die gesetzliche Rentenversicherung, die landwirtschaftliche Alterskasse, die Rürup- sowie Riester-Rente oder berufsständische Versorgungswerke;
- zur Arbeitslosenversicherung: Sowohl die gesetzlichen Beiträge an die Bundesagentur für Arbeit als auch private Versicherungen;
- zur gesetzlichen bzw. privaten Kranken- und Pflegeversicherung;
- zu Erwerbs- und Berufsunfähigkeitsversicherungen;
- zu Unfall- und Haftpflichtversicherungen;
- zu Risikolebensversicherungen;
- zu Kapitallebens- und Rentenversicherungen, deren erster Versicherungsbeitrag bis zum 31. 12. 2004 gezahlt wurde. Für solche Policen sind die jährlichen Beiträge bis zu 88 Prozent absetzbar;
- für die Kinderbetreuung;
- für Spenden;
- Unterhalt für den geschiedenen Ehegatten;
- Kirchensteuer.

*Ausbildungs-, Fort- und Weiterbildungskosten* Steuerpflichtige, die noch keine berufliche Ausbildung oder ein Erststudium begonnen haben, können jährlich für ihre Ausbildungskosten bis zu 4000 Euro als Sonderausgaben abziehen. Viel besser ergeht es denjenigen, die nach erfolgreichem Studium oder Lehre ins Berufsleben starten: Fortbildungs- beziehungsweise Weiterbildungskosten gelten nämlich als sogenannte Werbungskosten und sind in unbegrenzter Höhe von der Steuerlast abziehbar. Ganz wichtig dabei ist aber, dass Seminare, Aufbaustudium oder Lehrgänge unbedingt berufsorientiert sein oder als Umschulung einen Berufswechsel vorbereiten müssen – so profitieren von der Regelung ebenfalls auch Arbeitslose sowie Arbeitnehmer, die ihre Selbstständigkeit vorbereiten. Wer dagegen nur aus Liebhaberei seinen Horizont erweitert, der muss die Kosten auch alleine tragen. Unter die Aufwendungen, die Ihnen für die Weiterbildung entstehen können, fallen

- Seminar- und Lehrgangsgebühren,
- Studien- und Prüfungsgebühren,
- Kosten für Arbeitszimmer, Fachliteratur und Bürobedarf,
- Fahrt-, Übernachtungs- und Verpflegungsaufwendungen,
- Kosten für einen Fremdsprachenkurs,
- Kosten für einen Trainer/Lehrer, beispielsweise zur Gesangs- oder Sprechausbildung.

Aber Achtung: Beteiligt sich ein Dritter an den Kosten, beispielsweise Ihr Arbeitgeber oder eine Stiftung, müssen diese Aufwendungen abgezogen werden.

## Außergewöhnliche Belastungen

Unter die außergewöhnlichen Belastungen fallen besondere Umstände wie Krankheiten, Scheidung oder Gebäudeschäden durch eine Flut oder einen Sturm. Übersteigen diese Kosten eine sogenannte zumutbare Eigenbelastung des Steuerzahlers, so werden diese vom Finanzamt als steuermildernd angesehen. Beispiele dafür sind:

- Krankheitskosten: Arzneimittel, Praxisgebühr, Prothesen, Zahnersatz, Therapiekosten, Kuren oder Arztkosten,
- Beerdigungskosten,
- Kosten einer Scheidung,
- Gebäudeschäden, wenn dadurch die Existenz bedroht ist und keine Versicherung zahlt,
- Geburtskosten: Hebammen, zusätzliche ärztliche Betreuung und Untersuchung,
- Pflege- oder Behinderten-Pauschalbetrag sowie Kinderbetreuungskosten.

Die Eigenbelastung errechnet sich individuell und richtet sich nach dem Familienstand, der Anzahl der Kinder und nach den Einkünften des Steuerzahlers.

**Tabelle 24: Zumutbare außergewöhnliche Belastungen**

| Familienstand | Gesamtbetrag der Einkünfte | | |
|---|---|---|---|
| | bis 15340 Euro | zwischen 15340 und 51130 Euro | über 51130 Euro |
| Alleinstehende und getrennt veranlagte Ehepaare ohne Kinder | 5 % | 6 % | 7 % |
| zusammen veranlagte Ehepaare ohne Kinder | 4 % | 5 % | 6 % |
| Alleinstehende und Ehepaare mit ein oder zwei Kindern | 2 % | 3 % | 4 % |
| Alleinstehende und Ehepaare mit drei oder mehr Kindern | 1 % | 1 % | 2 % |

## Kinderfreibeträge und Kinderbetreuungskosten

Seit 2002 gibt es zwei Arten von Kinderfreibeträgen, die sozusagen das steuerrechtliche Existenzminimum eines Kindes darstellen: Zum einen für das sogenannte sächliche Existenzminimum und zum anderen für den Betreuungs-, Erziehungs- und Ausbildungsbedarf – beispielsweise für Schulgeld oder Studium.

Tabelle 25: Höhe der Freibeträge für 2010

| **Freibetrag sächliches Existenzminimum** | **Alleinstehend – je Elternteil** | **Verheiratet** |
|---|---|---|
| Jahresbetrag | 2 184 Euro | 4 368 Euro |
| Monatsbetrag | 182 Euro | 364 Euro |
| **Freibetrag Betreuungs-, Erziehungs- und Ausbildungsbedarf** | | |
| Jahresbetrag | 1 320 Euro | 2 640 Euro |
| Monatsbetrag | 110 Euro | 220 Euro |

Diese Kinderfreibeträge kommen allerdings erst zur Wirkung, wenn die Entlastung bei der Lohnsteuer höher ist als das Kindergeld selbst. Das heißt, entweder bekommen Sie Kindergeld oder Sie nutzen die steuerlichen Freibeträge, da diese Sie mehr entlasten.

Unabhängig vom Kindergeld ist dagegen der steuerliche Entlastungsbetrag für Alleinerziehende. Gehört für Sie als Alleinerziehender zu Ihrem Haushalt mindestens ein Kind, für das Ihnen Kindergeld beziehungsweise die Freibeträge für Kinder zustehen, können Sie in die Lohnsteuerklasse II wechseln. Damit erhalten Sie eine zusätzliche Entlastung bei der Lohnsteuer von jährlich 1 308 Euro (vgl. Seite 224).

Für die Betreuung von Kindern können Sie einen Teil der Kosten steuerlich geltend machen. Wichtig für die Dauer der steuerlichen Sonderregelung ist die Erwerbstätigkeit der erziehungsberechtigten Eltern. Erwerbstätige Alleinerziehende und Ehepaare, bei denen beide Partner arbeiten, können für ihre Kinder bis zum 14. Lebensjahr zwei Drittel der tatsächlichen Betreuungskosten bei der Steuererklärung geltend machen – entweder als Werbungskosten (Arbeitnehmer) oder Betriebsausgaben (andere Einkunftsarten): Maximal sind 4000 Euro pro Jahr und Kind ansetzbar. »Tatsächliche Kosten« bedeutet, dass Sie diese mit Belegen und Rechnungen nachweisen müssen. Als Kinderbetreuungskosten gelten beispielsweise

- Tagesstätten, Kindergärten oder Kinderkrippen,
- Tagesmütter oder Ganztagspflege,
- Beschäftigung von Haushaltshilfen, wenn diese das Kind betreuen,
- Beaufsichtigung des Kindes, wenn es seine häuslichen Schularbeiten erledigt.

Alleinerziehende oder Ehepaare, bei denen nur ein Partner arbeitet, können nur für ihre 3- bis 5-jährigen Kinder Betreuungskosten als Sonderausgaben steuerlich geltend machen. Hier sind es ebenfalls zwei Drittel der tatsächlichen Kosten sowie bis zu 4000 Euro pro Jahr und Kind.

Können Sie dem Finanzamt glaubhaft versichern, dass Sie während eines Jahres feste Kinderbetreuungskosten haben, dann können Sie diese bereits auf der Lohnsteuerkarte eintragen lassen.

**Beispiel**

Eine Alleinerziehende hat 1800 Euro jährliche Betreuungskosten. Davon kann sie bis zu 1200 Euro auf der Lohnsteuerkarte eintragen, verfügt also schon während des Jahres über die Entlastung.

Um auch nach Vollendung des 6. Lebensjahrs des Kindes die Steuervorteile zu erhalten, müssen alle Erziehungsberechtigten einer Arbeit nachgehen. Diese Regelung wird durch eine Ausnahme aufgehoben: Ist ein Alleinerziehender oder ein Partner krank, behindert oder in einer Ausbildung und der andere Partner erwerbstätig oder ebenfalls krank, behindert oder in einer Ausbildung, so können die Betreuungskosten als Sonderausgaben bis zum 14. Lebensjahr des Kindes von der Steuer abgesetzt werden.

Ist weder der Abzug als Werbungskosten oder Betriebsausgaben noch als Sonderausgaben gegebenenfalls möglich, können Sie Kinderbetreuungskosten im Rahmen von haushaltsnahen Dienstleistungen von der Steuer absetzen: Dabei können Sie für Dienstleisterrechnungen (zum Beispiel Kindergarten) 20 Prozent der Kinderbetreuungskosten, höchstens aber 600 Euro von Ihrer Steuerschuld abziehen.

## Kleine Hilfen für die erfolgreiche Steuererklärung

Wer seine Steuererklärung macht, kann dies klassisch mit den Vordrucken des Finanzamtes machen. Mantel- und Anlagebögen bekommt man zugeschickt oder kann man sich auf dem Amt abholen. Immer mehr Bürger nutzen aber die ELektronische STeuerERklärung – kurz das ELSTER-Verfahren (www.elster.de). ELSTER ist eine Softwarekomponente, die in die meisten Steuer- und Finanzbuchhaltungsprogrammen eingebaut ist und die digitale Übertragung der Steuererklärung ermöglicht. Die Finanzämter bieten den Steuerzahlern dafür das *ElsterFormular* an. Das ist eine einfache – an den Steuerformularen orientierte – Eingabeoberfläche mit einer begrenzten Plausibilitätsprüfung. Sie füllen damit Mantelbogen und Anlagen am Computer aus und übermitteln die Daten anschließend online an das Finanzamt.

*ElsterOnline* ist dagegen eine Art elektronisches Finanzamt. Der Steuerzahler kann über das Internetportal kostenlos seine Steueranmeldungen und andere Steuerangelegenheiten direkt von zu Hause aus am Computer erledigen und zwar nahezu ohne Ausdrucke, Formulare oder Postversand. Dazu brauchen Sie kein spezielles Programm mehr, ein Internetbrowser und die Zusatzsoftware Java genügen, um Ihre Steuern anzumelden. Wer zusätzlich noch über eine digitale Signatur, ein Zertifikat, beim Finanzamt verfügt, kann die Steuererklärung sogar digital unterschreiben und muss damit kein Stück Papier mehr verschicken – solange keine Belege angefordert werden. Der Vorteil der digitalen Steuererklärung liegt nicht nur in der höheren Bearbeitungsgeschwindigkeit durch die Beamten, sondern es passieren auch keine Fehler bei der Übertragung vom Papier in den Computer des Amtes. Im Jahr 2008 wurden bereits über 8,2 Millionen Einkommenssteuererklärungen online dem Finanzamt übermittelt, Tendenz steigend.

Sehr beliebt und hilfreich sind Softwareprogramme, wie das WISO-Sparbuch (www.buhl.de), das jedes Jahr von mehreren Hunderttausend Menschen genutzt wird. Selbst ein Steuerlaie ist damit in der Lage, seine Steuererklärung erfolgreich zu bearbeiten. Man bekommt nämlich einen Rundum-Service geboten: Bei jedem Schritt der Steuererklärung erhalten Sie nicht nur umfangreiche Erklärungen, sondern auch legale Steuertipps und -tricks, wie Sie dem Finanzamt ein Schnippchen schlagen können. Darüber hinaus werden Ihre Daten zum Schluss auf mögliche Fehleingaben analysiert und detaillierte Optimierungsmöglichkeiten aufgezeigt. Mit der ELSTER-Schnittstelle können auch vom WISO-Sparbuch alle Daten online dem Finanzamt zugeschickt werden. Wer will, kann sich die Formulare aber auch ausdrucken und weiterhin per Post schicken.

Wollen Sie sich dennoch nicht mit der Steuererklärung beschäftigen, dann können Sie auch zu einem Steuerberater gehen oder als Arbeitnehmer sich an einen Lohnsteuerhilfeverein wenden. Hier zahlen Sie einen jährlichen Beitrag – in der Regel einkommensabhängig zwischen 80 und 200 Euro – und können sich dafür bei der Steuererklärung fachkundig unter die Arme greifen lassen. Auch Gewerkschaften und der Bund der Steuerzahler (www.steuerzahler.de) bieten ihren Mitgliedern einen kostenlosen Lohnsteuerhilfeservice an.

**WISO rät**

Bevor Sie an Ihre Steuererklärung herangehen, sollten Sie alle relevanten Belege beisammen haben und sich ruhig einen Samstag lang Zeit nehmen. Das lohnt sich in den meisten Fällen.

## Verkürzte Einkommensteuererklärung

Seit 2005 können Sie auch eine verkürzte beziehungsweise vereinfachte Einkommensteuererklärung abgeben. Diese Möglichkeit können alle Arbeitnehmer und gemeinsam veranlagten Ehepaare nutzen, die lediglich den Arbeitslohn und darüber hinaus die üblichen Werbungskosten, Sonderausgaben und außergewöhnlichen Belastungen absetzen wollen. Auch Empfänger von Arbeitslosengeld können das zwei Seiten umfassende Formular beim Finanzamt abgeben. Wer steuerlich zu berücksichtigende Kinder hat oder vermögenswirksame Leistungen beziehungsweise Beiträge zur Riester-Rente zahlt, muss die entsprechenden Formulare – Anlage Kind, VL oder AV – zusätzlich beifügen.

# Register